本书编委会

第二届中学生家史征文大赛
优秀作品集

周 云　孙玲玲　李 莉　主编

我们的家族故事

第二辑

商务印书馆国际有限公司
中国·北京

图书在版编目（CIP）数据

我们的家族故事．第二辑 / 周云，孙玲玲，李莉主编．-- 北京：商务印书馆国际有限公司，2025. 6.

ISBN 978-7-5176-1174-5

Ⅰ．K820.9-53

中国国家版本馆 CIP 数据核字第 202547RD52 号

WOMEN DE JIAZU GUSHI（DIERJI）

我们的家族故事（第二辑）

主　　编	周云　孙玲玲　李莉
出版发行	商务印书馆国际有限公司
地　　址	北京市朝阳区吉庆里 14 号楼 佳汇国际中心 A 座 12 层
邮　　编	100020
电　　话	010-65592876（编校部） 010-65598498（市场营销部）
网　　址	www.cpi1993.com
印　　刷	北京建宏印刷有限公司
开　　本	710mm × 1000mm　1/16
字　　数	350 千字
印　　张	22.5
版　　次	2025 年 6 月第 1 版第 1 次印刷
书　　号	ISBN 978-7-5176-1174-5
定　　价	58.00 元

PREFACE 前言

人民群众是历史的创造者。一个个平凡人物和普通家庭的历史，书写着不同历史阶段波澜壮阔的社会图景。我们的祖辈见证了历史的沧桑变换，他们或许平凡但绝不单薄的人生故事各不相同，都是生命记忆，是精神遗产，值得被记录和传承。

探寻历史真相，总结历史经验，认识历史规律，顺应历史发展趋势，是历史学的重要社会功能；立德树人是中学历史教育的根本任务。基于此，在北京师范大学直属附校学科教育研究共同体举办首届中学生家史征文大赛的基础上，北京师范大学直属附校学科教育研究共同体与北京师范大学历史学院合作，联合举办面向全国范围内北京师范大学基础教育学校的第二届中学生家史征文大赛，旨在引导中学生将个人、家庭、家族历史置于整个国家、民族的历史发展中去进行观察，通过对家史的考察、整理与写作，发展历史思维，提高历史学科核心素养，形成正确的历史观，树立正确的世界观、人生观和价值观。

中学生家史征文大赛力图引导学生通过各种方式（采访老人、走访老宅、查阅家谱、翻阅家人文集与日记、查阅地方志等）搜集整理史料，真实地书写探究过程中发现的历史。本届大赛共收到来自全国近30所初高中学校的家史作品两百余篇，除北京师范大学基础教育学校外，还收到十多篇来自全国其他基础教育学校的作品。由来自北京师范大学历史学院的教授，北京市西城区教育研修学院的教研员，北京师范大学附属中学、北京师范大学第二附属中学、北京师范大学附属实验中学的骨干教师共计33位组成评审专家，通过匿名评审，采取双评模式，最终评定出了高中组与初中组各项奖项。

书写家族历史，是对家族前辈生命故事的记录，也为今天的我们和后人提供了了解不同时代历史面貌、时代精神、社会风尚的"望远镜"和"显微镜"。我们将其中的优秀获奖作品汇集成册，希望更多的人能够通过这些鲜活的故事，去触摸大时代的波澜壮阔，深刻理解个人、家庭与民族、国家的紧密联系。

北京师范大学直属附校学科教育研究共同体

北京师范大学历史学院

中学生家史征文大赛组委会

CONTENTS 目录

高中组优秀获奖作品

初中组优秀获奖作品

高中组优秀获奖作品

战南疆，建三线

——爷爷的峥嵘岁月

贵阳市第三实验中学·高锡成

我们眼前是一条林荫小路，两旁枝繁叶茂的法国梧桐已经上了年纪，历经四十多年风霜的树干见证了历史的变迁，我的耳旁似乎响起排排卡车轰轰驶过的声音，而爷爷只是自顾自地背手走着，低声说着："要到了，就要到了。"我随着他的脚步继续向前走，爬上一段布满石子的缓坡，一个巨大的山洞进入我们的视野。这时，爷爷忽然加快了步伐，抬手指向山洞里的老厂房："仗一打完，我就是在这儿上班，只不过现在变了些模样，不如以前那么热闹了。"

爷爷（右）和老战友郭道顺于2008年重访黔西老厂穿洞旧址。

一、走出农村

我的爷爷高会斗，1944 年出生在山东济南章丘的下秋林村，家中历代都是贫农，以村里自家的几块农田为生。以前交通很是闭塞，要出去买或卖点东西都要靠牲口驮着走上几十里山路。我的太爷爷知道在这儿当农民是没有出路的，坚决让我爷爷去念书。但是上了五年多小学后，爷爷还是觉得家里农活太重，决定辍学帮家里务农。现在想起那段时间，爷爷还会骄傲地说："别看我那时年纪不大，挑个两百斤的担子走十几里山路可是不在话下。"

我的高祖父，也就是我爷爷的爷爷，开了一家卖高粱酒的小店铺，爷爷也经常到店里帮着干活。一次，有个老乡过来打酒，爷爷一不小心没拿稳瓢，把酒洒了一点。老乡说没啥大不了的，准备把酒壶接过去，高祖父见了可不高兴，从我爷爷手上拿过酒壶又打了一大勺，严肃地教导说："怎么能占别人的便宜，做生意，一定要诚信，做人更是！"老乡听后，不禁大笑："还是你老高厚道啊！"之后，爷爷也一直把"诚信"二字作为教导我们为人处世的基本原则。

农民在土改后成为土地的主人，农业合作社和人民公社、生产大队需要一个会计统账，爷爷这个村里的"高才生"正好能胜任。现在翻出以前的那些账本，还可以看到爷爷清晰规整的记录，可见他认真务实的工作态度。但是，爷爷也很清楚一直待在山里是行不通的。1965 年，爷爷毅然选择参军，来到了广州，成为一名电报员。

二、出征，援越抗美

1964 年，美国借"北部湾事件"对越南发动侵略战争。同时，美飞机也进入中国领空，威胁到了祖国的安全。1965 年，应越南劳动党请求，毛主席决定向越南提供全面无私的援助，一同对抗美军。

1966 年，正在广州军区空军高射炮兵第十师第二十九团指挥连担任电

1967 年 5 月，越南战场留影（后排左二是我的爷爷）

1981 年 2 月济南章丘老家合影

报员的爷爷响应国家号召，随部队先到达广西柳州待命。同年 10 月 17 日，爷爷所在的部队被调到边境，正式入越作战。

谈起入越时的场景，爷爷回忆说：“那个时候从柳州出来，就去边境了，但是具体是在哪个位置，我们也都不清楚，应该就是在友谊关附近。当时有个当地的干部，看着我们的部队齐刷刷地开进越南，端起水就说：‘同志们！喝祖国最后一碗水！’当时我们听到这话就有点不太高兴了，我就回应他说：‘不要急，等我们回来再喝也不迟！’我这一说他好像也觉得自己的话不妥当了，连忙改口说：‘那好，我就端着水等你们回国！’其实啊，说实在的，我们也知道这一去有可能就回不来了。在柳州，遗书也是提前写好的，只不过都没有告诉家里人。对于我们军人来说，打仗保家卫国肯定是首要任务；但对于我个人而言，我还是希望能搬到条件更好的地方，这样将来的生活就不那么受限了。”

三、你是电报员，你不能死

到达越南后，大家心里也都没底，毕竟都是第一次上战场。为了坚定大家的决心，提升大家的士气，团里决定直接在战场上选出一批同志入党，爷爷就在其中。这次入党被爷爷称为“火线入党”，在党旗和国旗前宣完誓就算是党员了，但这丝毫不会影响爷爷他们对党、国家和人民的忠心。

在一次执行任务时，爷爷所在的空军高射炮兵团遭到了美军的袭击，不少同志在美军密集的炮火下受了伤。爷爷见状端起枪就朝高射炮跑去，准备予以还击。忽然，身后传来一个坚决而又响亮的呼喊声：“老高，你快隐蔽！你是电报员，你不能死！把你自己和背上的电台保护好了！没有你，我们就不能和上级联系了。”这正是团长的声音。爷爷听到指示后，斩钉截铁地回答道：“是！保证完成任务！”反击过后，爷爷迅速向上级汇报了情况，并接收到了下一步指示。回忆起这段时光，爷爷心里总是五味杂陈：“我可是团里的一块‘宝’，但有时候摸不到枪也真不是滋味，战友牺牲了我却无能为力，唉……”

1967 年 2 月越南战场 329 大队机要台成员（右一是我的爷爷）

在越南战场上最令爷爷难忘的一件事，还得说是在一天晚上，原本定好要和广州的上级发报联系，以获得下一步行动命令。因为没有电源，按照平时，应该要再找一个人负责摇发电机，电报员再来发电，这样才能保证发报的准确完整。但是当时爷爷看营房里大家都睡得正香，就没好意思叫他们起来，于是就左手摇着发电机，右手敲着电台，一个人就把和上级联系的任务完成了。第二天一早，团里的人还觉得奇怪，问来问去发现没一个人晚上被叫起来，还以为是爷爷睡着了，忘了联系上级。可没想到，过了两天，上级的命令发下来了，大家都十分疑惑，后来一问才知道是爷爷一个人就把任务完成了，大伙这才明白过来。爷爷当年在广州的时候，可是电报员发报比赛的冠军，这点小事，咋能难倒他嘞。

时间来到 1967 年 5 月，爷爷所在的部队轮战结束，交接后回到祖国。因空军高射炮兵第十师第二十九团指挥连在战场上积极执行任务，战绩优异，荣获了“集体三等功”的称号，爷爷也因个人出色的表现，获得了“个人三等功”称号。

集体三等功合影（第四排右三是我的爷爷）

四、三线建设要抓紧，备战备荒为人民

从战场上退下来后，爷爷没有选择回到广州或是济南，而是又一次响应国家号召，脱下军装换上工装，投身到了“三线建设”之中。1971 年 2 月 1 日，爷爷来到黔西的红林厂，正式加入三线建设的队伍，开始在国家的大后方继续贡献力量。

那时，爷爷其实也没想太多。当时国家发出号召，毛主席也说三线建设要抓紧，备战备荒为人民，爷爷就想着要建设国家，为人民服务，于是就来了贵州。

爷爷刚到黔西时，生活就是一个字——苦，生活生产条件都差。就拿红林厂来说吧，选址就花了好久，建厂更是困难，交通那叫一个不方便。东西运不进来，爷爷他们刚刚到那的时候，厂才建了一半，坐个车，路又烂又远；吃饭也是定量，有钱也不管用，粮票才算数；住就在“老单身”，就是一个二层小楼，连卫生间都没有，洗澡还得去公共澡堂。尤其是当时工作的车间，是把山打穿，厂就是建在山里面的。红林厂在山里有四个车间，爷爷就在车间里面工作。

五、一辈子离不开“电”

说来有趣，爷爷之前在部队里是电报员，到了红林厂，又当上了电工。也正是因为当电报员的时候拿过一等奖，他对电力比较了解，电工也干得得心应手。贵州的气候湿润，降水充沛，山洞有泉水流出来，方便给机床降温。但也正是因为空气湿度太大，厂房里的电路总是出故障。这时，爷爷的作用就体现出来了，无论是小到某台机床短路，还是大到整个工厂停电，爷爷都能以清晰的思路解决这些在别人看来毫无头绪的难题。后来爷爷当上了车间安全负责人，对于全厂的电路了如指掌。在他负责期间，厂里从来没有出现过大面积或者长时间的停电现象，因此常常得到同事和领导的赞赏。

在厂里，员工居住区和工作区是分开的。工作区的厂房建在山洞里，主要目的就是尽量避免被敌人的侦察机发现。像爷爷他们这样的员工平时去上班，就只有一条路可以走，卡车运输物资也只能通过这一条路。

曾有人求教于爷爷，想跟他学习电工技术，但爷爷都会开玩笑似的婉拒："这可是我吃饭的营生，哪能说教就教，你这是要抢我饭碗啊。"其实，并不是爷爷不想教，只是这个活儿容不得半点失误和马虎，一旦出错就会有生命危险。比起让别人去干这危险的工作，爷爷宁愿自己来承担这风险。

1996 年 10 月，建厂三十周年十二车间合影。（第一排右四是我的爷爷）

六、脱下工装和军装，却脱不下职责和信仰

2003 年，辛苦奉献了大半辈子的爷爷退休了，但他始终放不下陪伴了自己大半辈子的"电"。要是邻居或朋友家里的电器出了什么故障，他们第一时间就想到爷爷。一是爷爷技术好，是人们眼里的"专业人士"，二是爷爷确实以热心真诚待人，大家觉得不管和爷爷还是和我们都好说话，关系也就越来越好了。

在我的印象中，爷爷是一个特别守时的人，就像是还在部队里一样。接到“任务”就按时完成——无论是奶奶让他浇菜、浇花，还是出去买菜，他都是分秒不差，特别是饭后出去遛弯，和他那几个老战友总能同时出现。

有一次周末，我和爷爷一起出门散步，依旧是同往常一样，遇到了他的战友们。谈天说地时，一位老战友忽然半开玩笑半认真地说：“咱们为国家卖了大半辈子命，退休工资跟老家那些人比起来不过如此，国家也没给咱啥好处啊。”这时爷爷表情瞬间严肃起来，语气坚定地说：“党和国家给了咱一条命，这比什么都值！有这个，你能看到现在繁荣的国家、稳定的社会！想想以前我们那些战友，如今还躺在越南地下，连祖国都没回来，他们别说享受，连看一眼现在祖国的机会都没有！现在咱们不愁吃、不愁穿，坐个车还不要钱，每天还能下下棋、散散步，坐着聊着天就把退休工资拿了，还多图个啥呢？”大家听了都纷纷赞同：“还是你老高的觉悟高啊！”

七、后记——我们不会忘记，丰碑定是永恒

一个周末，我回到爷爷家，看他拿着放大镜正在仔细观看那张他们团荣获集体三等功时拍的照片。忽然，他叫我过去，问道：“你找得到我在这上面的位置吗？”我已经听过这个问题太多次，熟练地指出来他在的那个位置，而爷爷又像往常那样称赞一句：“不错啊，还记得呢。”可是，我不由想：有多少人还记得这场重要的战争？有多少人还记得出征越南的英雄们？我们不应忘记，更不能忘记！所以我决定借此机会，将爷爷和他的战友们的故事记录下来，再现那段烽火岁月和峥嵘时光。

我先从爷爷和奶奶那里了解到了我们家从济南到贵阳的大致经过，接着又实地采访了包括爷爷在内现居贵阳的援越抗美老兵，通过他们口述的形式尽量还原战争的大致过程，并线上采访了爷爷在济南的许多战友，以进一步了解战争情况。

此外，我还就近来到了位于黔西的红林机械厂旧址，并邀请爷爷和外公同行，实地回顾当年的生活生产情景，让“三线建设”时期的历史更为

真实可靠，并在实地走访调查中体会历史的温度。

在采访调查之后，我不仅对历史有了更深刻的了解、填补了之前的一些知识空白，更对历史多了些思考与感慨：历史不因人的书写和讲述而更震撼，历史本身的精彩就足以引起共鸣。

爷爷是无数参加援越抗美和积极投身“三线建设”的建设者中的一名普通人员，也是千千万万建设者的一个代表。于他而言，“电”就是他一生都在打交道的永恒课题，从部队里的电报员到厂里的电工，他一直是坚持不懈，以积极态度投入工作，边学边干，精益求精。

援越抗美和“三线建设”向我们展示了国家的曲折发展和不断进步。透过援越抗美和“三线建设”的历史及成就，我们可以看到国家在军事、经济和社会等方面取得的巨大成就，而这又不断激发着我们青少年的奋斗意志和创新精神。在“三线建设”的过程中，许多普通人通过自己的努力和创造取得了成功，正是这样一种精神，激励着一代又一代建设者接续奋斗，奉献一生。

我们生活在一个繁荣和稳定的时代，享受着优质的教育和生活条件。通过了解援越抗美和“三线建设”，我们不仅可以看到过去国家发展的艰辛和困难，还会更加能珍惜现在的一切，并更加努力地追求自己的梦想。

亲历援越抗美的解放军战士张传俊主编了《啊，高炮》一书，是援越抗美回忆录，是近百名章丘籍老战士的亲身经历。书从不同的角度，用回忆的方式追述了当年战斗的激烈场面、战士浴血奋战的英雄壮举、在社会主义建设时期艰苦的生活环境以及几十年后重走援越路千里祭战友的情感。他在该书的最后写道：“我们不怕牺牲，我们怕被遗忘！”现在，我们可以毅然决然地回答：国家和人民将永远不会忘记你们为祖国做出的不可磨灭的伟大贡献。

（指导老师：付大林、林 子、安家堃）

响彻草原的时代之声

——永远的乌兰牧骑文工团

内蒙古乌海市第十中学 · 刘冠麟

引言

二十世纪六七十年代，在广阔的内蒙古草原上，有一群年轻人在草原、牧场、沙漠、矿区吹拉弹唱、载歌载舞。他们唱着党的领导和毛泽东思想，跳着工农阶级的劳动舞，为草原人民送去了诚挚的慰问与祝福，成为草原上永久的精灵。他们就是内蒙古草原上的乌兰牧骑文工团。

我的姥爷刘智敏、姥姥张爱华就是内蒙古乌达市乌兰牧骑文工团队员，栉风沐雨亲历了乌达文化战线的41年荣光，对文艺工作有着深入骨髓的热爱。即便退休在家，姥爷也经常拿着二胡细细地抚摸，逢年过节还会拉上一段或唱几句山歌为大家助兴。我从小生活在姥爷姥姥身边，对他们年轻时代的青葱岁月充满好奇与向往，对乌兰牧骑也无比崇拜。

“中学生家史征文大赛”比赛开始，我搜集姥爷他们年轻时在乌兰牧骑的相关资料，并且趁乌兰牧骑文工团聚会的时候，听老人们回忆往事，有针对性地询问一些演出情形和效果，形成口述史。经过几个月的搜集，我得到以下文件：1972年1月25号的《乌达市乌兰牧骑1971年工作总结》，16页；1973年2月26号的《巴盟乌兰牧骑培训班临时党支部成员》，5页；1973年4月19号的《参加全盟乌兰牧骑培训班汇报材料》，10页；2022年刘智敏的发言稿《回顾奋斗历程，铭记党员初心，弘扬乌兰牧骑精神》，10页；《乌达区志》；《乌海市志》；老照片若干；口述史四份；网上资料若干。

基于以上资料，我把我了解的乌兰牧骑与姥爷姥姥的故事写出来，希望能将那一辈人挥洒在内蒙古草原上的青春与热血展现出来，也希望借此向那一代的人致敬，鼓舞我们年轻一代勇毅前行！

一、乌兰牧骑简述

乌兰牧骑，蒙古语原意是“红色的嫩芽”，后被引申为“红色文艺轻骑兵”。她是适应草原地区生产生活特点而诞生的文化工作队，具有“演出、宣传、辅导、服务”[①] 等职能，深受广大农牧民欢迎。诞生60多年来，草原红色文艺轻骑兵——乌兰牧骑文工团风雨无阻地为农牧民群众送演出、送服务，人民在哪里，乌兰牧骑的服务就延伸到哪里。

我国第一支乌兰牧骑文艺队诞生于内蒙古锡林郭勒盟苏尼特右旗，从1957年成立到现在已经68年了。乌海市乌兰牧骑的前身可以追溯到1965年巴彦淖尔盟（今巴彦淖尔市）乌达市乌兰牧骑。[②] 1970年，伊克昭盟（今鄂尔多斯市）海勃湾市成立毛泽东思想文艺宣传队，1972年更名为海勃湾市文工团。1976年，国务院批准成立乌海市，原巴彦淖尔盟乌达市乌兰牧骑与原伊克昭盟海勃湾市文工团合并，成立乌海市文工团，是乌海市唯一的专业艺术表演团体。2005年，乌海市文工团更名为乌海市歌舞团。2017年12月13日，乌海市机构编制委员会下发《关于市歌舞团挂乌海乌兰牧骑牌子的批复》文件，同意乌海市歌舞团恢复乌海乌兰牧骑牌子。在市委、

---

① 陈立旭.《乌兰牧骑小史》，《世纪风采》，2018年第2期。

② 关于乌达市乌兰牧骑成立的最早时间，《乌海市志》与《乌达区志》记载存在一点出入。《乌海市志》指出，乌达市乌兰牧骑是1965年8月成立，40人编制；《乌达区志》指出，乌达市乌兰牧骑是1966年8月成立，40人编制。此外，乌达矿务局曾经在1965年成立过非专业的乌兰牧骑文工团，1967年解散。这可能是混淆了乌达市成立的专业团体与乌达矿务局成立的非专业团体导致的，70年代后乌达乌兰牧骑和海勃湾乌兰牧骑又整合在了一起，所以，两本书编写人员弄错了。参见《乌海市志》编纂委员会编：《乌海市志》，呼和浩特：内蒙古人民出版社，1996年，第765页；尹中智主编：《乌达区志》，呼和浩特：内蒙古人民出版社，2001年，第480页。

市政府的高度重视下，结合国家、内蒙古自治区关于乌兰牧骑改革、国有文艺院团改革相关要求，2020年12月，经市委全面深化改革委员会第九次会议审议通过，印发了《乌海乌兰牧骑改革实施方案》。2021年，乌海乌兰牧骑（乌海市歌舞团）调整为正科级公益一类事业单位。

乌兰牧骑常年深入基层，活跃在农村、牧区、乡镇、嘎查、边防、哨所、工矿、企业，深受人民群众的喜爱。通过60多年的实践，她已成为全国文艺战线学习的一面旗帜。2017年，习近平总书记给苏尼特右旗乌兰牧骑队员的回信中，称赞“乌兰牧骑是全国文艺战线的一面旗帜”，鼓励乌兰牧骑“大力弘扬乌兰牧骑的优良传统，扎根生活沃土，服务牧民群众”。进一步肯定了乌兰牧骑的工作成绩、服务对象和前进方向。[①]

二、初入乌兰牧骑

1950年，姥爷出生于巴彦淖尔盟杭锦后旗的一户农民家庭。当时，《中华人民共和国土地改革法》刚刚颁布，内蒙古土改运动刚落实，农民翻了身。姥爷初中时，受老师的影响，开始对二胡和板胡发生兴趣。在物质与经济条件双双匮乏的条件下，他自己摸索，先是做出了一把板胡，后来又用马尾、麻绳等材料搓出二胡的弦，亲手制作出一把二胡。19岁那年，乌达市乌兰牧骑文工团来他所在的高中招收学员，他凭借优越的嗓音与矫健的舞姿，以及二胡特长，被成功录取。

1954年，姥姥出生于宁夏一个小康四口之家。太姥爷是饭店的收银员，太姥姥是位家庭主妇，兼职做女红。1958年，因公私合营，太姥爷所在的饭店与公家合并，太姥爷工作调动，举家搬迁到了当时的乌达市。姥姥15岁时，乌达矿务局第二中学组织学习样板戏舞剧《红色娘子军》，她出演连长一角，被前来招收学员的乌达市乌兰牧骑文工团招收，拥有了人生中的第一份工作。

① 新华社，http：//news.youth.cn/sz/201711/t20171121_11042893.htm，2024年2月23日。

姥姥演出剧照

自此，两人正式成为乌达市乌兰牧骑第二批招收的队员。

三、学在乌兰牧骑

1970年，姥姥等一批初中生比姥爷这个高中生率先一个月到达文工团的住处。3月，姥爷背着大大小小的行囊走下火车，看见不远处的一帮姑娘、小伙，正在翘首望着他。那一瞬间，他心里暖暖的，下定决心在乌兰牧骑好好工作，为党的工作做好宣传，不辜负队友们的期望，不辜负党和国家的期望。

乌达市乌兰牧骑的住处是一处平房办公室，当时环境艰苦，改装出的宿舍不够住。于是，办公室里的桌子也被拼起来充当了床。团里实行半军事化管理，每天早晨六点钟吹哨起床，集体跑步、锻炼，从市中心的语录塔，跑到黄河边返回，六点半统一到排练厅练舞蹈基本功。先练把杆上的动作，再压腿、踢腿，最后排队练习技巧，包括大中小跳、侧手翻、软翻，一直练到中午十二点吃饭。队员们都去乌达市人民革命委员会食堂买饭票吃饭。到了下午，队员们开始组织学习，如读报、学乐器。读报由当时的队长仲维民组织，他是参加过抗美援朝的转业军人，政治敏感度和文化程度都比这一群学生要高，他认为文工团的功能不只是唱歌跳舞娱乐，还要做宣传工作，所以必须学好普通话。学普通话的方式是读“三大报”——《光明日报》《人民日报》《解放军报》。队员们一人读一段，既锻炼了普通话，又了解了时事。

乌兰牧骑队员们普遍一专多能，有的人不但能歌善舞，还学会好几种乐器演奏。周恩来总理曾在接见乌兰牧骑队员时说：一专多能是中国的好传统，文艺必须民族化、大众化。你们是万里长征的第一步，还要提高。当然，现在水平不低，客观评价就是证明，群众的评价是最好的证明。姥姥学习的是月琴，一种中国传统的弹拨乐器；姥爷学习的是二胡和大鼓。

1972 年，乌达市乌兰牧骑派姥姥等人参加了内蒙古自治区在杭锦后旗举办的为期两个月的内蒙古民族舞蹈训练班。12 月，姥爷因为拥有队员中最高的高中学历，被选举为代表去参加自治区召开的为期二十多天的文艺创作会。在这一个月中，他见识到各地的文人雅士，学习了很多新的思想和文化，收获颇丰。

1973 年，自治区文化厅在磴口举办为期三个月的巴盟地区乌兰牧骑培训班。乌达市乌兰牧骑全体成员和五大矿区的部分骨干参加了集训，大大提升了他们的业务能力。

四、乌兰牧骑展演

1971—1975 年，乌达市的文艺演出工作主要是由乌达市乌兰牧骑承担的。1971 年，乌达市乌兰牧骑参加了“全盟乌兰牧骑文艺汇演”，以精湛的芭蕾舞表演赢得了大会的一致好评。1974 年，乌达市乌兰牧骑抽调了部分业务骨干，组织了“歌唱英雄魏树森”专题演唱会，还到临河、磴口地区进行演出。

乌达市乌兰牧骑日常服务的对象主要是乌达市内的矿工、农民、牧民以及部队战士，经常演出的地方有乌达矿务局俱乐部、乌达东风电影院、灯光场、五虎山矿工人俱乐部、梁家沟工人俱乐部、乌达蔬菜农场俱乐部、三道坎铁路工人俱乐部、巴盟运输公司俱乐部。每年除了到演出条件较好的各大俱乐部演出二三场外，还要到红旗煤矿、耐火厂、砖瓦厂、东风队、马宝店、三转兵团六连、守桥部队、贺兰山驻军部队、炭井煤矿以及吉兰泰铁路沿线的各个站点进行慰问演出。加上到各个矿井口的小型演出活动，平均每年演出近百场。

乌兰牧骑的演出深入基层，作品反映工农兵、群众的劳动以及生活，紧密配合党的中心任务，歌颂无产阶级革命理论，宣传毛泽东思想，宣扬本市先进单位和先进人物，发挥了革命文艺团结人民、教育人民的作用。10年间创作演出大量反映矿工生活的文艺节目，演出的节目短小精悍，内容丰富，形式活泼多样，给乌达人民留下了深刻的印象。

五、乌兰牧骑记忆

当我和乌兰牧骑老队员聊天时，翻看着他们的老照片，老人们的记忆被激活，对着一张张照片七嘴八舌地给我讲他们的演出、劳动故事。

当年，呼和浩特铁路局本井车站是铁路运输战线上宣传毛泽东思想的一面红旗。他们身在戈壁滩，眼观全世界，立足本职工作，把宣传捍卫毛泽东思想作为头等大事，被称为戈壁滩上的红色运输站。他们的先进事迹在报纸上发表后，大大鼓舞了乌兰牧骑全体队员的革命干劲。队员们怀着对工人阶级深厚的感情向工人阶级学习、接受再教育，认真排练，为战斗在戈壁滩上的工人、牧民开展慰问演出。

1971年11月，本井车站的气温骤降20多度，这里只有20多名职工和附近几户牧民，但乌兰牧骑队员依然在沙漠中搭台演出。本井车站风劲大、天气冷，队员们穿着单薄的演出服，一个个冻得发抖，说话都不利索了，乐队同志的手也冻僵了。可是队员们想到工人阶级、牧民同志常年战斗在这里，为祖国社会主义建设忘我地工作，乌兰牧骑也要学习他们这种革命精神，再大的困难，也要克服。手冻僵了，他们就哈两口气手温了再演奏；嘴冻僵了，就用手焐热了再唱歌。这样一直坚持了两个小时。车站工人关切地说：“你们宣传毛泽东思想的心情我们理解，你们这种精神我们也一定要学习。可是你们冻成这样，我们工人阶级心里哪过意得去呢！还是少演几个吧！”车站工人的关怀，顿时坚定了队员们的决心，他们坚决表示，一定要坚持到最后一个节目，不完成任务决不下战场。工人们激动地说：“你们真不愧是毛泽东思想的宣传员，咱们无产阶级的好后代。”

1972 年元旦，乌兰牧骑到青年桥西边深山里的部队演出。那时正是数九寒天，气温零下二三十度，睫毛、眉毛和头发上全都结起了白霜。战士们身穿棉大衣，头戴皮帽，每人坐一个小马扎，等待乌兰牧骑开演。连队间互相拉唱革命歌曲，队员们在营房里化好妆、换好衣服，准备上台演出。这时，仲维民队长跑进营房里关切地对大家说：“今天外面实在是太冷了，大家都把毛衣、毛裤套里面吧，别感冒了！”舞蹈队的队长范静出去看了看，回来对队员们说：“今天外面的确很冷，但我们要保证演出质量，要把最美的一面展示给可爱的解放军战士！”大家都异口同声地说：“好！就穿单衣上吧，别套了！”演出开始后，演员们个个冷得不住地发抖，睫毛上都结了白霜，但即使这样，大家也穿着单薄的戏装坚持演完了安排的所有节目。部队的领导和战士被队员们的精神所感动，中途送来不少大衣和帽子让大家穿戴。领导和仲队长商量：“队长啊，天太冷了，要么就让大家伙少演几个节目吧！”乌兰牧骑的队员从营房里出来说：“我们冷，你们就不冷了吗？大衣我们都带着呢，用不着，谢谢啦！”队员们总是笑吟吟的，这一抹笑容，这一份温情，这一种精神，是融化寒冬的一把烈火。

姥爷说，最难忘的一次是他们到乌斯太的一个煤矿演出，夜间十一点多钟在回来的路上汽车坏了，在前不着村后不着店的大山沟里，联系不上救援，司机下车检修，队员们就只能在车上干等着。没想到半夜里，大西北山沟里的风真厉害，冻得大家直哆嗦，没办法，大家把提箱里的演出服都拿出来套上了，有几个年纪小的女孩因为演出太累，靠在服装箱上睡着了。姥爷和仲队长怕她们感冒，就将乌兰牧骑的队旗从旗杆上取下来，两个人用手拉着盖

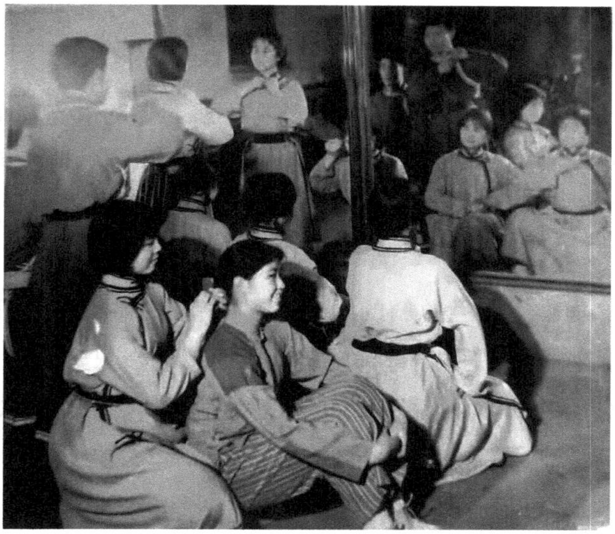

1972年元旦到部队演出前化装

在她们身上。等司机修好了车，回到乌兰牧骑驻地，已经是凌晨六点多钟了。

乌兰牧骑不仅投身于文艺演出，还经常主动安排队员深入群众体验生活，坚持“只有参加劳动，才能和群众打成一片”的精神，赢得人民群众的心，体现了乌兰牧骑“为人民服务”的本质。

此外，1971年夏，乌兰牧骑到三道坎九旬湾帮忙给铁路家属种菜、锄草；乌达修建铁桥扬水站，队员们天天在工地上边劳动边演出；1972年，在黄白茨（东方红矿）体验生活半个月，男同志都跟采煤队下井出煤，女同志都在灯房值班换灯；队员还到农场河滩割麦子，到河东牧业队帮着收菜、起土豆、挖萝卜；1973年，到梁家沟机修厂学工一个月；1974年，到五虎山矿下井采煤体验生活40天；1975年，帮助修建河拐子扬水站，队员们搬着行李吃住在河拐子工地上一个多月，一边劳动一边演出……

乌兰牧骑的队员干起活来没有一个偷懒的，个个都争先恐后地抢着干。在扬水站的工地上，每天和乌兰牧骑一起劳动的市医院大夫、护士，以及气象台、广播站、新华书店的同志们都夸：“乌兰牧骑的这帮姑娘、小伙子真能干！一个个朴素大方，没有一点娇气。”

六、乌兰牧骑情缘

姥姥是回族人，每天吃的饭是自己在平房的走廊里支着小锅煮的，每个月只有家里寄来的五两油，还有一罐家里用辣椒面炒制的酸菜。有时她从街上买回便宜的土豆、白菜，用一点点油炒过之后，就着用小火慢蒸出的小米饭吃。

1975 年，姥姥是乌兰牧骑的团支书，姥爷是团员。因为工作原因，两人的革命友谊加深了许多。每到中午吃饭时，姥爷只是去食堂应付一下，然后跑回来吃姥姥做的饭。我问姥姥："你为啥和我姥爷处对象？"姥姥说："他人老实，对我也不错。"我又问："那你喜欢他啥啊？"姥姥摆摆手笑了笑说："这我哪能知道，就是喜欢嘛。"

这么多年，姥爷姥姥携手相伴，走过无数坎坷。我想，他们的感情，更多承载着的是奋斗岁月中的一种精神，它属于乌兰牧骑，属于劳动人民，属于我们大家。时至今日，还有许多乌兰牧骑成员在内蒙古奋斗着。他们是草原上永不凋零的花。

姥姥、姥爷结婚合影留念

乌兰牧骑精神影响了乌兰牧骑人的一生，这些老队员虽然离开了乌兰牧骑，但始终坚持乌兰牧骑的优良传统，矢志不渝地推动内蒙古文艺事业的发展。

1976年，姥姥从文工团调到电影院，当电影放映员，姥爷调到乌达区文化馆。在这一年，他们结婚了，随后去北京度蜜月。1977年，他们有了第一个孩子，也就是我的母亲。五年后，他们有了第二个孩子。在后来的几十年中，姥姥辞去了电影院的工作，先后开过招待所、面馆、照相馆、电影院，办过舞蹈班，培养不少学员考上了艺术院校，毕业后投身内蒙古各乌兰牧骑，将乌兰牧骑的优良传统传承下去。

姥爷调回文化馆后，继续组织、辅导、创作小戏小品，并屡屡获奖。其中，小品《白忙乱》在1988年11月获乌海市第二届煤城音乐会“新星杯”优秀创作奖，在1991年市群众文艺会演中获二等奖；小品《新矿长的婚事》在1992年市举办的小戏小品会演中获得二等奖；话剧小品《如此父母》在1995年内蒙古自治区文化厅、妇联等单位联合举办的“自治区首届母子艺术节”中，由其妻子张爱华和二女儿刘磊参演，荣获了优秀表演奖和优秀创作奖。这些荣誉都在《乌达区志》有记载，也是我这段时间阅读《乌达区志》时收获的惊喜。

如今的乌海乌兰牧骑，早已入驻了快手、抖音等新媒体社交平台，陆续创作出《晨曦》《乌海》《沙枣树下》等多部具有鲜明时代特征、鲜活地域特点、深厚文化底蕴的文艺精品，让“红色文艺轻骑兵”这面旗帜更加熠熠生辉。

生命不息，战斗不止。乌兰牧骑精神会继续带领着无数的草原文艺工作者创作出更具特色的精品佳作，传承更深厚的革命思想，筑牢中华民族共同体意识，让草原上的时代歌声更加响亮！

（指导老师：连俊岗）

师道传承百年，家国情怀永继

北师大二附中未来科学城校区·陈珩元

师者，所以传道、受业、解惑也。

——题记

小辽水（今浑河）出辽山西南，与大梁水（即太子河）交汇之处，孕育了一座拥有2300多年文明史的辽东古城——辽阳，这座东北地区最早的城市。水脉即文脉，太子河与浑河滋养了辽阳这方水土的文化与情怀，静水流深，润物无言，辽阳这块沃土承山育物，载文树人。我们家族百余年前从沈阳迁往这师道传承之地，自然也浸润着这方土地的文明与师道。回溯家史，我家师道传承已近百年。

一、战争年代，文明灯火不熄

（一）启蒙与传承

太舅姥爷张秉新于1913年出生。辽阳土地肥沃，当地百姓崇尚耕读传家。7岁时，他就读于家附近的小学，这是一所“白衣道教”，俗称“在礼的”一处“公所”，有三间教室和一个院子。与当时《咏学房（即学校）》诗所言“漆黑毛柴屋半间，猪窝牛圈浴锅边”[①]的其他学校比，已经是非常像样的启蒙场所了。谁也没想到，这个“白衣道教”的清净地，无意间与

① 丙公:《衡前集》，香港：香港上海书局出版社，1975年，第5页。

太舅姥爷未来的清华大学毕业论文《〈列仙传校补〉补》，建立了一种文化上的微妙联系。

（二）流亡与抗争

20 世纪 20 年代前后，各地军阀混战。在兵戈纷争之际，富有野心与远见的大军阀都重视教育，纷纷筹办本地大学。1921 年，奉天省（今辽宁）创办东北大学。到 1929 年，东北大学已成为拥有近半数有留学履历的教师与鸿儒大师共济一堂的全国一流大学。

举家从辽阳辗转返回沈阳的太舅姥爷耳闻目睹了东北大学的蓬勃发展。他中学时入读教会学校，说得一口流利的英语。但于太舅姥爷而言，这不过是开阔眼界的一个窗口而已，他最钟爱的还是中华传统文化。当时东北大学文学院已吸引了黄侃和梁漱溟等大师，因此，太舅姥爷准备报考家门口的东北大学，学习之余也可照顾家里。

1931 年，太舅姥爷被东北大学录取不久，9 月 18 日夜，日军的炮弹从东北大学校园上空飞过。9 月 19 日 6 时，执行校长宁恩承召开全校大会，郑重讲道："古人说：'士报国恩。'今天国难当头，我们全是一国的善士……如果发生任何危险，应该恪守'士报国恩'的信条，就一切无恐无惧了。"[①]"九一八"事变，导致正蒸蒸日上的东北大学"尽失所有"，成为近代中国第一所流亡大学。

9 月 24 日，太舅姥爷随东北大学师生离开沈阳，迁往北平（今北京）。在既无设备又缺资金、校址又无着落的情况下，东北大学不得不送部分学生到北京大学、清华大学等高校借读。

跨省流亡的遭遇，铸就了太舅姥爷和他的同学们抗日救国、爱国抗争的精神底色，国民政府当局却压制着学生的爱国思想。在太舅姥爷的散文集《衙前集》中有这样一段回忆："明知是在亡省破家的苦难里过着流亡生

① 新华每日电讯：《"爱国"两个字，这所大学书写了一百年》，2023 年 9 月 13 日，http://www.xinhuanet.com/mrdx/2023-09/13/c_1310741167.htm，2024 年 3 月 2 日。

活，但是政府当局偏要施出一套手法，不许学生过问国事，不许清醒，不许愤懑……当时的宪兵第三团可算是爱国救亡青年学生的克星啊，不知道多少热血青年因为谈论了国事，批评了南京政府的卖国政策，甚至喊过一次‘东北是我们的’口号而被捕去抛入大牢。”

哪里有压迫，哪里就有反抗。1935 年 12 月 8 日晚，包括太舅姥爷在内的许多同学接到了来自北平学联的通知：12 月 9 日上午到中南海新华门向国民政府代表何应钦进行爱国请愿，反对华北自治，反对成立“冀察政务委员会”，要求一致抗日。太舅姥爷和同学们深知这次活动的意义，从东北到华北，日本帝国主义步步紧逼。爱国学生说，华北之大，已经安放不得一张平静的书桌了。

在清华大学、燕京大学等校学生被军警阻隔在城外的情况下，东北大学作为游行队伍西路纵队的唯一主力，高举大旗，冲出被军警包围的校门，走上西直门大街。军警的水龙头、木棍、大刀无法阻止年轻却坚韧的步伐。

著名的一二九运动从这天拉开了序幕，东北大学也在运动中书写了流亡历史中最辉煌的一页。

（三）良师与师道

东北大学迁往北平后，太舅姥爷被选送到清华大学借读，又因学习成绩优异而成为清华大学中文系学生，师从闻一多、朱自清、陈寅恪等大师。

闻一多学贯中西，迫切地研究国学于中国的价值和意义。他说：“我爱中国……尤因他是有他那种可敬爱的文化的国家。”而“东方底文化是绝对地美的，是韵雅的，是人类所有的最彻底的文化。”[①]这一点对同样热爱中国传统文化的太舅姥爷产生了天然的吸引力。他课下时常与闻先生讨论对古典文学的学习体会。共同的兴趣爱好使他们建立了亦师亦友的关系。太舅姥爷钦佩于闻先生总是在不乐观的环境中坚持着乐观的态度，清华大学迁

① 闻一多.《〈女神〉之地方色彩》，《闻一多全集》2 卷，武汉：湖北人民出版社，1994 年，第 118 页、121 页。

往云南蒙自后，闻先生在给太舅姥爷的信中说："蒙自环境不恶，书籍亦可敷用。近方整理《诗经》旧稿。秉性积极，对中国前途只抱乐观，前方一时之挫折，不足使我气沮，因而坐废学问之努力也。"[①]

朱自清当时任清华大学中文系主任，主张中文系继续沿着"创造我们的新文学"目标发展，重视学生对外语以及欧美文学的学习，热心指导学生们的课外活动。这些，让太舅姥爷的传统国学和英文水平日益提升，并形成了谨严、开阔的学风。而朱先生散文精巧的构思与文采更是影响了包括太舅姥爷在内的一批学生。太舅姥爷从 1935 年起大学读书期间就以"春风""张春风""张向天"等笔名在《论语》《宇宙风》《大公报》等杂志报纸上发表散文、小说。

陈寅恪先生无论是以其严谨的治学精神，还是"三不讲"的讲课风格都深深吸引着太舅姥爷。而陈先生以"独立之精神，自由之思想"为追求的学术精神，更是在日后太舅姥爷的教学生涯和学术研究中影响深远。太舅姥爷一直敬重陈先生，陈先生也一直关心着太舅姥爷的工作、生活。1942 年 3 月，听说太舅姥爷因日军在 1941 年底轰炸血洗香港而生活困顿，陈先生于 4 月 1 日致信香港大学图书馆馆长陈君葆，推荐太舅姥爷到港大谋一席职位，以解决燃眉之急。而那时他也困居香港，自己一家人尚不能温饱。

授业恩师之外，作为时代导师的鲁迅先生亦是太舅姥爷的精神导师。鲁迅先生曾寓居位于北平"宣南"南半截胡同的绍兴会馆，而东北大学 1933 年秋在北平复校的第一分校设在彰仪门大街原公益局陈列所。于是，作为"邻居"，太舅姥爷念念不忘的是鲁迅先生曾住过的绍兴会馆。那个时代，鲁迅先生早已搬出绍兴会馆，远居上海，但是他们一班几个同学就是对这座会馆深具浓厚的感情，每当晚饭后走出校门，在彰仪门大街上闲步，总是不知不觉地又拐进南半截胡同，在绍兴会馆门外做一番巡礼的徘徊。鲁迅先生虽不在这里，但正读着他在上海报章上发表的战斗杂文的太舅姥

① 闻铭、王克私编.《闻一多书信选集》，北京：人民文学出版社，1986 年，第 297 页。

爷却亲切地感受到这位伟大文化战士的战斗脉搏。

为太舅姥爷所折服的是鲁迅先生作为一代精神导师所传承的师道精神。太舅姥爷在《鲁迅论师道》一文中曾说，鲁迅先生在大学里教书时，是一位最受学生敬爱的好老师。凡是听过他课的，对他的丰富的社会历史知识、深厚的学问和道德修养，以及他娓娓动听的言辞，无不为之津津乐道。他对学生从不疾言厉色，摆出学者教授的尊严相；与人论学论事，蔼然可亲，如谈家常……这正是承继了宽柔以教、循循善诱的优良传统师道。因而受教于他的人，深受他的影响而成为明辨是非、热爱祖国、拥护革命的知识青年。由于在教学实践上，他是一位好教师，深明为师之道，因而他也最能讲明师道，体现礼敬师长之道。

这些清华大学的授业恩师在传授知识、研究学问，乃至思考社会、人生的根本问题上，给了太舅姥爷很大的影响，让他对“传道、受业、解惑”的师道精神有了深刻体会。

（四）师道传承与家国情怀

1937 年，清华大学毕业后，太舅姥爷携母亲和小妹（我的太姥姥）寓居香港，在香港民生书院教授中学语文课。他秉持着从老师那里传承的师道精神，在讲课时务求内容丰富、语言风趣生动，并在讲解古文名篇时，将中华民族团结不屈的精神结合典故、名人等进行详尽阐释，让当时尚未被日军荼毒的香港学生也能了解中国军民抗击日本侵略的悲壮事迹，培植学生们的家国情怀。

1941 年 12 月 7 日，日军袭击珍珠港。之后，逐步加紧了对香港的侵略。12 月 25 日，困守港岛的英军濒临绝境，港督杨慕琦与守军司令向日军投降，香港彻底沦陷。1942 年，香港大学也惨遭日军洗劫、控制。太舅姥爷带着一家老幼妇孺迁往岭南地区，在因躲避广州战乱而迁入化州乡村的中学里教授语文。他在课堂上揭露“九一八”东北沦陷以来日军侵略的暴行，向学生传播抗战思想。

太舅姥爷在《忆抗战年月中的一个“五四”》中，追忆了 1943 年 4 月开始，一所山村中学的“五四”纪念活动。尽管教官和校长等代表当局企图压制学生们的爱国活动，但太舅姥爷等老师们仍然油印进步歌本，组织同学们排练歌曲、刊登征文、出板报。听着孩子们唱着铿锵有力的《别让鬼子过黄河》，太舅姥爷不由想到三千里外尚在敌寇铁蹄蹂躏下的白山黑水的故乡，想到眼前的岭南漂泊……他总是唱得热血沸腾，热泪直流，于是更加勤勉。每当深夜，太舅姥爷一个人“在樟木油多烟而暗淡的灯光下改完课卷，吹熄了灯，守着暗夜，休息一下倦眼……望着窗外无穷的苍天、无边的暗夜，就有了和鲁迅先生相同的思想与感受，‘外面进行着的夜，无穷的远方，无数的人们都和我有关’”。因为，这后方山村的暂时宁静都是“拜了远方无数人庄严的工作与英勇的战斗之所赐，他们保卫了国土，捍卫了人民的免于沦亡。在被捍卫者之中，就有我”①。

二、鼎新年代，军工厂里传师道

（一）特殊年代，军工梦断

姥爷出生于1946年，那时太姥爷是一家大型军工厂的工具科科长兼外国专家负责人。所以，姥爷从小就喜欢飞机、舰船模型。姥爷数理化成绩优异，立志投身国家军工建设。但高考时受海外关系影响，不能报考理想中的北航、西北工大等学校的军工专业，让他很受打击。大太舅姥爷写信给他：社会建设需要人才，如果自己不能成为军工人才，那就当个老师为未来的军工人才打好知识基础。于是，1965年，姥爷放弃了自己热爱的军工专业，报考师范大学，毕业后成为一名高中物理教师。

姥爷曾拿出一个他珍藏了几十年的履带式铁皮坦克车模型让我观看，它等比例缩小，声光电一体。我惊叹于这样一个20世纪50年代生产的玩具，过了半个多世纪，竟然仍能模拟炮火的声音与闪光，可见姥爷是多么

① 丙公.《岭外集》，香港：香港上海书局出版社，1979年，第15页。

珍视这个模型，多么钟爱军工专业。

（二）春风润桃李

1969 年，姥爷从师范大学毕业后，分配到一家军马场中学担任物理教师。那是一个远郊县的农场，学生们都是军马场子弟和周边农村孩子，很多学生初中都没上过实验课。那时候教育经费有限，实验教具是学校里的贵重物品，学生们都是看着老师演示教具。但姥爷深知动手做实验对物理学习的重要性。他跟教研组长说：抗战期间的西南联大都能让学生们多动手实验，咱们现在还能没教具？于是，他带领几个学生一起做了物理课需要的教具，包括一台能实现动画效果的幻灯机。学生们终于能自己动手做实验，而不是只看着老师演示了，大家的学习热情一下就点燃了。这所学校曾走出了一批军工领域的大学教授、行业专家。

姥爷和同事一起研究教具制作

1985 年，姥爷被调到兵工部一家军工厂子弟学校创建高中部。姥爷这次“兵马未动，粮草先行”，先拉个单子将各种实验教具备齐，然后对这些未能考入当地省重点高中的学生说：“不要气馁，进入高中只是个开始，重要的是看你怎么进行高中学习。”他一边担任物理教师，一边作为副校长、高中部主任，带领老师、同学开展丰富多彩的学习活动，因材施教。爱好写作的他，鼓励学生们组织文学社，办学生自己的刊物；喜欢数理化的他，指导学生们多做专题学习，自己设计实验，多动手；擅长动手而理论不行的学生，他则告诫他们这样走不远，并抽出时间给学生们夯实基础知识；对偏科严重的，他则分享自己作为物理老师却热爱古典诗词等文学艺术，告诉他们文理打通才游刃有余、学习有趣……每个学生都感到了被关注、被指导，有了学习的信心，最终水到渠成地有了进步。

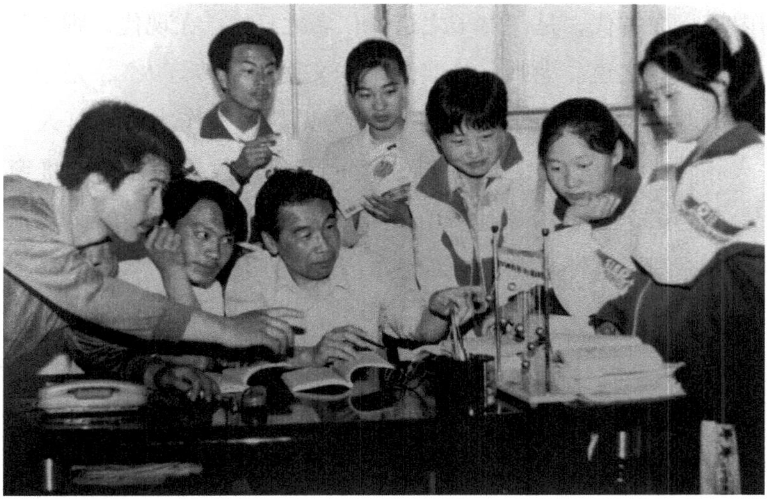

姥爷给学生们讲解物理原理

姥爷在这样一个起点上，培养出了考上北京理工大学、哈尔滨工业大学等军工院校的学生。学生们说这所军工子弟高中改变了他们的一生，让他们懂得了什么是“传道、受业、解惑”的“师道”。他们毕业后时常和姥爷联系，不只表达感激，更是跟老校长说说未来深造或工作打算。

姥爷在高中繁重的一线教学与学校管理工作之余，还承担了辽宁省侨联委员、省政府参事、葫芦岛市政协委员等社会职务，为军工厂子弟的教育发展建言献策。

退休后，姥爷风趣地说："看，这两所学校还真是都带个'军'字呢，我这个老师也算是间接参与了军工建设吧？"在我听来，这是云淡风轻中带着得偿所愿的自豪，是师道精神在新时代的一种诠释。

三、个人心得

韩愈在《师说》中开宗明义，将老师的职责界定为"传道""受业""解惑"，并以"传道"作为统领。我想，大抵是因为"道"作为中华民族传统文化里的重要概念，阐述的是本源、本质问题，在不同时代具有不同的内涵。在古代，是"君子之道，仁者之道"；在现代，则是爱国担当之道，做人敬业之道。老师，确实是中华文明的"传灯人"，是中华文化的"推窗者"。中华文明传承不绝，正是因为无数老师作为"传灯人"殷殷教诲、薪火相传；中华文化创新不断，正是因为无数老师作为"推窗者"鼓励创新、兼容并包。我有幸生长在这样一个教师世家，理应续写这个"师道传承百年，家国情怀永继"的新篇章。

（指导老师：阿木尔）

耕植黔地念家国　家族精神血脉长

贵阳市第三实验中学·王泽宇

前言

曼井，贵州南部一个不知名的布依族小寨子，隶属黔南州荔波县。王氏家族世世代代生活在这个地方。我同样是这个家族的一分子。令王家人自豪的是，在各个时期，都有王家人参军入伍，或抵御外敌，或抢险救灾。从王国分投身抗日战争，到如今王泽定参加 5·12 汶川大地震抢险救灾，王家人世世代代把参军入伍当作一种荣耀。而王家儿女参加战斗、为国效力的故事，在家族中代代相传。

一、投身抗日战争

近代以来，中国积贫积弱，列强的侵略、封建的毒瘤，让过去挺立于世界东方的大国内外交困，无法抵御侵略者的铁蹄。1937 年，抗日战争全面爆发，日本帝国主义侵略者入侵我华夏大地。日本侵略者蚕食中华，百姓流离失所。四方难民由此进入贵州。王氏族人从难民的口中得知国家现状，无不叹息。在那时，“有国才有家”的观念早已融入王氏族人的血脉。1938 年春，族中青年王国分参加中国远征军，入缅参加战斗。可惜的是，由于年代久远，这段历史没有留下其他资料，只剩下了王国分老人的一张照片。

1942 年、1944 年，王国平、王国寿二人先后参加抗战。上战场时，国平刚刚步入青年，国寿也年仅十八岁。

王国分

二、投身抗美援朝战争

1950 年，朝鲜内战爆发。为了保家卫国、支援朝鲜，10 月 19 日，彭德怀司令率领中国人民志愿军，雄赳赳气昂昂跨过鸭绿江。这场伟大的抗美援朝战争，当然也少不了布依族王氏英雄儿女。

王国英、王国富二人首先加入中国人民解放军，编入中国人民志愿军以后，便入朝作战。在“抗美援朝，保家卫国”的号召下，1950 年 12 月，族中青年王国群也参加志愿军入朝作战。次年 4 月，随着战事愈演愈烈，王国健、王国机以及“家”字辈王家声参加志愿军铁道兵团入朝作战。

1965 年，王国机复员，到黑龙江农垦区参与北大荒的开发。王家声则于 1953 年在战场上负伤回国，1954 年荣归故里。王国富、王国群则光荣牺牲，长眠于异国他乡。

王家声

三、投身三线建设

二十世纪六七十年代，我国开始了三线建设。这个时期，我的爷爷王家美参军入伍，参与了贵州的建设。

我的爷爷在很久前已经去世了，他的故事由我父亲讲述给我听。结合我父亲和大伯收集的资料，爷爷的故事渐渐完整起来。

爷爷 1965 年 3 月入伍，服役于中国人民解放军铁道兵第 35 团机械连，1969 年 3 月退役返乡。服役期间因为表现优秀，连续四年被评为“五好战士”。爷爷是国家开展“三线建设”后第一批入伍的兵，他四年的军旅生涯全部奋战在“三线建设”工作一线的云贵高原的崇山峻岭之中。

当年，爷爷在新婚满月时，便告别奶奶毅然从军。这件事情至今为寨上的乡亲们津津乐道。

爷爷复员以后，和奶奶把四个子女抚养长大。在部队中的学习让他成为族中文化水平较高的人，因此他主动担起撰写族谱的任务。直到病重之际，他仍然笔耕不辍，用在部队中学到的知识，努力为后人留下一份精神财富。

四、投身对越自卫反击战

王家联所获奖章

1972年2月，我国为维护领土完整，对越南发起了对越自卫反击战。族中王家应、王家联、王家吉三人参加过作战。在家族里，他们是我的叔公。

其中，王家应于1976年至1981年在部队中任班长。王家联于1976年至1983年在部队服役。王家吉于1984年至1988年在部队服役，任副班长。三人分别参加了对越自卫反击战。通过采访王家联叔公，我具体了解了他的经历。

王家联叔公于1976年入伍，1983年退伍，隶属53022部队。战争打响前，他在广东湛江市服役，学习装备修理。在对越自卫反击战前夕，叔公响应国家号召，随部队驻扎广西。1979年对越自卫反击战打响，他作为钳工随所部深入越南，在战火纷飞的战地中为一线作战部队做好枪械的检修保障工作。虽然没有到前线亲眼目睹炮火和枪弹，但是叔公对整个出国作战的经历记忆犹新，甚至能说得出一路上经过县市的名字。20多天后，他随部队回国。

在凯旋后，王家联叔公随部队经过广西百色那坡县，受到了各个乡镇人民的热烈迎接。有人为战士们倒开水，有人为战士们戴红花。百姓们载歌载舞，欢迎战士们凯旋，这一幕让叔公久久不忘。

回国后，家联叔公依旧在原部队担任钳工。1983年退伍，他回到曼井，受到了乡亲们的爱戴。至今年纪大一点的曼井乡亲们依然尊敬他，不只因为他曾随军参战，更是因为在回到家乡后，叔公用在部队中学到的技术回馈乡亲们。谁家的农机坏了，他会主动帮忙修理；谁家灯泡或电视坏了，他一修一个准。叔公的技术远近闻名，附近几个村子都知道。

五、和平年代，挺膺担当

进入千禧年，我国获得了相对稳定的国际环境，让世界看到了我国日渐强大的国防实力。但是，在和平年代，王氏家族的族人依然将投身祖国国防事业为己任。其间，族中后代“兴”字辈的王兴建、“泽”字辈的王泽定依旧参军入伍，为祖国的抗震救灾、国防建设做出贡献。

2001年12月，王兴建应征入伍，到西藏武警部队服役。王泽定于2007年入伍，他表现优秀，获得了部队“优秀士兵”等嘉奖。通过电话采访，我也具体了解了泽定哥的经历。

王泽定于2007年12月入伍，2009年12月退伍，隶属部队在重庆。虽然只有两年的军旅生涯，但他参与了多次任务，如边疆平暴任务及雪灾抢险救灾、汶川地震抢险救灾等。

泽定哥常常想起参军的日子，言语中满是留恋，和往日的战友重逢，会让他再次勾起回忆。当年，他有无比热切的想留在军队继续服役的意愿，只可惜竞争激烈，他最后还是退役离开了部队。现在，他在荔波县担任一名辅警，继续利用在部队中学到的技能保一方平安。

泽定哥记忆最深刻的，是当年在汶川映秀参与地震抢险救灾的工作，从5月份开始，一直持续到9月份。他在部队中负责运送物资，搜救遇难人员。这是他平生第一次见到震后的场面，一度震动他的神经。有一幕是他永远都忘不了的：帐篷里劫后余生的人们，身上只有一件雨衣覆盖，伤痕累累。至于坍塌的废墟、遍地的哀号更不用说。方才20岁的他，从没见过这样惨烈的景象，即使身在军旅，心中也有些许慌乱。在之前，家里的

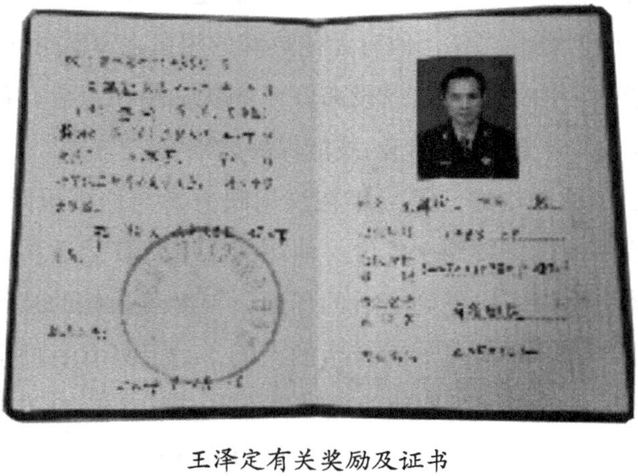

王泽定有关奖励及证书

老人从来没有让他触碰过人的遗体，可是那段时间，他背出很多废墟的遇难者遗体。等到任务结束，他久久不能平静。

后记

2023 年暑假，我亲自拜访了家联叔公。在查阅有关资料前，我对这位叔公的了解并不深。所以在了解到他是一位退伍老兵，并且参加过对越自卫反击战后，我深感吃惊，同时又感到惭愧，此前没有想过拜访这位王家联叔公。

我来到王家联叔公的家里。室内装潢十分简朴，和其他农村普通房屋别无二致。现在的王家联叔公退伍在家务农，已经年届花甲，但他依旧坚持下地耕作。简单寒暄后，王家联叔公和我讲述了他的故事。

叔公还提到了和他同期当兵的同辈王家吉、王家应。家吉叔公年纪较小，参加的是后续的老山战役，现在在外地打工。家应叔公则是在 1979 年对越自卫反击战中上前线战斗，前些年已经去世了。

由于没有相同空闲的时间，我无法亲自拜访泽定哥，只能在电话中了

采访叔公王家联

王家联家中

解他的经历。他向我讲述了他从军到如今的经历。当年虽然任务众多，常常需要四处行动，但泽定哥和战友们没有任何怨言，他总是笑着带过一路上的辛苦。虽然只是在电话中，但泽定哥的讲述满是对军旅生活的怀念。也许正是在他退伍之时，他才真正明白了那些为国效力的先人的心境。

此外，必须提到我的父亲和我的大伯。本文正是参考了我父亲的文章《一个布依家族的国防义举》写成。他们年轻时候努力学习上进，现在都到了其他地方工作，都在为曼井的文化传承、建设做贡献。尤其是我的大伯，亲自收集了家族中各个军人的详细经历和资料。如果没有他整理如此繁杂的历史资料，就没有如今这篇文章。如今，大伯依旧为曼井布依寨的文化建设不懈努力，想必“文化自觉”就是如此。

结语

这就是王氏布依家族的军旅故事。王家的家训是“登文知圣德，玉有国家兴。什元永安世，天恩道化仁”。其中，“什元永安世”的意思是希望有后人能够卫国戍边，从军安天下。王家先人对后人的期望可见一斑。

中华大地上的一个家族只是社会和国家一个缩影。在历史上，中华民族之所以可以一次次抵御外族侵略，正是因为有一个个家族中的一个个英雄儿女挺身而出，为中华民族的挺立、复兴而不懈付出。王氏布依家族，虽只是贵州边陲一个小寨的少数民族家族，却涌现出无数的英雄儿女，怎能令人不动容？从“国”字辈，到“家”字辈，再到“兴”字辈、“泽”字辈，家族的精神通过血脉，一代代流传下来，拼出这个家族坚毅的模样。这个家族故事的背后，不仅是有为之士的挺身而出，更是家族精神的薪火相传。这份家族精神，正是中华民族千百年来代代相传的爱国精神。这份爱国精神，正在华夏大地上的每一个家族中流传，相信还会有无数的英雄儿女挺身而出，为中华民族的伟大复兴不懈奋斗！

（指导老师：付大林、毛丽云、李欣欣）

时代万家人

北京师范大学附属中学・徐瑞琪

决泱华夏，造就了一代代优秀的华夏儿女。当代之中国青年，承祖辈之情怀，享前人浴血之荣光，应担时代逐梦之使命。

——题记

河北省衡水市景县杜桥镇万庄村的万家大院，是万家人世世代代生活的地方，也是由太姥爷这一代我所了解到的万家人的故乡。万姓扎根于此的历史，据家里长辈说能追溯到明代后期。安山街西南二里路有个村叫万庄，过去曾叫薛李庄。不言而喻是由薛、李两姓组成的村庄。明代后期从安山街来这里种菜的万姓人发了迹，薛李庄不断被淡化，村名被万庄取而代之。而“万庄”被正式确认命名，是在清乾隆年间。清光绪年间，旗人普遍出卖土地，土地向地主阶级集中。当时的万庄地主万煜南在1880年就买进旗人土地两千多亩，后来又谋求官职、经营工商业，万庄也随之发展得愈来愈大。万家围高墙、垒大院、筑岗楼，显赫一时。

太姥爷万同顺是地主出身，在他还是少爷之时，家里一进院子就有一个半人高的瓷瓶。瓷器在当时只有富贵人家才有，更不用说是半人高大小的瓷瓶了。他家中更是有三进的大院，大院两旁有专放各种珠宝首饰的“珠宝房”，而万同顺年幼时便以坐在房中拿着宝石、玛瑙扔着玩为乐。更有甚者，万庄当年雇了很多长工给家中几百公顷的地和梨行扛活。“小于八两的梨我可不吃。”万同顺曾经这么说道。在1934年前后，万同顺却染上了吸食鸦片的陋习。

一、誓不沉沦

鸦片对旧中国的摧残比鸦片战争本身要来得更为深远。说起中国历史上的禁毒，最广为人知的自然是林则徐的虎门销烟。钦差大臣林则徐指挥将一筐筐收缴的鸦片倒入生石灰池。他这一倒，将“禁烟”一词在中国和世界历史中画下重重一笔。在清朝，抽大烟的主要有两种人，一种是商人，空虚之余麻痹自己；一种是所谓的上层人士即富家子弟，他们家财万贯无处挥霍，以抽大烟为时髦。太姥爷万同顺抽大烟的理由看似可以归结为后者。

万同顺因抽大烟成瘾而倾家荡产，变卖了家中的房子和土地，仅留下了一间小院一家人勉强住着，万庄曾经的辉煌一去不返。1936 年，万同顺眼睁睁看着昔日不再，站在家中唯一的小院前注视着破败景象，内心的苦涩溢于言表。

在与家人交代完一切之后，万同顺便把自己关进了房间，让人将门反锁。这是他人生中做过的最重要的决定——戒毒。他把自己反锁在房间里近一个月的时间，那段时间，没有人知道他吃了多少苦，受了多少罪。人们只知道，一个月后万同顺再出现在大家面前时，他的脸上又恢复了一丝血色。“我连抽大烟都能戒，还有什么苦是我吃不了的！”这是万同顺生前跟家人说的最多的一句话。这一句话，也贯穿了太姥爷的整个人生。

所有随风而逝的都属于昨天，所有经历风雨蜕变而来的才面向未来。戒毒一事是万同顺吃的第一个苦头，也为他的人生打开了一扇艰苦奋斗的门。自此之后，他不再是那个坐在珠宝房中扔宝石玩的锦衣玉食的少爷了，也不是卧在破院里没日没夜抽大烟的纨绔子弟了，几年后，他投身革命救国事业，成为一名有毅力、有远见的革命家。他带着一份能戒大烟的毅力和精神，走进中国共产党敌后武工队的营帐，开启了他与军队互相守望的后半生。

二、万家雄风再起

1937 年爆发七七事变，日军向宛平城发起猛烈攻击。中华民族到了危难关头，全国各族人民团结一心，一致对外，全国抗战的大幕正式拉开。1939年，万同顺正在天津机械工业学院上大三，看着国内硝烟四起，他决然放弃学业，放下笔杆子，拿起枪杆子走向战争第一线对日作战。烽火连天的岁月，一批批有志青年为国挺身而出，前仆后继。1941年夏，万同顺加入第一批中国共产党敌后武工队，赴日伪占领区的后方，发动和组织群众，建立党组织，运用各种斗争方式打击与瓦解敌军。太姥爷枪法极好，领导力强，又会带兵打仗，也是部队中少有的文化人。所以没过多久，他就成为一支敌后武工队的大队长。一支武工队一般以30至50人为一队，也有的十余人、百余人。而万同顺所带的那一队从几十人打到一百余人。他战术灵活，作战骁勇，士兵受他的影响个个英勇顽强，不畏生死。在几年时间里，这支敌后武工队打了无数胜仗，日军每每听说是老万带的兵，吓得闻风丧胆，作战时总要忌惮三分。

一个稀松平常的夜晚，万同顺的这支武工队正在庆祝一场战斗的胜利，帐内帐外无不洋溢着欢快的气氛。“当时我啊，大意了！”他后来悔恨地说：“中了鬼子的计！”日军在夜晚进行反扑，乘虚而入将这支队伍包围，万同顺也在这次战斗中被日军活捉。

被抓到日军手里的这段故事，太姥爷没有多说，大概是回忆太过痛苦吧，只说“那帮鬼子对我是严刑拷打，我怎么都不招！就是死我也不能招，那可是多少有志青年的命啊！被鬼子抓了那还能活得成吗？一条命换一百多条命，值！”太姥爷再跟家里说起这件事时，已是老年。

祖国不会辜负每一位浴血奋战将士的忠心。万同顺在被抓后没几天，就幸运地被地下党救了出来。那天情形紧迫，还来不及问那位同志叫什么就匆忙离开了。漫长岁月里，这位救命恩人的面孔一直印在万同顺心里，每每想起便会说：“也不知他是不是还活着，得当面再谢才行。”

1945年，日本投降，十四年抗战终于胜利。就在万同顺等战士在精疲力竭中以为终于和平之时，1946年6月26日，蒋介石悍然撕毁停战协议，全面围攻中原解放区，全面内战又在一片哗然中爆发。

万同顺和其他将士一样，大战过后还未来得及喘息，便又毅然决然地参与解放战争了。经历了抗日战争中的许多出生入死，在解放战争打响后，他更是骁勇非常。他总说：“我活着的每一天，都是在为牺牲的战友而活，不敢有半点偷生。要是我后退、我怕死，我就对不起他们！”也是在这一时期，万同顺加入了中国共产党，成为一名光荣的共产党员。

太姥爷在解放战争年间摄

中国共产党终究是人民的党，而国民党在战后种种倒行逆施的行为，不得民心。中国共产党始终为人民利益而出生入死、同人民休戚与共，终于在1949年4月，人民解放军占领南京。

1949年新中国成立后，万同顺因在军中优异的表现，复员后被任命在中央军委办公厅管理处工作。同年，姥姥万度出生。

好景不长，1950年美军侵略朝鲜，并悍然越过三八线，威胁新中国。10月8日，中国应朝鲜政府的请求，做出“抗美援朝、保家卫国”的决策，迅速组成中国人民志愿军入朝参战。10月19日晚，彭德怀率领中国人民志愿军欲从安东、长甸河口和辑安等地，跨过鸭绿江，进入朝鲜。万同顺又被任命带兵护送彭德怀将军过江，此行虽不那么凶险，但他始终悬着一颗心。他深知，此行一去必又是一场激战，新生的人民政权能否稳固地屹立于东方，使这场战役变得更为关键。这一年，万同顺才37岁。

抗美援朝战争胜利后，万同顺带领解放军总参谋部的一支小队到现今北京丰台区的一七八木材加工厂担任厂长。在那里，他一干就是一辈子。

几十年过去后，万同顺作为退伍老兵代表被请进中南海，作为“老革命、老干部、老党员”的代表受到中央领导接见，太姥爷九十多岁时回忆时说道：“那时候啊，见到了多年没见的老战友，得到了中央领导的接见，这一辈子死而无憾了啊！”

太姥爷在任职中央军委办公厅管理处时与同事的合影。（第一排左 2 为太姥爷）

百年前，炮弹发出的火光灼烧国人的尊严，枪响时的火花刺痛国人的灵魂。在那灰烬遍地的时代，多少像太姥爷一样的革命志士，以不屈的脊梁为干柴，以不灭的精神为烈火，在中华大地上熊熊燃烧，点亮了那个混沌的时代。太姥爷他们在那个时代所铸就的光辉岁月不会被历史所埋没，我要将曾经激荡的历史碎片探索、拼凑，透过历史的云层让它照耀至今。

三、万家桃李满天下

太姥爷有两个孩子，舅姥爷万忠新和姥姥万度。舅姥爷 1936 年生，年幼时万家已经破败，且又赶上国内战争不断，生活条件十分艰难。于是 1951 年，初三刚毕业他就跟着太姥爷参了军，在徐州当坦克兵。那年，姥姥两岁。

太姥爷一家人（二排左太姥姥，二排中舅姥爷，二排右太姥爷，一排姥姥）

1951 年，正值抗美援朝战争刚刚打响，年仅 15 岁的万忠新年轻气盛，想像父亲一样为国冲锋陷阵，于是向上级递交了抗美援朝申请。但由于舅姥爷是家中的唯一男丁，所以申请并未批准。在这种情形下，他只得踏踏实实地待在徐州当了七年坦克兵，并于 1958 年复员。复员后，万忠新在天津工厂曾短时间工作过，在那里，他第一次接触相伴他一生的电工事业。

没过多久，万忠新便投奔了万同顺领导的一七八木材加工厂。在万忠新初到加工厂报到时，人事部一打听便知他是领导的儿子，二话不说就让他担任人事科副科长。可第二天，却被父亲万同顺拉到车间让他干基层，而万忠新也没有半分怨言，在加工厂的车间组装零件，做了一名真正的工人。

在加工厂车间的日子里，万忠新再次接触到电工，并深深喜欢上了这门技术。于是，他在车间里拜了师傅，在加工零件的工作之余，跟着师傅学了整整 5 年电工。在这之后，他为了精进技艺，在小小的车间里没日没夜学习课本知识，终于考上了当地的大专专门学习电工专业。万忠新的电工理想和热情，成为他筑梦远航的舵和帆，载着他的热爱越驶越远。

万忠新的电工学得很好，学成之后在东铁营的一栋两层小洋楼里办电训班，学生来就在那栋小洋楼里上课，一家人也在那里住着。万忠新收过很多徒弟，桃李满天下，逢年过节徒弟们都会去小洋楼看他，给他带吃的，所以他家里吃的一大屋子都装不下。他常跟徒弟们说“少拿一些来”，可是徒弟们怀揣着对师傅的感恩哪里肯依。

1999 年，万忠新因白血病去世，享年 63 岁。在舅姥爷的葬礼上，灵堂里人山人海，都是他曾经带过的徒弟。舅姥爷万忠新当了半辈子师傅，倾注了毕生所学。他没什么丰功伟绩，也不会留下姓名，可守着一栋小楼，育三千桃李，谁又说不是一种辉煌呢？

相比于生于乱世的万忠新，妹妹万度更幸运一些。万度是伴我从小长大的姥姥，也是我能直接采访到的亲身经历者。她 1949 年生，一出生就正值新中国成立，自然比哥哥万忠新接受了更好的教育。她从小学东西就快，从不觉得学业是什么难事，所有学科都在班里名列前茅。她后来考上了北京的丰台十八中，开启了自己的高中生活。1967 年，她响应毛主席号召，成为第一批上山下乡到黑龙江农垦共青农场的知识青年。

1968 年，初到黑龙江的万度在八五二农场的一个连队里负责排水工作，冬天在地里挖出一道道沟，以确保夏季雨水充足时土地不会涝。有一个当地的老干部教她挖沟，万度看了几遍很快就上手了。她学得很快，没过几天就已经得心应手，挖的比老干部还要快、还要好。在当时，周围人怎么都没想到，一个城里来的女知青竟然还挺能吃苦的。渐渐的，万度的名字在农场里被很多人知道，都纷纷让她来自己这边干活。在连队里，万度做过小学教师，在畜牧排的猪号养过猪，在菜组帮忙种过菜。后来又做过小卖店店员、文书兼出纳等工作，无不被夸赞干得好。

几年后，八五二农场分厂要建高中，名为八五二高级中学，叫万度去做高中政治教师。在那里，她正式开启了自己的教师生涯。她以一贯严谨的态度教书育人，所教的班级个个成绩优异，甚至有一年教出了三位政治满分的学生。

万度一直在八五二高级中学教书，在这期间，被评为了高级教师，培育无数学生走出农场、走向城市，每年春节，当考到大城市的学生们来看她时，都是姥姥一年中最快乐的日子。不仅如此，她还结识了教地理的姥爷，他们一起带过无数届毕业生，家里原本放着姥姥姥爷一大厚本的和学生们一起拍的毕业纪念册，却不知哪次搬家时给弄丢了。尽管他们自己远离了大城市，一颗赤诚的心也不会孤寂，姥姥姥爷用自己的知识为祖国东北一片沃土的教育事业注入蓬勃生机，为农村的孩子搭建通向大城市的桥梁，用行动为一代代青年的梦想添砖加瓦。

姥姥姥爷与高三毕业生的毕业合影集（部分）

后记

曾经，中华民族脚边是蛮横的荆棘；如今，新时代的发展之路被繁花簇拥。经历了种种艰难险阻后的中国青年，身上流的是为祖国前仆后继、义不容辞的一代代志士的血。我们的祖辈没有哪个是好吃懒做、不劳而获的，所以，新时代的我们无疑是历史长河之精华。我们在历史书中常学到像赵登禹、叶挺这样的抗日英雄，在语文阅读中也读到过像张桂梅这样的时代楷模。我以仰望者的视角歌颂他们的事迹，以为这些事迹离我太过遥远，却在采访姥爷姥姥之前不曾想过这些平凡又伟大的人就在自己身边。这也让我坚定了：每一个平凡的人都能够成就自己不平凡的一生，我想这就是了解家史的意义所在。

太姥爷、舅姥爷、姥姥姥爷这三代人，每个人都在属于自己的时代和领域奉献一生，也有多少人像他们一样坚守在时代的岗位。了解家史、学习家史、传承家史。无论我们出身何处，路过何方，作为一代英雄的子孙，千万青年自当壮志凌云，负青天而适南冥，挂云帆而济沧海。

我的家族史，就是一段普通平民百姓与时代共命运的奋斗史。

（指导老师：李莉）

从深山到首都

北京师范大学附属实验中学·汤泽骐

河池镇位于广西西北部，云贵高原南麓，那是我的姥姥姥爷成长的地方。

在北京出生的我，从小是听着姥姥姥爷的广西话长大的，听他们讲过去的故事。但我从来没有到过那个叫河池的小镇。

今年春节前夕，我终于得到了机会，听从内心的呼唤，独自踏上了寻根之旅。

一、老家成了全国重点文物保护单位

在金城江畔坐落着一座白墙黑瓦的小楼，尽管已经修建近百年，它依然伫立着，默默诉说着昔日的风采。当我走进这栋简朴又不失庄严的房子，站在水泥墙前，仿佛又看到了过往的历史，不由思绪万千……

1930年春，桂系军阀重兵围剿右江革命根据地，红七军前委在黔桂边境开展游击战争。3月，军长张云逸、总指挥李明瑞率领第一、二纵队抵达河池。这栋小楼成为红七军军部和办公场所。军部首长张云逸、李明瑞等在楼上办公、下榻，召开重要军事会议。

5月初，红七军转战黔地后又二次进驻河池。而邓小平在百色起义后，得知红七军主力已到河池，便星夜兼程赶来，与离别近半年的张云逸在河池重聚。还是在这栋楼里，邓小平与红七军领导干部秉烛长谈，运筹帷幄。

红七军将士们先后三次在河池休整，在这栋小楼的墙壁上，用火炭和墨汁写上标语和漫画，面积多达90平方米。其中有这么一条留言：“吴自若先生：我们去了，你的墙壁我们代你画得这么好，下次你不用买什么名人诗画来挂了。本来我们不想画的，但是这支笔同这锭墨作怪起来，我们无法制止他，所以由他走上先生的墙壁去，请你老人家见谅！”

这个吴自若先生就是这栋小楼的主人，也是我的太姥爷。记录这段历史的文章里这么介绍他——“作为一介教书匠，吴自若先生开明而通时政”。当年，当地官吏豪绅在红军到来前，用煽动恐吓的方式使老百姓“难辨善恶，弃老舍屋，落野趋避”。太姥爷离家时有意不锁房门，将全镇最好的房子留给红七军使用。

墙上的标语和漫画，有对国民党罪状痛快淋漓的揭露，有对共产党的性质、纲领、革命任务、革命对象的详尽宣传，有对红军性质和纪律的阐明，也有对革命前途抱定必胜信念的抒发。标语内容朴实生动，漫画表现活泼诙谐。

红军走后，国民党的军队来了。为了不让标语遭到破坏，我的太姥爷冒着危险，让人用石灰将这些标语、漫画覆盖保护起来。这些标语成为历史的见证。

在回广西看望我已经 101 岁的姨婆时，她仍对当时发生的事记忆犹新。姨婆是太姥爷的大女儿，她告诉我，1963 年太姥爷把这栋房屋让出给政府做纪念馆，2006 年这栋房子被正式列为“全国重点文物保护单位”。

红七军军部旧址

太姥爷在那样艰难的条件下培养出优秀的子女，还有这样一份家业，还能无私地将其贡献出去，这是难能可贵的识大局的精神，这样开放的精神，也贯穿了家族的发展，影响到了姥姥姥爷等后人。

二、从乡村教师到教育厅长

河池镇地方虽小，却是云贵高原的起点和黔桂公路的咽喉门户，是兵家必争之地。在抗日战争、解放战争时期，这里人流如潮，许多政界和文化名人都从这里经过。姥姥和姥爷青梅竹马，他们也是在这里出生和长大的。

听姥爷说，小镇的学校虽然设施简陋，但学校里因当时社会动荡而聚集了一批高水平的老师。他们教书育人，宣传进步思想，一直激励着姥姥姥爷上进。

1949 年解放的时候，姥爷的父亲担任河池镇人民政府财政科科长，整天忙着给过路的解放大军筹集粮饷，很少归家。学校里组织秧歌队、腰鼓队、合唱队，到处都飘荡着“解放区的天是明朗的天”的歌声。

1950 年，广西发生土匪暴动，年仅十四、人还没有枪高的姥爷参加了河池县委清匪反霸工作队。县武工队把一批土匪包围在一个山村里，炮声、机关枪声响成一片。这样激烈的战斗场面，让姥爷的心跳加快，两腿直打哆嗦，上下牙齿咯咯相碰……大概半个钟头后，枪声停了，被轰垮了一半的炮楼窗口伸出白旗子，土匪投降了，大家心情才慢慢松弛了下来。这是他平生第一次遇到过的战斗场面，让他久久难以忘怀。

1955 年，姥爷考取了当时位于国家重工业基地的太原工业大学机械工程系。大学五年时间，都用在学习和实习实践上，生活上安于清苦。整个大学期间，他主要依靠国家的每月十二块钱的助学金生活。在此期间还加入了中国共产党。大学生活的锻炼，使他逐步走向成熟，最后走上社会。

大学毕业后，姥爷服从分配到中国科学院广西分院电子研究所工作，之后又调到武汉中国科学院中南电子研究所工作。当时中央为了加速原子弹的试制工作，决定从武汉电子研究所抽调 100 名专业技术人员支援中央二机部实验基地的工作。经过挑选，姥爷也榜上有名。由于身体等多种原因，他最终没有成行，最后回了广西，走上了从教之路。

1962 年起，姥爷和姥姥先后在河池中学、长江高中、河池高等师范专科学校任教，一干就是 20 多年，初中、高中、大学都教过。人们都说姥爷是个不可多得的教师，他思维敏捷，博学多才，教书育人，兢兢业业。始终坚持以学生为中心，采用启发式的教学方法，广征博引，启迪学生的求知欲望。反对死记硬背，而是重在掌握方法、提高能力，让学生学得主动，学得生动活泼，学到终生受用的本领。

“文化大革命”期间，姥爷和姥姥带着我的大舅被下放到农村当老师，一去就是十年。想起那段经历，姥爷说：“没想到这是我人生的又一大转折。下放的本意可能是一种惩罚，可是事物都是辩证的，有弊必有利，由于这一‘下放’，让我有机会更加深入社会的最底层，融入大自然。”

学校就建在公路边的“狗头坡”上，十几间泥墙瓦房，没门没窗，简陋得不能再简陋了。生活条件虽然很差，但对姥爷来说，这十年恰恰是他一生中过得最愉快、最充实、最值得留恋的十年。

从繁华的城镇来到清净的农村，姥爷有条件冷静下来，反思自己，跟姥姥很快适应农村的生活。姥姥姥爷像种子一样，落在哪里，就在哪里生根发芽。

在农村十年，姥爷不但发挥自己一技之长，在学校里教好书，办好学，而且关心群众疾苦，乐于助人。课余，他带领学生走遍乡村的每一个角落，帮助群众建水电站，修拖拉机、柴油机、抽水机、收音机，乃至钟表……又当教师又当工人、技术员。当时的长红公社是河池县（今河池市）一块土地肥沃的产粮区。它位于两面环山的狭长谷地，每年春夏之交，洪水经常泛滥，拥挤在千顷良田之中。公社决定打通拉南水口，用水发电，造福于民。姥爷主动参与工程建设，协助公社和县水电局的干部督促施工，有时三五天，有时整个星期都吃住在工地上，边学习边干，跟大家在一起摸爬滚打，学到了许多实际的本领，交了一批批农民朋友。他还协助公社举办培训班，讲授电工原理，传授各种故障的排除方法和用电的安全知识，输送了一批学生到电站成为有文化的技术工人，保障了电站的运转。

“文革”时期的农村，群众生活十分困难，到处在割“资本主义”尾巴，还有的地方民兵把守关卡，不准农民上市集卖东西。姥爷看到许多群众家里，春节刚过就断了粮，要到几十里以外的山里去买木薯干以度春荒。买木薯干也要钱啊，哪里来的钱？他看在眼里，急在心上。于是和大家商量，想办法在学校中设计安装了一台电锯，利用新建水电站的动力，把杂木锯成木条，再钉成木箱，卖给供销社装柑橘，一个箱子可以赚四五块钱，每晚钉几个木箱，几天下来，买粮的钱也就有了。这样一传十，十传百，很多农家晚上都在钉木箱。后来不慎走漏了风声，被领导派人检查，但为了生存，群众还是偷着干。不但学校的木工厂越干越欢，而且一家家的碾米厂、修理点在山村慢慢地发展起来了，既方便了群众，又增加了农民的收入……

当年，就是这样一所一穷二白的农村中学，在全体师生的共同努力下，柑橘成林，杉树遍山，建了实验室，买了拖拉机，几百名农家子弟在探索中走进了科学殿堂……一所具有改革创新意识的农村学校，在这偏僻的山乡出现了。学校得到了群众的好评，受到上级领导的表彰，姥爷也多次被授予县劳动模范和先进教师等光荣称号，应邀到各种会上介绍农村教育改革经验，和当地群众结下了深情厚谊。

1978 年夏天，姥爷上调到河池高等师范专科学校任教六年，从一个普通的物理教师，又成长为副校长、党委书记。

1985 年，姥爷调任广西壮族自治区教育厅副厅长。他任职期间，正是拨乱反正、百业待兴的时期。由于外管的工作多、涉及面广，经常使他自己处于矛盾旋涡的中心。1986 年，全国教师职称评定工作恢复了。面对诸多交叉的矛盾和各种棘手的问题，他没有退缩，而是知难而上。他知道，这是一个关系到全区几十万教师的切身利益，关系到全区教师队伍建设和全区教育事业发展的大问题，更关系到党和政府在广大知识分子中的形象和威信。两年多时间里，他不仅艰难地处理了大量历史遗留问题，而且公平、合理并富有创造性地完成了这次全区大规模的教师职称评审工作，还受到了国家教委的表彰。

姥爷工作深入实际，踏实肯干，平易近人。有意见，有问题，大家都愿找他反映，他在广西教育界结交了许多朋友。他来自基层，了解基层工作的艰辛，因而经常对大家说："领导就是服务，我们领导机关要放下架子，去掉衙门作风，要为基层排忧解难，热情服务。基层的工作做好了，我们的事业就有了希望。"

姥爷坚韧不拔的品质无时无刻地影响着家人，也将这些品质深深刻入了家族精神中。在生活中，姥爷对子女严格要求，将良好家风传承下去……

三、他的足迹走遍少数民族地区

1988 年，姥爷上调北京，全家也跟着搬到了北京。

他到国家教委民族教育司任职后，工作的环境变了，范围更宽了，情况更复杂了，但他仍保持着在基层长期工作而养成的实干作风。他通过多种渠道，大力宣传和介绍全国民族地区的教育现状，组织各有关部门的同志到民族地区调查研究，帮助地方打开山门，广交朋友，互通有无。财政部恢复了中断多年的民族教育补助基金，各省市领导对民族教育工作更加重视，各具特色的民族教育工作开展起来了。他走边疆、进山寨，深入民族地区调查研究，确立了"八五""九五"民族教育工作的发展方针，修改和制定了一系列推动民族教育发展的政策；组织全国各省市举办内地西藏班、新疆班、民族班；组织沿海发达省市对民族地区教育的对口支援；积极引导广大民族地区转变教育观念，大胆进行教育结构和教学改革，加强民族师资建设，努力提高民族地区基础教育质量。

姥爷的足迹走遍少数民族地区，哪里最边远，哪里最贫困，哪里海拔高，他了如指掌……他的讲话、他的魅力，他乐于助人、为基层服务的精神，他对民族教育事业的执着追求和无私奉献的精神，给大家留下了深刻的印象。

"九五"期间，为了搞好教育扶贫，他千方百计，积极配合有关部门，为贫困地区引进了"世界银行贷款"等各种发展民族地区教育的外援项目，积极参与"全国贫困地区义务教育工程"的具体实施。当他看到一栋栋漂亮的教学大楼在千山万水中出现时，开心地笑了……为了引导我国民族教育打破封闭、走向世界，他组织中国少数民族代表团访问美国，亲自担任了首届代表团的团长。到纽约、华盛顿、洛杉矶、旧金山以及得克萨斯州等十多个城市和地区，广泛宣传我国的民族宗教政策和少数民族教育的巨大成就。在华盛顿的集会上，姥爷做了一次精彩的演讲，用事实说明了我国在人权方面所做出的巨大努力和取得的成就，引起强烈反响。

十多年中，姥爷所在的民族教育司带领着少数民族教育工作者前后访问过十多个国家和地区，足迹遍及五大洲，与世界各国人民结下了深厚的友谊，使世界更加了解中华民族这个民族大家庭，为民族教育事业开创了一个新的里程碑。

1997 年从岗位退下来之后，姥爷仍然忙碌了很多年：担任中华人民共和国教育部国家督学、全国贫困地区义务教育专家组组长等各种职务，在全国各地开会、调研。他说："能干，就多干点，发挥余热，做些有益的事是应该的。"

姥爷在工作上打拼，让在教育科学出版社工作的姥姥承担了一切。姥姥边照顾家里，边忙工作。因为工作出色，她被持续返聘工作到 68 岁。

姥姥姥爷都在自己的工作中有着不俗的成就，成为我们的标杆，为我们指引方向，为家史上添下了厚重的一笔。

"路漫漫其修远兮，吾将上下而求索。"这正是姥姥姥爷一生对事业执着追求精神的写照。

太姥爷的大义，姥姥姥爷的教诲，我铭记在心。虽然我远离了他们生长的地方，但是那种精神和血脉依然在我身体里流淌。现在，轮到我继续将这种精神传承发扬。之所以要把家史写下来，也是为了把支离破碎的历史融合，将这样优秀的精神寄托在上面，不让这段历史被人遗忘。

时代的变迁，影响了一个家族的发展。也正是因为一个个家族的发展与传承，推动了时代的进步。

（指导教师：杨宇辰）

时光的刻痕

——从家史看个体历史与全部历史

北京师范大学第二附属中学·乔浩泽

一切个体的历史都是整个人类历史在某个特定条件下的部分重演与表现。也就是说，特定的历史部分地体现在了所有个体身上，从个体的自身经历这一角度观察历史，才能看出个人与历史之间的休戚相关，才能看出历史之所来。

——题记

一、从任人压榨到当家做主（1935—1955）

我的姥爷 1935 年出生于山东章丘县（今章丘市）。1927 年大革命失败、国民党右派背叛国共合作方针，国民党新军阀建立了在全国的统治。这时候的山东百姓，正处在国民党的独裁统治与大地主们的压迫之下，生活贫苦，食不果腹。许多人还因为战乱而流离失所，客死他乡。七七事变后，全国抗战已经开始；1938 年为阻击日军进犯，国民党制造了花园口决堤事件，导致山东、河南等地的农田在此之后每年都会遭遇汛期，大量农田被淹，粮食减产严重。好在在家人的细心呵护下，虽然每天过着食不果腹的生活，姥爷还是平安地活到了 8 岁。

1942 年，山东、河南等地发生了大规模的饥荒，粮食歉收，大量人口被饿死。饥荒到 1943 年春达到巅峰，大批的山东百姓不得已纷纷离开故土逃荒，姥爷与他的父亲就在逃荒的队伍中。在众多路线中，他们最终选择了去闯关东。

在1943年到达东北后没多久，姥爷的父亲就去世了。姥爷不得不开始自己独立生活。1943年的东北正处在伪满洲国的统治下，日本侵略者在东北设立“日满土地开拓公司”，大量掠夺东北的土地给日本移民耕种或经营，大肆压榨东北地区的资源为日本帝国主义的战车服务；一些大地主则与日本人合作，保留了自己的土地与势力范围，继续压榨普通百姓。姥爷没有其他技能，在这种社会背景下，不得已只能前往日本地主家做短工。他在那里的日子很苦，由于日本地主对中国人的歧视，他稍有懈怠就会挨鞭打、挨脚踹，每天的食物只是一些发霉的窝头。后来他离开了这个日本地主家，在一家中国地主门下继续做短工。在中国地主门下的生活虽然比之前在日本地主门下好些，但他依然只能过着衣不蔽体、食不果腹的日子。这段时间里他什么都干，从打扫屋子到摆放餐具祭品做起，经常要到晚上十一二点才能入睡，第二天五六点又要起来喂牲畜。

苦日子终究要结束了，被压迫的人民终究会站起来，把压迫者打得粉碎。1945年日本投降，1948年辽沈战役胜利，东北全境彻底解放。姥爷和那些曾经被压迫的人终于迎来了自己翻身做主人的那一天。姥爷到今天还记得，当时是在一个下午，地主家的人连夜出逃，几名人民解放军战士就冲了进来，把姥爷带回了军营生活。看他脸色特别不好，解放军还特地给他找了几个冒着热气的肉包子吃。姥爷说，那是他第一次尝到肉的滋味。此后的一段时间他就一直在军营中跟解放军战士生活在一起，直到1952年他的母亲到东北找到他（1943年春姥爷和他父亲逃荒后，他母亲一直留在山东并活了下来。他母亲从1950年就开始自己或托人前往东北寻找他）。也正是这段时间，让他产生了对共产党的向往与对人民解放军的崇拜。他说：“那个时候我就觉得，这支军队跟以前的军队不一样，领导人啊也不一样，把老百姓放在心里，不打我不踹我了，还每天给我饭吃。”

土改后，贫苦农民翻身做了主人。随母亲返回山东之后，姥爷家在土改中获得了一片土地，“再也不用给别人当奴隶了，咱可以种自己的田了”。回家后的种田生活，让姥爷每天有了充足的食物，生活逐渐安稳富足下来。

二、从军营到大学（1955—1960）

1954 年 11 月 1 日到 1955 年 2 月 28 日，国家在年满 18 周岁的男性公民中征集兵源 45 万人。很荣幸，我姥爷就在其中。1955 年，在听完下派的解放军宣传员的演讲后，姥爷毫不犹豫地参了军。虽然新中国已经成立了好几年，但当地很多农民的思想还停留在国民党时期甚至封建时代，认为当兵没有出息。但我的姥爷不这么认为，因为在东北的经历，让他对党和人民军队十分信任。用老人家自己的话来说，他是个不折不扣的积极分子。他曾经说：“紧跟党的步伐走，就不会出错。”他不但自己主动参军，还拉着其他人一起响应政府的号召。

参军后，他作为第一批义务兵被送到上海培训，成为一名无线电通信兵。培训完成后就遵从组织命令留在上海，加入了空四师服役。在服役期间，姥爷表现突出，考核成绩优异，于 1956 年正式成为他们这一批新兵的首批入党人员。1958 年，他又因工作成绩突出荣获三等功，成功晋升上士，成为班长。在这段时间里，姥爷被调到西郊机场（现虹桥机场），负责军用飞机电台与无线电通讯工作，见证了虹桥机场早期发展的历史。当时的虹桥机场还是军用机场，规模较小，只能起降小型的军用飞机，因此需要姥爷这种空军技术人员的支持与运营。

20 世纪 60 年代，因为国民党间谍在大陆东南沿岸的活动依然很猖獗，同时化学品又是国家重要战略资源和危险品。因此当时东南地区各理工类学院都从军队中挑选人才进行保卫工作，姥爷被华东化工学院（现华东理工大学）挑中。1960 年，姥爷退伍后直接被分配到华东化工学院，负责化学品仓库的管理、保卫和运营工作。

军营里的生活也让姥爷形成了“一不怕苦，二不怕累”的精神，为他将来的事业提供了坚定的精神支持。而姥爷的精神至今依旧影响着我们家中的每一个人，在潜移默化之中感染着我们，改变着我们。

三、从崇明岛到自贡（1960—1976）

（一）崇明岛的围垦日志（1960—1964）

1959年到1961年间，由于新中国“大跃进”和人民公社运动，再加上连年大面积自然灾害，出现全国性粮食与农产品短缺，被称为“三年困难时期”。对于上海这座人口超百万的城市，解决老百姓的吃饭问题成了市政府的当务之急。上海市委市政府紧急动员全市人民，提出：请农委和市委机关、部队、工厂、学校副食品生产领导小组，立即同有关部门和各区委进一步查明可垦荒地面积，选定开垦地点，订出开垦的具体规划，迅速进行。要争取在今年内就开垦出一批荒地来。

在这个紧要关头，1960年，刚到化工学院的姥爷就接到上级指示，要求他带队前往崇明岛围海造田，建设农业基地，以学校为单位为上海人民提供粮食。尽管当时还不知道崇明岛是个什么地方，但知道这是政府的号召与命令。作为一名党员与退伍军人，他一定要承担起政府和学校给自己的责任。

20世纪50年代末到60年代初，崇明岛上曾开展过两次大规模的围垦。第一次是从1959年冬到1960年春，主要是本地人。第二次围垦是从1960年秋到1961年春，上海市委、市政府决定举全市之力，围垦崇明岛上的海滩荒地，建立上海的副食品生产基地。姥爷主要参加的就是第二次围垦中的跃进农场新安沙围垦。这次围垦的一部分由高教局牵头，带领同济大学、上海师范大学、华东化工学院（姥爷任生产队队长）等26所中高等院校共计5355人前往崇明岛进行围垦作业。

根据姥爷的回忆，他们的任务是去那里围荒开田（开发一片原来是芦苇丛的泥地和一片盐碱地）种稻子、养猪。因为在盐碱地和泥地里蔬菜种不活，只能种稻子。姥爷是北方人，不会种稻子，他就一点点学起。他白天组织建堤和围垦，到了傍晚就跑到当地农户家跟人家打听种稻子的经验与方法，每次去还要给农户带点香烟之类的东西当作“学费”。

另一个任务是去协助海堤建设。为了保障围垦工作能顺利进行，防止台风袭击和长江水倒灌，要在围垦地旁边围一个大堤。高教局下面的每一个学校几乎都参与了大堤修筑，由上海同济大学学生勘探测量，其余学校各负责一个部分接力修筑。姥爷带领队员们搬运土块，组织修补。在1960年11月还遭遇了百年一遇的冬汛大潮，大量海水越过堤面，将大堤冲出了许多缺口。姥爷和他的队员们在这次意外灾害中临危不乱，奋不顾身地抢救大堤与其他公共财产。据姥爷回忆：“那时候脚底下到处都是水啊，流得特别快，一不小心摔倒就被冲走了。”灾后，姥爷和战友们立即前往受损部位，开展抢修加固工作。终于，随着姥爷和战友们的不懈努力和顽强拼搏，新安沙围堤工程最终在1961年4月底取得胜利，为后续的围荒开田打下了坚实的基础与保障。

当时岛上的条件极其艰苦，姥爷和战友们住的屋子都是自己用芦苇、毛毡临时搭起来的棚子。这种棚子防雨还可以，但完全不防风。在冬天气温可达到零下七八度，江边还刮着大风。当时在姥爷和战友们中有一句非常流行的早安语——“你今天团长当得怎么样啊？”这是因为当时为了抵御晚上的大风，生产队队员只能用一层又一层衣服、芦苇和毛毡把自己裹起来给自己保暖，就像一个“圆团”一样，只有这样才能勉强入睡。围垦的土地都是盐碱地和泥地，只能种稻子，而且还得定时往里灌水。姥爷和战友们至少一天灌一次水，就为了把盐碱冲掉。而每换一次水，就意味着要在泥地里徒步好几里从长江中取水再送回来，这条路姥爷和战友们日复一日走了三年。终于，姥爷和战友们的努力见到了成果，岛上土地的一年可使用的时间达到了6到8个月，粮食产量大幅增加。围垦地里种出来的稻子和粮食在收割加工完（当地有一些粗加工企业），就送回学校里自己用，来改善大学内的粮食紧张问题，逐步实现学校粮食部分自给、基本自给，以至完全自给。

姥爷一个人的奋斗可能微乎其微，但正是因为有像姥爷这样的一颗颗心、一双双手的坚守与奋斗的不断叠加，才创造了崇明60年代的奇迹，才有了今天崇明岛上的万亩良田与遍地开花的国营农场。姥爷和战友们在崇明岛上创造了自己的奋斗史，促进国家走出三年自然灾害的影响与阴影，推动社会历史的进步与发展。这场20世纪60年代的崇明大围垦现在不仅成为姥爷那些老围垦人的个人记忆，更成为上海这座城市的集体记忆。

（二）大山里的652工程（1965—1976）

20世纪60年代，我国的国际形势十分严峻。北有苏联的威胁，频繁制造边境冲突，大洋彼岸有美国虎视眈眈，悍然轰炸越南北部。同时，美苏两国在古巴展开博弈。在这样严峻的国际形势下，为了防范随时可能出现的帝国主义战争，党中央和毛主席做出了进行三线建设的重要决定，将重要的工厂、院校与科研单位迁往内地。高教局积极响应国家政策，提出了《关于调整第一线和集中力量建设第三线的报告》，决定将北京大学、清华大学、华东化工学院等高校迁往内地进行办学，开设分校；而华东化工学院最终被中央分配到了四川自贡地区建分校，工程代号652。从崇明岛回到学校后没多久，姥爷就被校领导指派作为后勤部行政科长，参加652工程的建设。

姥爷是在1965年下半年接到命令转移去自贡的，在自贡被分配成为一名后勤部的行政科长。让姥爷记忆最深的就是652工程的选址在大山深处，距离最近的县城也有三十多公里，还都是山路，交通极其不便。为了改善交通情况，姥爷带人从当地县城或上海购买桌椅，同时也采购汽车以供运输使用。最终学院拥有的汽车数量从5辆上升到11辆，极大改善了652工程周围的交通条件，为之后更大规模的人员和物资运输奠定了一定的基础。

自贡的居住条件与生活条件并没有比在崇明岛上的日子好多少。自贡气候十分潮湿，经常下雨，包括姥爷在内的很多人都因为水土不服而生过病。即使在这样条件艰苦、远离家乡、又有“文革”干扰的情况下，姥爷和同志们仍然齐心协力，排除各种干扰和困难，坚守在工作岗位上。他们一边继续按要求做好分院的各项建设准备工作，一边完善教学科研体系建设，尽全力完成好国家的目标任务。他们以义无反顾之态将自己的青春年华献给国家，在自贡大地上挥洒汗水。最终，经过姥爷和同事们的努力，652 工程在 20 世纪 70 年代初基本完工并可投入使用。

在 652 工程建设的过程中，姥爷自己和无数师生的命运自始至终都与国家的命运紧密联结。从开始筹办、选址，到后来的停办、恢复，再到后来的移交、撤回，整个过程都是服务于国家和党中央的战略需要。652 工程诞生于那段历史中，自始至终是那段历史环境下的特定产物，故也留下了那个时代特有的烙印。而那些像姥爷一样参与 652 工程的人们也与共和国的那段历史融为一体。

回望整个 652 工程，姥爷他们可能是最不引人注目、最容易被人遗忘的。他们没有像测绘员一样考察选址，没有像建筑科一样筑起一栋栋教学楼，更没有像老师和科研工作者一样桃李满天下。但他们又真的被遗忘了吗？并没有。自贡的每一块砖瓦上有他们，学校的档案和纪念册上有他们，孩子们的故事里也有他们。他们的汗水铸就了今日祖国西南地区蒸蒸日上的教学水平，他们的精神与思想则造就了流传千古的“黄坡岭精神”。他们永远活在历史之中。他们的故事将随着历史长河一代代传下去，从儿子到孙子，从家史到国史。

四、回到化工学院（1976—1995）

姥爷在 1976 年离开自贡，回到了自己熟悉的华东化工学院，继续从事后勤岗位的工作。此时姥爷先后担任过园林科科长、招待所所长、食堂经理、退管会副处长等职务，负责管理包括饮食、学生和教职工宿舍等任务。学校给他分了房子，他也早已结了婚；此时的姥爷已经快 50 岁了，距离退休不远了。1990 年，姥爷成为退管会副处长，与很多退休老职工和老师们建立了深厚的友谊。

1995 年，姥爷正式退休。退休后的他最大的爱好也莫过于在休闲的时候来到楼下小花园的长椅上，与曾经的战友或同事一起回忆过去的时光，或是在清晨的阳光下来到窗边，静静地欣赏这世间的一草一木。而那些曾经在姥爷人生中留下印记的波澜壮阔的经历，不管是崇明岛上刮个不停的海风，还是自贡山区里尘土飞扬的工地，最终都归于寂静，凝聚在一张张照片、一个个故事之中——

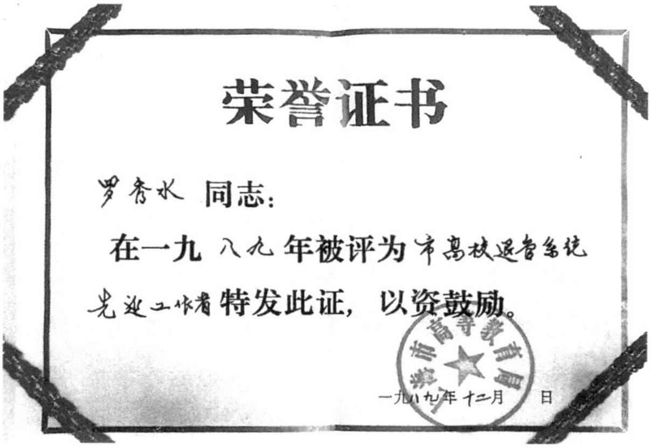

荣誉证书

罗秀水 同志：

在一九八九年被评为市高校退管系统先进工作者特发此证，以资鼓励。

一九八九年十二月 日

姥爷获得的荣誉证书（部分）

姥爷的“光荣在党50年”纪念章

一位老红军的一生

北京师范大学附属中学·孙莞然

几十年前，重庆渝中区一条小巷子里，有一位上了年纪的老人。他腿脚不便，终日躺在路边竹制躺椅上，接受着阳光的洗礼。街巷上人来人往，人人都忙于生计，小孩子吵吵嚷嚷玩闹，就好像永远不会疲倦那般。可这位老人却不为所动，眯缝着眼、懒洋洋地躺在躺椅上，偶尔还慢慢悠悠地晃晃。任谁也难以看出，这个平凡朴素安静的老人，曾经是一位驰骋战场的老红军吧？在写这篇文章前，我从未试图了解过这位老人，我的太姥爷。搜集素材时才从姥姥的口中听闻他传奇的一生。越了解越发现，生命是世界给予芸芸众生最伟大的馈赠，微如芥子，却壮如江河。那么，请允许我从太姥爷的人生奇遇开始，徐徐展开这幅家族画卷吧。

一、战争年代，一个平凡人跌宕的前半生

（一）机缘巧合入红军

我的太姥爷在一个羌族的农奴家庭中长大。在四川阿坝州，这个农奴家庭长久处于贫困之中，家里的兄弟姊妹也很多。他的父亲，是一位当地的喇嘛，到了年龄就居住在寺庙里。生活的重担，便压到了孩子身上。

当时在阿坝州，地主大多是刚搬到牧区的汉族人，对放牧之事并不了解，而成年男子又要去劳作，于是就在牧区找小孩子替他们放牛放羊。太姥爷为了谋生，在极小的时候就做了放牛倌。他是羌族人，本来只会说羌语，但因为跟着汉人放羊，便学习了很多常用的汉语。后来，红一方面军

长征路过此地，请他当向导。机缘巧合下，他当上了“红小鬼”。

到达陕北吴起镇后，军队举行射击比赛。太姥爷初入部队的时候没有被分入正规军，而是被分配到了炊事班，本不想参加。但战友们了解到他曾经常年在山里打猎，枪法极好，纷纷起哄让他参赛。没承想，他一举斩获了射击比赛的第一名。自此太姥爷便在红一方面军中出了名，被调到警卫班，成为一名警卫。

（二）三次死里逃生

后来太姥爷跟着部队打仗，参加了许多著名的抗日战役，如平型关战役等等。在此过程中，他的职级慢慢提升，成为排长。可是战争中难免有意外发生。有一次集体进军，他冲在最前面，被子弹打穿了腿。负伤后，他无法自由行动，便只能前往卫生所休养。一个夜晚，日军偷袭卫生所，部队集体撤退，太姥爷却因为严重的腿伤，和大部队走散了。他没有放弃，一瘸一拐地走到炊事班，把遗留下的米用撕下来的裤脚布扎一个疙瘩，背着米往外走。杵着拐棍刚刚走到了山头上，他就听到了鬼子进村的声响。回头看，机枪在村子里疯狂扫射，卫生所被扫射得千疮百孔。此时，他拼命地向前走，走了三天三夜，成功赶上了部队，让队友感到十分惊奇。

到山东后，上级听闻他的事迹，念在英勇善战立过功，又是个排长，还负了伤，就安排他做了炸弹所的所长。他日常工作就是去拿日本人没有炸开的哑炮炸弹，研究炸药成分，说白了就是拆炸弹的。一次拆解炸弹时，太姥爷因为找一个工具而离开。刚出门口，副所长正好进入房间，此时炸弹却意外爆炸。副所长因距离过近不幸牺牲，太姥爷却因为寻找工具只是受了些皮外伤。但无数的炸弹皮刺入太姥爷的皮肤，巨大的冲击波让他瞬间扑倒在地。他又经历了一次死里逃生。

再后来，为了支援前方，太姥爷继续留在炸弹所工作，帮着收集了许多土炸弹。可有一次，日本人突然前来。炸弹所的工作人员连忙藏起炸弹和设备，伪装成老百姓，混在队伍里。日本人也十分敏锐，竟然通过他们口音与当地人不同，辨认出了炸弹所的同志。于是太姥爷等人被严刑拷问，企图逼问出设备与炸弹所在地。太姥爷始终坚称自己不知道。最后日本人见问不出来什么，便把他和其他工作人员当成俘虏，押在俘虏营，要前往另外一个日军驻地。

被押走时，俘虏人群十分拥挤，几个日本兵在他们后边拿着枪，赶着俘虏们往前走。太姥爷时刻注意着士兵，看他们好像没怎么注意这边的情况，便假意蹲下来系鞋带。此时天正黑，路旁是成片的高粱地，可谓天时地利。太姥爷逮准机会奋力一滚，滚入高粱地，乘着夜色逃跑了。

二、家庭与事业

（一）喜结良缘

回到军队后，太姥爷被指派去了后勤工作。新中国成立后，他便跟着队伍进了北京。他被分配去管理故宫仓库。“那里面的金银财宝，简直是多得不得了！”至此，太姥爷总算是过了一段安生日子。

老红军们打完仗回来了，获得了荣耀与敬意，可大多数人还打着光棍呢。部队领导便为他们指派婚配。太姥爷因此认识了一个支援过前线的女子。当时她十分不愿意嫁给太姥爷，心想自己年轻漂亮，却要嫁给一个年纪大的瘸子。可转念一想，眼前的男人是刚刚打完胜仗回来的，还立了功，和部队一起解放了中国广大土地，心里又不由得多了几分欣赏与敬佩。最终，他们喜结良缘了，和太姥爷结婚后，太姥姥申请当了护士。

（二）命途多舛

结婚后，太姥爷本以为日子会没有波澜，平平淡淡地过下去。但机遇又找上了他。当时成都军区司令员张国华要到西藏去平叛，需要一个翻译，于是就又找到了太姥爷。那时候，姥姥还很小，太姥姥和太姥爷又必须共同离开，于是便把姥姥和姥姥的哥哥带到了四川的军区生活。姥姥的哥哥进入部队的八一小学，姥姥进入军区幼儿园。把两个小孩安顿在成都后，太姥姥太姥爷共同前往西藏昌都。

当时西藏还没有公路，正在筹划修川藏公路。在艰苦条件下，太姥爷仍然认真对待工作，被分配管理一些后勤事务，如运输、物资等。同时，张司令员想成立一支由中国共产党领导、由西藏人民组成的队伍。张司令员想让太姥爷领头，可是成立军队的申请没有审批通过。

此后，太姥爷事业上遭遇诸多坎坷。太姥姥也因为难产而去世。

太姥爷与子女合影

事业不顺，妻子过世，两个年幼的孩子还孤独地留在四川，当时他眼看西藏该收复的失地差不多收复完了，公路也建设好了，他就申请从西藏回到了四川，和孩子们一起生活。

再后来，中国政府积极支援三线建设，把重要的工厂、机器都搬到了内地边远地区和山地备战备荒。此时太姥爷又被派到了重庆，带着一家人一起搬到重庆生活，职级降了下来。

（三）归于平淡

二十世纪八十年代，政府给老红军分配房子。太姥爷再婚，和媳妇住到了政府分配的市中心的好房子，此后一直被政府照顾着。

后来他因为身上伤太多，年事又高，不幸瘫痪了。姥姥照顾了他几年。有一天，太姥爷突然昏厥，醒过来却说不了话了。慢慢地，那个意气风发的红军干部变成了一位平凡的、喜欢接受着阳光浴的老人。

这就是太姥爷。一位老红军的平凡一生。

（指导老师：王文）

在平凡中造就不平凡

北京师范大学第二附属中学·赵梓涵

我在很小的时候，第一次来到农村，第一次来到爷爷家，河北省邢台市的石固村。它坐落在太行山脚下，几间平房、几亩农田。小麦在田间冒出嫩芽，工厂在旁边冒着浓烟，似乎一切都很平淡。我当时想这不过是一家普普通通的农户，日出而作，日落而息。但那时我不知道，在这样的农户家中，出现了许多不平凡的人，也发生了很多不平凡的事。

我注意到爷爷的微信头像是一张原子弹爆炸产生的蘑菇云图片，心想这背后藏着一段传奇。于是，在寒假里，我又回到了陌生而又熟悉的河北老家，探寻爷爷家的故事。

一、参军入伍，在神秘部队中历练

我太爷爷是一名光荣的解放军战士，他参加过解放战争，在一次战役中不幸负伤，子弹打断了他的一根手指。他无法再拿枪打国民党反动派，这才退下火线回到乡下。

1955 年，我的爷爷出生了。当时新中国成立不久，人们正积极投入热火朝天的社会主义建设中，每个人都愿为新中国不遗余力地贡献出自己的全部力量，因此我爷爷的名字跟随着时代潮流，取名“建朝”，取建设美好的未来之意。爷爷小时候遇上过自然灾害，在那个极其困苦的年代中靠着啃树皮顽强地活下来，读书时又遇上“文化大革命”，断断续续上完初中，在家中劳作几年之后便参军入伍了。他和同乡的一行人坐上运兵的铁皮车，从邢台出发先向南走，从邢台到邯郸，再到郑州，之后一路向西，历经七天七夜，最后到达新疆吐鲁番火车站下车。经过一夜休整，第二天又乘坐汽车到了新疆南部的马兰，这里正是新中国的核试验基地。

我爷爷被分配到一个汽车团，并在这里参加了新兵训练。他描述新兵生活说：“在戈壁滩上，营房的环境特别差，四周连树都没有，全是戈壁，黄沙漫漫。”不久后他加入了汽车司机训练队，经过一年训练与实习，终于成为一名合格的驾驶员，并开始负责给核试验基地运送补给的工作。

在影视中，我们常会看到无数科学家在戈壁滩上开展艰苦的研究，而当我们感慨科研人员生活艰辛的时候，同样辛苦的还有在核试验基地中每一名默默无闻、无私奉献的解放军战士，我爷爷就是他们之中的一员。他在描述日常任务时说：“如果车没问题，每天都会有运输任务，命令你到某某某地方去运输物资。每次出任务时都要把所有东西带上，比如吃饭必需的粮票，汽车加油油票，牙膏、牙刷、毛巾等个人物品，被子、大衣等。一般都是一人一车，我们负责的任务比较分散。我基本上管的都是后勤保障，从乌鲁木齐火车站、吐鲁番火车站往回拉补给、试验设备，距离连队有 300 多公里，还要翻过天山。当时的路况很差，老解放车跑得又慢，一个小时最快也就跑 50 多公里，这三百公里起码跑 8 个小时，中间设有两个兵站，中午要是赶到就有饭吃，晚了连饭都没有，只能饿着。要是中途车坏了，只能等下一辆车来才能往团里捎口信。再等团里下一辆车把零件带过来才能继续往下走。”如此艰难的工作，爷爷干了十多年。如今爷爷给我讲述这一切的时候，我能感受到那个时代我们国家人民生活的艰辛，同时也从爷爷的眼神和语气里感受到那个年代爷爷他们那代人勇于奉献、不畏艰苦的精神。

爷爷讲述了两次危险但又幸运的经历。在一次执行任务途中，他的车意外开到冰水里了，而且茫茫戈壁前不着村后不着店，就他一辆车、孤身一个人。天气又冷，四周都结冰了，只靠一盏喷灯来取暖，就这样他度过了漫漫一夜，第二天下一辆车路过才把他的车拉出来。另外一次，是在一次地下核试验时出现了事故，导致核辐射泄漏，防化部队正在防控，其余的部队全都不让进。由于他需要为其他部队运送粮食补给，因此必须去。

爷爷退伍军人证上的照片

即使他戴着防毒面具，做了必要的防护措施，仅仅在那里待了不到两天，身体便出现了问题。

爷爷亲眼见证过原子弹的爆炸，看着一颗巨大的火球升起，照亮戈壁滩。他和战友们一起欢呼庆祝，我很难想象他们此刻的心情该是如何。

我爷爷因为能力强、能吃苦、做事效率又高，1976 年加入了中国共产党，成为一名光荣的共产党员，还为部队培养了许多的驾驶人才，获得了连部的嘉奖。1978 年，他光荣退伍回到乡下，重新开始了农村生活。

二、改革开放——奔向美好生活

我爷爷的前半生是个普通的解放军战士，后半生成为平凡的农民。后来，他带着全村，走向致富的道路。

爷爷复员后便在合作社开汽车，负责长途运输。爷爷讲述合作社时的故事："在合作社里工作会记工分，一年下来按工分分红，可能核算下来干一天只能挣 2 毛钱。要是遇上年景差，可能一天只能赚 8 分钱左右。当时人们的生活很困难，穿的衣服又脏又破，吃没吃的，穿没穿的，穿的是自己做的草鞋。每天都在干活，夏天天气热，得干；冬天天气冷，也得干。那时候我们吃的别说每天跟现在似的都有肉了，每天能吃上饭就不错了，像肉啊只有每年过年的时候才能吃一点，哪像现在啊，当时就算是县委书记也吃不了像我们平常吃的这么好。"爷爷讲述这一段时，我脑海里浮现出历史课上老师讲授改革开放前中国百姓的生活状况，而改革开放极大地改善了人们的生活，确实是社会主义革命和建设历史的呈现呀。

二十世纪七十年代末八十年代初，改革开放的浪潮掀开，农村实行家庭联产承包责任制。前不久我和爷爷奶奶一起挖出了1980年得到土地后做的记号。那个刻着年份的砖头，正是新致富生活的起点。爷爷还合资买了汽车，靠着自己勤劳的双手与一身本事成为村里面第一个万元户。之后又和别人一起开煤矿，改革开放后，生活过得越来越好。我爸爸在爷爷的教导下考上了大学，成为当年全村唯一的一个大学生，并且也跟着父辈们的脚步参军当了兵。前几年长江流域发生洪涝灾害，我爸爸便参与了抗洪抢险，冲锋在第一线，我曾在一张照片上看过他的身影，旁边一架由他设计的大桥横跨在湍急的河流上，为灾区打开了通向希望的大门。我在这张照片上，似乎看到了拿起枪解放中国的太爷爷，看到了核弹爆炸时蘑菇云后欢呼的爷爷，他们都用自己的青春年华，在自己所在的年代为国家默默奉献。

后记

当我要离开河北时，看到门口上挂着的“光荣之家”，我陷入了沉思。曾经，我不理解为什么当兵要发“光荣之家”荣誉牌，为什么在公共场所需要有军人优先通道，曾经，我只认为解放军应无条件为人民服务，而我们可以享受这一切。而现在我才明白，有无数的解放军战士在我们看不见的时候，为我们默默打着保护伞，用自己的生命去守护每一个素不相识的同胞，让我们过上了和平安定的生活。他们为我们付出了几乎整个青春，乃至生命，我们有什么理由不在遇到他们的时候去给他们让出一条道呢。

如今，太爷爷已经去世；爷爷也年近七十，同村和他一起参军入伍的130多个人中，如今只剩下60多个人了，而爷爷仍在燃烧他的生命，在驾校中当教练，把他的一生都奉献给他喜爱的汽车；我的父亲如今在一家国企上班，奋斗在国家基建的第一线。

如今，家族血脉流淌在我的身上，或许我不会当兵，但我相信祖辈父辈的精神会给予我力量，这或许就是我们家族力量传承的意义吧。我暗下决心，决不辜负这一传承。

我们一家只是千千万万个家庭的缩影。每一个平凡的家都有传承，有延续。每一个平凡的普通人都会奉献。不平凡，不就是无数个平凡结合起来吗？如今我们中华民族取得的伟大成就，也真是无数个平凡但却又甘于奉献的普通人创造出来的。作为新的一辈，我想我们都会去拼搏、去奉献，把青春乃至于一生都致力于描绘祖国的大好河山，为中华民族伟大复兴贡献自己平凡的力量。

（指导老师：贾亚萌）

百草园

北京师范大学附属中学·张知秋

走进广安门医院，经过2号医务工作者家属楼，在阵阵药香中望向药房，我能看到我未曾谋面的曾祖父常崇光工作过的地方。

我的家史不曾轰轰烈烈，却细水长流，传承至今……

一、一生深爱百草

1934年曾祖父在达仁堂做店员，从那时起注定了他一生只为百草。

曾祖父徒弟回忆："常师傅名崇光，号芝坡，满族人，自幼长在北京，16岁即到天津达仁堂药店当学徒。他天生聪明，喜好学习，经常看启蒙医药书籍，也看些《青城十九侠》《蜀山剑侠传》等武侠小说，促使他在文化上有所长进。"

广安门医院一楼中药房人声鼎沸，几排药匣子开开合合，照方抓药的药童穿梭往来，各种药材被分拣、装袋、传递。药房中间高椅子上坐着威严的常主任，他熟练地照药方比对几十种药材，突然大声训斥一个抓错的："生麦芽不是熟麦芽！炙黄芪不是生黄芪！"药童赶紧拉抽屉换药。药房人说："老主任是定海神针，永远护佑着患者。"

奶奶说："我家阳台上总是摆满了各种药材。"曾祖父最重要的工作是"药材鉴别"。新中国成立初期，市面上假药特别多，加上人们对中药的认识不足，中医经常错用、混用药材，导致病情延误，所以鉴别工作格外重要。曾祖父用牙一嗑，就能分辨出药的真伪，是技术上的大拿。

长白山的人参极为出名，只是市面上有真有假，有自然生长的，也有人工培育的。曾祖父负责鉴别药材，在70岁时曾多次前往长白山和朝鲜族自治州实地考察，助力人参的鉴别和用药，在改革开放后助力人参走向国际舞台。“有一次我回家，看见一堆韩国、朝鲜留学生跟着我父亲区分人参，”奶奶笑着说，“他当时也是医院的一大宝。”

曾祖父对药、对病人十分负责，坚守着百草园，也坚守着治病救人的使命。“不为二斗米折腰”是曾祖父的座右铭，从医60余年，他从未往家中带过一张处方，哪怕是废弃的也不行；他守着药房却从未随意拿过一味药材，哪怕是亲戚看病也要排队等号。常崇光先生爱着百草，奉献一生。

曾祖父作为一名普通医务工作者，对患者尽心尽力，时刻为人民健康与百姓幸福着想。他以医生的洞察力，在20世纪50年代提出儿童蛔虫感染与预防的问题，引起人们对感染、传染的重视，提早预防疾病，对感染者对症下药。

每当我经过广安门医院门诊部的展览牌，便能看见曾祖父的名字，仿佛感受到了他“生于百草，爱于百草，终于百草”的使命。

年轻时的曾祖父

晚年的曾祖父

二、如百草般多样的生活情趣

曾祖父并不是扎进学术中不可自拔的“书呆子”，他的人生是丰富、饱满的，生活是有乐趣的，所以他家族的生活也从不枯燥乏味，一代人有一代人的热爱。他喜欢唱京剧，喜欢跳交谊舞，喜欢读书。他知道不能只读医书而不懂生活的烟火，不知人世间的冷暖。他广泛涉猎，爱读《红楼梦》，也爱读中外历史书，更爱给子女讲书中的故事。

曾祖父爱讲课，退休之后经常去北京植物园等地做科普演讲。他的语言功底极强。奶奶上二年级时，老师知道曾祖父是中医，就请他去学校讲关于中医药的课。奶奶回忆，那时的孩子还不懂什么是《本草纲目》，却津津乐道地听曾祖父讲李时珍的故事。

曾祖父的家庭生活极为有趣。他早饭不爱吃汤汤水水，只爱喝茶就点心。他天天吃点心却舍不得给我爸爸，导致爸爸把曾祖父的点心盒用钉子钉起来。奶奶考试忘记《拿破仑法典》，他打趣说：“药有药典，国有国典，你怎么想不出法有法典呢？”

他喜欢游历四方，于是跨越大江南北，阅遍山川河流。他说：“除了西双版纳，我几乎走遍了中国。”他热爱京剧，练得一副好嗓子，在胡同的小巷中经常可以听见他的唱戏声。

我想，如果可以跨越时间与历史见到曾祖父，我一定会爱上如此可爱的他。

三、百草园的家教

曾祖父刚正不阿，清廉无私，踏实勤奋，对子女的培养与家教也格外严格。

奶奶回忆曾祖父：“有一次我把他心爱的梳子掰断了，在寒风中等待父亲从胡同公厕回来。我有些畏惧，不好意思地向他承认错误，没想到父亲并没有责骂我，而是奖励我一个列宁打破花瓶不撒谎的故事。”大道理我们早已磨破耳朵，一向严厉的曾祖父却以最和蔼的行动让我们把诚实守信、知错就改的美德一生牢记。

北京的夏季格外炎热漫长，当其他孩子都在玩着过暑假时，他却蹬着自行车把子女驮到医院勤工俭学。他带着孩子们剥马钱子（一种有微毒的药材），一边动手一边学习中药知识，在劳动中享受假期，在实践中体会学习。

奶奶考中医学院时，曾祖父本可以直接收她为徒，以师徒名义不经过考试直接录取。但曾祖父认为不应该利用父女关系给予奶奶特殊关照，而应该公平竞争，通过考试评价每位学生的天赋和学术，把机会留给最合适的人。后来奶奶并没有通过考试，也没有继承曾祖父中医药的事业，选择投身于其他事业中。奶奶告诉我，她很遗憾没能传承父亲的医术，也没能继承中医世家，但他大公无私的精神一直让她谨记于心，从未辜负。

作为父亲，他深深爱着每个子女，衷心希望他们拥有幸福的人生。在曾祖父的培养下，奶奶成为事业有成的人，收获了美满的家庭。

全家福（中间是曾祖父常崇光，最后一排中间是奶奶常青）

四、百草家族的医者传承

虽然奶奶在那次中医学院入学考试中未被录取，但她未曾忘却学医的念头，也曾成为一名“小医生”。

奶奶大学就读于天津卫校医师专业，毕业后临床行医10余年。她在河北胜芳工作时，发现很多人因为饮食习惯得了骨软化病（类似佝偻病）。她和当地医生一起，通过调整乡亲们的饮食结构，成功找到了治愈疾病的办法。数年后奶奶回到胜芳时，发现终于不再有人得这种病了。小时候，奶奶和我讲：“我在保健科当医生的时候，那里的小孩都专门排队等着我打针开药，喊着一定要常大夫看呢！”奶奶因为调动工作，遗憾地离开了医药行业。

五、当今的“百草园”

到我这代，“百草”的医者故事即将告一段落，但百草园的故事将继续书写。

家史不是一张纸上的文字或图片，而是融在血液中的牵挂，是萦绕心间的惦念，是现在过去的纽带，更是新一代年轻人迈步向前的底气与动力。让我们带着家人和长辈的期望，勇敢地走下去吧！

（指导老师：李莉）

梨园出新韵　家风久传扬

北京师范大学附属中学 · 陈宛沅

“胸如乐海手如波，春水春风尽唱歌。晚岁勤栽桃与李，管弦交响壮山河。”这首诗，是老舍先生为我的高外祖父、著名的“胡琴圣手”徐兰沅先生而作的。作为京剧世家第三代传人，徐兰沅先生与大名鼎鼎的梅兰芳先生等同仁，为京剧事业做出了不可磨灭的贡献。国粹京剧之所以能荣登诸路戏曲之首，背后离不开一代代京剧人的坚守和努力。每一位京剧大家都将自己的奉献精神传给后辈，薪火相传，让京剧从一路走来，历久弥新。

徐兰沅拉京胡照片

京剧的发展，同样牵动着一个家族的兴衰。我不曾看见七十年前那座三进大院的气派，因为它早已被高楼大厦替代。快时代的发展，让京剧在人们的视线中渐渐淡出，只有“梅尚程荀”成为神话，留在课本里。京剧，该如何推陈出新，继续发扬壮大，这是每一代京剧人都在讨论的话题。

一、纤云弄巧烟送暝

乾隆年间，四大徽班进京。一位小生也曾跟着三庆班进宫演出，虽然是配角，但第一次感受到了京剧在清宫中的地位。他后来和弟子一起筹措义地，解决梨园同行的困难，又将家业交给了儿子。儿子与他一样，唱做尚可，却因为身材矮小不受重视。有一天，儿子看着自己的五子三女犯了愁。五子各学不同：长子与次子都学了场面；三子同他一般，习得小生；四子武旦与花旦兼工，还能反串小生；最小的儿子学老生，却早已离家外出，不见踪影。留下的这四子，分别是兰、竹、菊、桂。四兄弟后来人生路各有不同，出了名的，只有我的高外祖父徐兰沅先生和艺名碧云的徐桂沅先生。

徐兰沅幼年学戏，可因嗓音条件的限制，改为学场面。场面胜似伴奏，便是为台上的名角们操鼓操琴。他对京胡甚为痴迷，又刻苦勤奋好学。一次偶然的机会，他为“伶界大王”谭鑫培先生操琴，受到好评，从那以后，二人相濡以沫，徐兰沅选择专为谭鑫培操琴，直至谭先生逝世。又是一次偶然的机会，徐兰沅受人之托，赴港为梅兰芳先生操琴。从那以后，梅兰芳先生赴美、赴苏演出，均是徐兰沅相陪，为梅兰芳先生操琴。二人就此开始合作，长达 28 年之久。徐兰沅为梅兰芳先生操琴期间，也为梅先生排了许多新戏，如《太真外传》《生死恨》等等。在排新戏的过程中，二人积极探索传统戏与新式配器问题。徐兰沅对二胡、京胡等胡琴掌握得极为精湛，将它们进行了完美融合，并得到广大群众的认可。

徐兰沅为梅兰芳先生操琴久了，对梅派唱腔便甚为清楚，因此许多梅派传人都请他说腔。自此，徐先生“广栽桃李”的路就开始了。二十世纪二三十年代，徐兰沅也成为梅兰芳剧团的一员。

抗日战争爆发后，梅兰芳先生蓄须明志，徐兰沅开始研究京剧音乐创作。他经营了京胡制造、销售的老字号——竹兰轩，还苦心经营了广德楼和中和园两家戏园。他还在私人电台讲过京剧音乐知识、胡琴与梅派唱腔，并著书论作，通过自己口述以及别人记录整理的方式著作《徐兰沅操琴生活》一书。

新中国成立后，徐兰沅将两家戏园都交给了国家。梅兰芳剧团也经过了三大改造，接受国家管理。徐兰沅作为无党派人士，曾任全国人大代表和全国政协委员，晚年受聘担任北京戏曲学校副校长。虽然已近古稀，但他依然为了京剧而不断努力。他兼任教学工作，一生收徒无数，有很多人成名，成为海内外享有盛誉的艺术家。他还曾被民族乐器厂聘请为鉴定大师，为我国曲艺和民族乐器发展做出卓越贡献。

徐兰沅不再操琴后，将家业交给了我的曾外祖父徐元珊。曾外祖父原名徐振山，艺名元珊，习武生。

徐元珊习武生时剧照

1950年，曾外祖父徐元珊加入梅兰芳剧团。由于亲戚关系，徐元珊和梅兰芳先生以兄弟相称，交往甚厚。1959年，为庆贺新中国成立十周年，梅兰芳先生排新戏《穆桂英挂帅》，得到了徐元珊先生的大力协助。后来，梅兰芳的儿子梅葆玖先生常请徐元珊先生进行指导，成为徐家的常客。改革开放后，徐元珊又应梅葆玖先生的多次邀约，为改编和复排老戏呕心沥血。大到整个舞台的布置，小到每个演员的动作和站位，他都细心指导。在生命的最后几年，徐元珊还复排并演出了《太真外传》《西施》等剧目。

徐元珊（右）在为梅葆玖说戏

曾外祖父徐元珊如他的父亲一样，也是桃李满天下。1960年，曾外祖父应邀到北京戏曲学校任教。他教学态度严谨，让颇多武生演员受益良多。只是可惜，曾外祖父因病猝然离世，而他写就的从艺总结未能及时出版。

二、一剑能挡百万兵

曾外祖父共有三儿四女。二十世纪六七十年代，我的大姨奶奶徐佩玲和大舅爷爷徐嘉瑞作为长女和长子承继了家业。大舅爷爷是武丑演员，毕业后分配到京剧团，可惜后来意外摔伤，无法再登台唱戏。此后家族内京剧的传承，就交给了大姨奶奶和姑姑两位女性身上。

大姨奶奶学习花旦，又跟随曾外祖父学习梅派剧目。在当时环境下，大姨奶奶和奶奶一样，都考入了文工团。后来，大姨奶奶返回北京，以演现代戏为主。自社会主义建设时期至改革开放后，现代戏地位逐渐提高，现代戏的发展成为京剧发展的关键。《红灯记》《智取威虎山》一类剧目的崛起，逐渐提醒京剧艺术家们适时转身的重要性。大姨奶奶如曾外祖父、高外祖父一样，都是桃李满天下。她在北京京剧团工作，还曾在少儿艺术团任教，为传承京剧付出了三十多年心血，获奖无数。她教的学生有的也在京剧专业剧团发展，与她一样，对京剧进一步传播。大姨奶奶现在虽然退休了，但依然教学生学戏，经常有很多学生前去拜访她。

三十年前，有一个四五岁的孩子受到京剧的熏陶，从此将一生投入京剧。她就是我的姑姑徐滢。姑姑本来学娃娃生，甚为努力，自幼成名，其哪吒形象深入人心。

姑姑的哪吒扮相

经过不断努力，姑姑徐滢凭借自己的努力考入了中国戏曲学院。在大二时，姑姑又学了武旦，并于2006年登上了中央台的戏曲春晚舞台。为了发展京剧事业，姑姑不断刻苦学习老式传统剧目，其演出广泛受到好评。

随着流行音乐兴起，京剧何去何从再次成为话题。各大晚会虽然还有京剧元素，但京剧演员似乎早已不如那些凭流量步入殿堂的明星了。年轻人不喜欢听京剧、不懂京剧的困难，让人倍感惆怅。然而，姑姑和姑父方旭办的一些线下演出还是人满为患。

姑父方旭在空中剧院举办专场。（正中花脸为方旭先生）

三年疫情期间，线上京剧发展并不乐观。对此，作为西城区政协委员的姑姑却并不担心。她虽然腿上有伤，依然坚持练习。我数次看到她要起乾坤圈，仍有当年威风。姑姑还利用工作之余给大中小学生们讲解京剧剧目，为京剧文化而不断努力。正是京剧艺术家们的不懈努力，才让我相信，终有一天，年轻人会爱上京剧。

自当年徽班进京至现在，约二百年过去了，我家已经传了六代。家族的传承见证了国家的兴衰荣辱，跟随着时代，我们也不断进步，不断收获。

三、此生只为一人叙

徐家虽然不像“梅尚程荀”那么有名，但与梅派有着千丝万缕的联系。我曾有幸见过梅葆玖先生一次。当时他执着我的手，教我唱《大唐贵妃》

的主题曲《梨花颂》:“梨花开，春带雨；梨花落，春入泥……”后来每每想起，我总记得葆玖先生温柔慈祥的样子。时光荏苒，我竟记不清葆玖先生已离去几年。

1992 年，永光寺东街寓所拆迁。那座三进院落，现在再去找，竟找不到一丝影子，全被高楼替代了。奶奶后来曾对我讲过那座传统四合院的气派，如王府一般，却什么都没有了。

2021 年，曾外祖母以 93 岁高龄因病离世。曾经聚在一起的七个兄弟姐妹也早已分开，散落于社会的各个角落。他们有人还从事着和京剧有关的行业，有些则完全与京剧无关联了。与父亲同辈的人，听戏的越来越少。有时我放学回来，只能听到奶奶在哼着京剧。

“此生只为一人叙……”这“一人”是谁，对家庭来说，这一人是生计，是饭碗，是能活下来的基础准备；对京剧艺术家们来说，这“一人”是热爱，是心中对京剧的热忱追求，是不愿停下的理想、信念。毕生奉献给家庭与毕生奉献给爱好，这两者放在我的家庭里，所幸竟不矛盾。

在查找资料的时候，我找到了很多文章。其中，三年前我的大伯徐淳写的一篇文章中，写出了徐家与梅家交往的故事。无论是家宴交换饮食喜好，还是请听戏，因戏产生的友谊显得那么宝贵。

2023 年总台春晚上，姑父登台亮相。在此之前，他和姑姑也相继登上戏曲春晚、总台春晚等大大小小的舞台。我发朋友圈问，大家看没看央视春晚？好多人都说，刚才的京剧节目真的曾认真看。时代在变迁，年轻人的喜好也正在改变。我家的三进院变成了楼房，新的家庭也在慢慢建设。家庭在时代中发生转变，也在经历着时间的考验，相信会在历史长河中长风破浪，过万重山。

写到这里，我耳畔突然响起《夜深沉》一曲。纷纷小鼓响，惊扰春闺梦。家与戏前路漫漫，人与业举步待兴。无论是家是戏，在时代浪潮面前，都会绽放出不可磨灭的光辉，散发出独属于传统文明的风采。

（指导老师：杨洋）

知青·致青春

北京师范大学第二附属中学·李知颐

我的爷爷奶奶出生于二十世纪五十年代，他们初中毕业响应号召到农村去、到边疆去，到祖国最需要的地方去。知识青年上山下乡是伟大领袖毛主席的号召，那时符合条件的学生都得去，于是他俩都跟着自己的学校与同学一起下乡了。

一、奶奶的青春故事——关关难过关关过

1971 年 4 月 24 日，一个十五岁的女孩和二百多名同学从成都乘船沿长江而下。不知漂流了多远，他们又是乘船又是走山路，累得半死才到落户的生产队。又累又饿，终于能吃上饭了，送到手里的是一碗糊糊，吃到嘴里，这个小姑娘和另外两个女知青全都吐出来了。这糊糊原来是大麦面儿在煮过猪草的铁锅里弄的，全是猪草味。“文化大革命”期间，社会主义建设处于曲折阶段，社会动荡，当时农村正青黄不接，很多人家没有粮食了。当时的她还不知道，这只是生活难关的开始，以后的日子还长着呢。

接下来就是参加劳动了，只有十五六岁的城市女孩真是五谷不分，让她闹了很多笑话。第一次给苞谷苗施肥，她把肥料往苗中间浇上去，结果第二天全死了。掘地也只掘表面，不知道应该深掘才行，后来经过生产队老农们的言传身教，她干农活慢慢就熟练了。

经过半年的生活关和劳动关，她成长了，三个曾经一起吃糊糊就吐的女知青也更加团结了，在当年全都加入共青团，并被评为知青先进集体户。

奶奶和另外两位女知青

1972 年 6 月，她被推荐参加民办学校教师选拔考试并过关，有幸当上大队民办小学教师，把自己有限的知识奉献给农村的孩子。她一干又是三年，直到知青招工返城，才结束了五年零八个月的知青生活，还在学校里认识了她的爱人。

这个女孩就是我的奶奶，她总跟我讲起这段她一辈子都忘不了的经历。她还总是给我讲起一些彰明较著的道理：“干什么事都应该认真，就像掘地一样，你糊弄它，就长不出好庄稼，脚踏实地才行。”听着听着，这段历史记忆便也映进了我的脑海——那时的农村一穷二白，非常艰苦，知青们也吃尽苦头，经过了生活关、劳动关。他们从不退缩，总是迎难而上，将这种奋斗的精神财富慢慢积累。

1977 年，奶奶从农村招工回城，参加工作。由于文化知识欠缺，她远远不能胜任工作。好在那时国家已恢复高考，她边工作边读书，提升了文化素养和工作技能，因而被评为“优秀共产党员”。

二、爷爷的青春故事——步步难行步步行

1968 年 12 月 22 日，毛主席发出了知识青年到农村去的号召，一个男生随即就去学校报了名。

1969 年 1 月 28 日，宜宾市人民广场举行了欢送知识青年上山下乡大会。之后，他经过几小时的颠簸，终于到了红星大队瓦房生产队。这里地势较高，缺水严重，劳动力缺乏，农田少。口粮几乎只有红薯，吃得他肚子胀气厉害，经常有一股酸水从胃里冒出来，喉咙立即火辣辣地酸痛。但他坚持了下来。

欢送知青上山下乡大会

每年的五月初，农村就进入紧张的农忙时节了。这时地里的小麦、豌豆成熟了，必须赶紧收割，把地腾空后又要抓紧播种玉米，扦插红薯，这就是双抢（抢收抢种）时节。他起早贪黑地干活，到天黑收工，歇口气又得做饭。七八月时天气非常热，他顶着火辣辣的太阳，去给玉米锄草、施肥、培土。他手拿锄头，肩挑粪桶，脚踩在发烫的土块上，豆大的汗珠不断流淌下来。玉米叶边缘上的小刺在手臂和身上割出一道道伤口，沾到汗水后让他很疼很疼。他说，在这里，他成为一个男人。

1974 年，区领导安排他去罗场中学做代课老师。当时那里缺乏体育老师，他负责教初中的体育课。学校连一个篮球场都没有，于是他组织师生们用锄头挖、箩筐抬土，终于造就了一个运动场。学校有了球场、跑道、沙坑，孩子们十分高兴。几个月后，在全县的中学生田径运动会上，学校的许多同学取得了不错的成绩，还荣获初中组女子手榴弹投掷第一名。这是学校首次获得荣誉，他兴奋得跳了起来。

1975 年秋季，他被安排去公社最偏远的普照大队做小学教师。八月下旬的一天，那里的大队书记应约来公社接他。随后几天，他就按照村支书

罗场中学新貌，爷爷于 2019 年回校拍摄

提供的资料开始进行招生工作了。那时的农民都是散居的，他必须一家一户地去农民家里请他们把年满七岁的小孩送来上学，最后终于招到了十几个学生。

这里只有二年级和三年级各一个班，每个班十几个学生。到四年级时孩子们就得翻过山，去另一个学校上学了。

九月一日这天开学了，小孩们背着各色各样的布袋书包来上学了。他把课本发给孩子们，孩子们用充满好奇的目光看着面前的书本，把它们整齐地摆放在课桌上。这是这群孩子第一次走进知识的大门。教师只有他一个人，所以全部课程都是他负责教的。大山里的孩子们根本没有文字和数字的概念，他从最基本的知识开始教，渐渐的，他成了孩子们的“班妈妈”。

孩子们逐渐和他亲近起来，当同学们围着他叫老师时，他心里的幸福感油然而生。上课的时候，孩子们都睁大眼睛望着他，那种对知识渴望的眼神深深地触动了他。孩子们慢慢地学会了写字、做加减法、做广播操，用稚嫩的声音唱出了歌声，用铅笔画出了他们心目中的美好。

几十年后，他在回忆时对我说道：“乖孙女，那群孩子当时就和你一样大，他们现在一定都成家了吧，我真为他们感到高兴啊……”他，是我的爷爷。

三、尾声

时代孕育英雄，时势造就群英，人们无法脱离时代大环境而独立生存，时代给人带来一定的影响，给人们留下或深或浅的痕迹。在社会主义建设的曲折探索中，面对艰难险阻，唯有在时代浪潮里搏击风浪，才能铸造精彩的人生，实现真正的人生价值。

我时常想，正是因为有爷爷奶奶这样为国奉献的人、不断奋斗的人，不怕苦不怕累建设祖国的人，社会才会像现在这样美好，国家才会如此富强。关于老一辈的记忆也许会在某一刻戛然而止，但时间的回廊亭会永远为他们矗立，宣告着这些奋斗的知青们曾经在历史中登场。

爷爷奶奶的故事会代代相传，传的是青春豪情，是责任，也是家风。

（指导老师：周啸然）

浪 花

北京师范大学第二附属中学·周子铭

长江之水从天际而来，跨过连绵山脉，漫入红色土壤，穿越四川南部的这座小县城，滋养着沃土良田，滋养着亿万生灵。

长江之水奔腾汹涌，浩浩荡荡，流过这座小县城的坝口，激起千层雪白的浪花。

这座小县城叫作江安县，是我姥姥姥爷当年几经辗转、如今安居的地方。姥姥姥爷总喜欢在长江之滨散步时，讲起他们的故事——参与土地改革的故事、光荣入伍保家卫国的故事、在军工厂工作的故事、知识改变命运的故事……在这些故事中，我总能感受到老一辈脚踏实地、勤勤恳恳的敬业精神，沐浴到为人民服务、纯粹无瑕的思想之光，寻觅到深植于内心深处的乡土情结。

我们家在长江之滨，就似江上的浪花，顺着时代洪流奔涌不息，随着

穿越江安县的长江

新中国的建立、发展、繁荣进步延续，与祖国同呼吸、共命运。

一、溯源历史长河，追寻先祖遗踪

江安县依托长江、岷江的灌溉优势，具有得天独厚的农业发展条件，是已有1676年设县历史的蜀南名县。在春秋战国时期为巴国地，秦属西部。战国时期，李冰父子主持修建的水利工程都江堰，实现了岷江的分流，使四川从水患频发、民不聊生的蛮荒之地一跃成为沃野千里的“天府之国”，成为国家重要的粮仓，奠定了突出的战略性地位，也为江安县后续的繁荣发展奠定了基础。于是，先民们世世代代在这片肥沃的土壤上从事农业生产，日出而作，日落而息。

在元末明初和明末清初，四川都几经战乱，民生凋敝，导致人口急剧减少。偌大的四川，人口竟锐减到不足50万。因此从中央到地方，各级官府采取了一系列措施吸引外地移民，其中以湖广行省和客家移民占比最多，竟然分别占当时四川总人口的40%和33%。这就是历史上的两次“湖广填四川”。清末《成都通览》曾描述“现今之成都人，原籍皆外省人”。根据祖辈们的口耳相传，可以得知我们的祖先也是在“湖广填四川”政策引领下移居到江安县，世代务农的。

山河破碎风飘絮，身世浮沉雨打萍。无论是蒙古人攻陷成都后惨绝人寰的屠城，还是张献忠血洗四川，都给当地百姓造成了毁灭性打击。战火纷飞，王朝更迭，统治者残暴，百姓便挣扎于水火中。而新的统治者上任后，为了稳固政权，又会加重对百姓的剥削，真可谓“兴，百姓苦；亡，百姓苦”。

但先民们凭借顽强的生命力，在这里生生不息地延续下来，不但填补了四川人口的空缺，也促进着西南地区经济社会的发展。

二、热血少年郎，人民当家铸辉煌

姥爷出生在江安县留耕镇的农村。那里地势崎岖多山，加之深居西南内陆，地理位置极为偏僻，所以这里一直保留着传统的封建小农经济，直到新中国成立后情况才有所好转。据姥爷回忆，姥爷一家是姓甄的一户地主人家的佃户，全家挤在地主气派的大房子的一个小房间里生活。“我们当时只能在地主的地里种一些高粱玉米，每年要给地主交十担粮食。有两年干旱灾荒，收成不好，但上交的粮食不能少，我们只能饿肚子，特别苦哩。”

摄于江安县留耕镇乡佳山的故乡

但姥爷对童年最深刻的记忆，还是成为儿童团团长的光荣经历。1950年冬，旨在废除地主阶级封建剥削的土地所有制、实现农民的土地所有制的土地改革正在全国轰轰烈烈地开展，很快得到了群众的广泛支持。“当时大家闯进地主的房间，大人们就把他们的被子、衣服啊、金银财宝啊都拿出来，让大家平分。我们小孩就负责在旁边骂地主残酷剥削。因为当时我表现得最积极，就被选为支持土地改革的儿童团团长。”姥爷自豪地说。年仅十岁的姥爷带着一众儿童，经常在人多的集市上拉着横幅，喊着口号，宣传着土地改革政策。

土地改革无疑也给姥爷一家的生活水平带来很大改善，地主家的大房子被没收，分给了包括姥爷一家在内的十几户原来的佃户、贫农。姥爷激动地说：“虽然说当时还是很穷，但至少温饱不用愁了，逢年过节还能吃上肉呢。”再后来开展人民公社运动，这个生产队就叫作“大房子生产队”，意为现在大家可以共同享有原先地主的大房子了！农民们的生产积极性也显著提升。

与此同时，“抗美援朝，保家卫国”的嘹亮口号在全国唱响，全国人民开展了轰轰烈烈的抗美援朝运动。作为儿童团团长的姥爷，还组织儿童们排练文艺节目，在大街上打花枪、跳舞、喊口号，动员热血青年踊跃参军，鼓励百姓增加生产支援前线。

热血少年的一声声口号，也许会唤起一位位农民的人民民主意识，成为反抗封建剥削、实现农民解放的助推器；热血少年支持抗美援朝的一次次表演，也许会唤起同样热血的青年的参军热情。一朵浪花的作用微乎其微，但千万朵浪花推波助澜，就能成就江海的汹涌澎湃。

三、参军报国凌云志，萤烛末光增辉日月

童年时助力土地改革、宣传抗美援朝的经历，塑造了姥爷爱党爱国的思想。姥爷说：“我从小就觉得当兵是一件极其光荣的事情！”1959 年，怀着一腔热血的姥爷报名参军。1960 年入党，被调到沈阳军区服役。姥爷特别自豪：“我们当时在高炮连，都是操作大炮的！”姥姥就在一旁打趣：“瞎扯，你就是一个炊事员。”姥爷在军队虽然只是从事后勤工作，没有经历过战场上的枪林弹雨，但他总是秉持着“干一行，爱一行，行行出状元”的信念，一丝不苟地完成工作。“我认为在部队就要干好本职工作，完成党交给我的任务。”部队做饭的食材都是姥爷一早起来拉着小车去采买。当时物资匮乏，军费有限，姥爷便练就了慧眼识珠的本领，总能挑到品质好、价格低的米面粮油，并且保证部队顿顿都有蔬菜。“我们连的伙食是最好的，士兵们身体健康得很。而其他连因为伙食不行，营养不良，有的会生病长疮。”姥爷优秀的工作表现也得到了赞许，他被《前进报》表彰为沈阳军区的“红色管家”，还立了三等功！姥爷的职务也一路晋升，从一名小小的下士，层层提拔到司务长。

姥爷的军装照

姥爷与战友在鸭绿江畔

“在部队生活，养成了我艰苦朴素的生活作风、讲卫生的生活习惯，以及对自己严明的纪律要求，我现在仍然以当兵为荣！”姥爷一丝不苟、勤劳严谨的作风令我动容。在国际形势紧张的年代，军人们以血肉之躯筑起了祖国的钢铁长城，又以严谨细致、无私奉献的作风塑造了军队的精气神。

四、三线建设有功勋，知识改命经称颂

二十世纪六七十年代，在中苏交恶的军事背景下，中国经济史上一次极大规模的工业迁移运动——三线建设展开了。1970 年，生产综合性磁性材料及元器件的专业生产厂——宜宾市国营第 899 厂竣工，正式投产。该厂生产的材料主要为军事工业服务。同年，姥爷光荣退伍，转业到 899 厂继续从事后勤工作。姥姥也从银行调走，来到该厂从事会计工作。该厂也日渐发展到 2000 多人的规模。

二十世纪七十年代，我家温饱已经不成问题，妈妈便在厂中度过了幸福的童年时光。“我们住在一排排的房子里，学校、单位、食堂、医院厂里都有。更有趣的是，我们小学的校长就住在隔壁，小学老师就在我们楼前10米不到，所以我如果有学习上的问题就会直接去敲老师家的门。而且我们都在同一个楼道里做饭，大家邻里关系都十分融洽，还经常串门，我每天放学都会和邻居家的小朋友一起玩儿。”

这个军工厂带给妈妈的，还有原本西南小城不能给予的广阔视野和良好的教育条件。这里聚集了被国家调过来的各地人才。“大家都有不同的口音、穿着打扮、生活习惯，这些都让我对外面的世界很好奇。而且还有很多名牌大学毕业的人才，他们也都在这个厂中从事技术或高级管理工作。我当时最好的朋友的爸爸，就是清华毕业的，我经常去他们家写作业，他可以解答很多问题。”所以妈妈从小就明白，她的世界绝对不会局限于这一个小地方，她的广阔天地肯定还在更广大的世界。

姥姥（中排左4）参加财务学术交流会

妈妈在899厂

妈妈的学习生涯深受姥姥的影响，姥姥是一个既聪明又努力的人。在那个年代，姥姥是为数不多的完成了高中学业的人，最后还成了总会计师。所以她坚信“知识改变命运”，鼓励儿女们好好学习、多读书。虽然当时生活比较拮据，但是只要妈妈想买书，姥姥一定会给她买。直至今日，姥姥仍然记得妈妈最喜欢看的报纸还是大人们看的《参考消息》。“我从小就觉得学习是快乐的，获得知识能满足我很多的好奇心。”妈妈也许是遗传了姥姥的聪明劲和姥爷严谨专一的品格，也许是凭借着对知识和外面世界的好奇，加之有过人的努力，妈妈成了那个年代鲜有能上高中的人，后来又凭着优异成绩保送进了兰州大学。她研究生毕业后当了两年老师，又怀着“想去大城市看看”的梦想，成为北京大学的博士生，在自己热爱的化学领域继续深耕。

来自五湖四海的人们，将青春年华奉献给祖国最需要的地方，生产建设，制造军备，增强国防实力，促进中西部地区工业化城市化的进程，为日后中西部发展奠定了工业基础。他们的勤劳奉献也影响了像妈妈一样的新一代青年刻苦学习，用知识报效祖国。长江生生不息，前浪带动着后浪走向更广阔的天地，后浪又推动着前浪奔赴更美好的明天。

五、改革开放春潮起，大海辽阔纳江河

二十世纪八十年代，随着改革开放的进程，我家里出现了第一台电风扇，给南方夏季的燥热带来一抹清凉；两年后，家里有了第一台电视机，生活水平也越来越好。

与此同时，全方位、多层次、多领域的对外开放不断深入。1984 年，上海被国务院批准为全国第一批对外开放城市之一；1992 年，国家又在上海设立浦东新区。随着社会主义市场经济的建立，大批外国企业被上海的优惠政策、广阔市场吸引，纷纷入驻。2001 年，妈妈来到上海浦东一家知名的外企工作。在这里，妈妈学到了“六西格玛”的先进管理技术，并作为该技术的专家，把它带回到了北京的一家国有企业，帮助企业科学管理，提高生产质量，降低生产成本，切实提升了该企业的竞争力。这项成功案例成为中国“引进来”事业的缩影。后来，这家企业在挪威、德国等地成立了分公司，它们在技术上相互支持，在高端化工产品的研发、生产、销

售上取得卓越成就。

从“引进来”到“走出去”，是中国深度融入国际分工体系的生动体现，是中国综合国力和开放水平不断提高的有力见证，是中国式现代化的助推车轮。时代浪潮奔涌不息，跨过国弱民贫的时代，越过艰难困苦的岁月，终于随着改革开放的春潮涟涟，来到宽广无涯的入海口，浪花和江水一起，跃入世界的海洋！

后记

从小生活在北京的我，与姥姥姥爷相隔千里，假期也很少回老家看望他们。因此，我对姥姥姥爷并不是很了解，他们很多的故事都是我在为这次征文做准备的过程中才得知的。我想，如果不是这份家史，我都没有机会了解这些存在于历史的时代下生动鲜活的故事；如果不是这份家史，我都不会清楚我到底从何而来，我的长辈经历了什么……历史的意义，不仅

2008 年在鸟巢看奥运会，一岁的我和姥姥姥爷。

在书上、在博物馆里呈现，还在这口口相传中，在厚重与鲜活中，在理性与温情中得以彰显。

我总觉得书写家史是困难的：出身贫苦，没有家谱记录家族的辉煌；物质匮乏，记录过去的老照片屈指可数；经历平凡，没有什么可歌可泣的英雄事迹……家族的传承扑朔迷离，亲历历史的人渐渐老去。但是正因如此，书写家史的必要性才能凸显。因为小家庭的历史值得被听到，被记录……

余秋雨曾在《中国文化必修课》中写道：中华文明是一条奔流不息的大江，而不是江边的枯藤、老树、昏鸦。一个个平凡的人在时代洪流中奋力前进，让这条大江滚滚向前，从贫瘠的雪山之巅，流向汪洋大海。

日后，我想汇入大江，跃入大海，做一朵奔涌的浪花。正如歌词所唱：

我的祖国和我　像海和浪花一朵
浪是那海的赤子　海是那浪的依托
每当大海在微笑　我就是笑的漩涡
我分担着海的忧愁　分享海的欢乐

——《我和我的祖国》

（指导老师：王颖怡）

彼茁者蓬

北京师范大学附属中学·宋禹默

我很少推开老屋的院门。院门吱呀呀地响，像一位老者在活动肩膀。一脚踏进院中，杂草没过脚踝。父亲搬来两个马扎，放在苹果树下，仰头看向响着阵阵蝉鸣的绿荫，讲起自己儿时曾在这里听爷爷讲过的故事。

清朝有一个姓宋的驸马，参与了农民运动，于是被满门抄斩。他的家人有在外地办事的，打拼了几年回到斗洼村，一进门就明白了怎么回事，于是逃到蠡县郭丹安家。后人一点点把祖坟从斗洼迁到郭丹，到现在已经全部迁完了。

我们家族的故事大多依赖口口相传。祖辈一只脚踩着鼓风箱烧着火炖肉的时候，摇着蒲扇从田埂上回家的时候，面对像我这样喋喋不休、好奇的晚辈的时候，那一段段如蓬草般飘摇的过去便随风飞来，拼凑出葳蕤蓬勃的家族史。

一、野火烧不尽

“彼茁者蓬”出自《诗经·召南·驺虞》，蓬原指蓬蒿。但我的家族更像蓬草，无依、漂泊，也顽强、坚韧。无论在哪里，只要心底有家乡那一小块土地的滋养，就能生长。

我的曾祖父闯关东，年根底下回来，总拎着两大铜箱银圆，替家人还债。家里的穷亲戚务农，好吃懒做，每天早上到处借账。曾祖父就摆一个板凳，上面排满了银圆，给各家债主。连续三年，曾祖父越发觉得失望：债总是越堆越多，日子实在没法过。第四年再踏出村口，坐上那辆拖泥带水的牛车，就再也没回来。

中国人的家庭和乡土观念是很重的，如无重大理由，决不肯离开故乡。以曾祖父闯关东为例，东北三省多平原，富雨量，又具有从未开垦之处女肥土，成为山东、山西、河北等邻省人移民首选地。东北地区丰富的农耕资源，对河北地区的人民有着巨大的吸引力。河北人“闯关东”，是向陌生的地方“闯”，向有希望的地方“闯”，刻入我家前辈勇敢无畏、永不服输的倔强灵魂。

我大姑奶奶在抗日战争时期加入了共产党，在哈尔滨从事地下工作。一次开会时，她察觉到组织中有一个人神色慌张。果然，几天后有叛徒告密，所有同志的信息都被泄露了。她毫不犹豫地撤离，在途中与地下党失去联系。她跑到内蒙古生活，成家立业，一直在努力找寻先前的同志却未果。新中国成立后，她发现所在市的政府领导曾是她的同事。

三姑奶奶同她的姐姐一起加入共产党，是当时的妇女主任。她嫁到了邻村，刚过门，她丈夫就去打仗了，一去就是好几年。即便三姑奶奶每日干活，日子一天天过去，他的家人愈发觉得三姑奶奶是个累赘，于是就把她赶出家门。离开丈夫的家，又不肯回到自己的娘家，很难想象她心里有多少委屈和不甘。几年后，她在另一个村庄成家，终于过上了安稳的生活。解放战争后，他回来了。她坐在新家里照顾着孩子，说不出是开心还是怨恨。他一下下敲着门，她用沉默回答一切。

我的家族前辈又都没有正式参与过战争，都是从事地下工作。抗日战争时期，我大姑奶奶和三姑奶奶正是二三十岁的年纪，而我爷爷刚刚出生。可能是受曾祖父的影响，家里无论男女老少都拧着一股倔劲，拧在大姑奶奶面对叛徒告密紧皱的眉间，拧在三姑奶奶与前夫一门之隔却决不相见的沉默里。

二、春风吹又生

20 世纪 30 年代，北郭丹村正在挖地道。一口深井外，乡亲们正拄着铁锹休息，井内一个身材瘦高的少年却没有要停下的意思。他一米八的个子，一身的力气。他向井侧又挖了几米，倒不是为了立功：“我年轻嘛，应该多干。”

“唉！坏了，地下没人吧？”一声惊叫，他下一秒听到辘轳脱手的声音，紧接着是盛满水的大木桶放下来。“宋白是不是在底下呢？”话音刚落，宋白从侧洞闪出身来：“没事大婶，没砸着我。”他就是我爷爷。

勤劳、机灵，这是他从井里上来后保定地区抗日组织负责人对他的评价。“娃娃，你觉得国民党好还是共产党好？”他沉默片刻：“不怕您笑话，我没读过书，也不了解政治。国民党可能要好些吧，因为听起来是为国为民。”那个负责人笑了笑，拍了拍他的肩膀，转身走了。于是我们全家正式失去了直接参与抗日战争的机会。

是什么让爷爷躲过了那只大木桶，是机灵，还是运气？我认为是勤劳。如果没有那个几米深的侧洞，就没有之后的家族史。

三年经济困难时期，爷爷奶奶一起借了点高粱、棒子面，跑到东北谋生。

爷爷很少提起在东北谋生的事，大概是一段不愿提起、不愿回忆的日子。几年后，爷爷和奶奶又回到了河北。盖起土坯房，虽然不大，也是自己一双手筑起来的。1963 年，赶上河北大水灾，刚建起来的房子被冲垮了。爷爷看着咆哮的洪水，只有沉默，等灾难结束再建。

1978 年，终于吹来了改革的春风。爷爷和奶奶做起了小生意。他们用一车一车的毛线期待丰收的喜悦。

据《高阳县志》记载，高阳县的纺织业始于明末，兴于晚清，民国时已经颇具规模，成为全县人民生活的支柱。高阳棉布的销售范围很广，几乎遍布半个中国，麻丝品销售到川、云、两湖、上海 、东三省等地。1958 年，蠡县并入高阳县，纺织业也随着高阳一起兴盛起来。自此，高阳纺织业的发展进一步增长，并且销路遍布全国。爷爷和奶奶就是在这时做起了毛线生意。一包湿羊毛四五百斤，爷爷和同事两个人就能抬到三轮车上。奶奶和大女儿一起走南闯北跑销售，全中国只有海南等几个偏远的省没有她们的足迹。“勤劳致富”这四个字，念起来总有令人踏实的幸福感。后来，我们家成了村里首批“万元户”之一，还买了电视。

由于操劳过度，爷爷和奶奶都在我出生之前就去世了。爸爸经常在酒后提起他的童年，我从没用心听过。现在才知道，我错过了多么感人的劳动者的故事。爷爷奶奶是赶上时代春风的两个人，也是靠自己勤劳的双手撑起整个家族的两个人。

现在，我们家还从事着毛线生意。每当新年，一家人穿上姑姑做的新呢子大衣，都能从那鲜红的颜色中看出温暖来，看出喜悦来。

这就是我的家族故事，百年前家被一把大火烧尽，却从如蓬草般顽强的一代代人手中，在春风里迎来新生。

（指导教师：李莉）

被遗忘的故事

北京师范大学附属中学·王禹涵

我原来不爱了解家里过去的故事，甚至认为那些根本算不上历史，只不过是一群人的共同经历罢了。那些故事和我们隔着一代又一代，听起来很遥远，觉得和当下的生活联系不起来。或许对于一个普通的家族，“家史”更像是闲时聊天或不经意间提起的故事。也正是因为这些原因，我的家族故事被久久尘封在我的血脉当中。

这个假期，我尝试唤醒关于家族的记忆。让我感动的是，老一辈人在重新谈起那些看起来平平常常的过往时，有无限兴致。他们内心极其渴望将家族历史传承下去，只是碍于年龄，难以吐露真实的心声，只能将那份记忆埋在心中。那就让我在前辈们的帮助下梳理那些家族故事吧！切莫让记忆失语在岁月光阴中，再追悔莫及！

一、家族发源地

我出生于湖北武汉，我的家族源自浙江省宁波市奉化区大堰镇柏坑村的王氏家族。柏坑村，藏于深山溪谷间，是宁波奉化市大堰镇的第一大村。为何取名“柏坑”？据说古时它是一条长满柏树的溪坑，曾有两千多名村民在那里世代共享山明水秀的清幽，故而取名。柏坑村上面就有一个柏坑水库，是奉化江的源头之一。

柏坑村全村人口近2000人，山水资源丰富，共有5000多亩山林，其中以竹类资源为主，人均耕田不足半亩，可谓典型“七山二水一分田”的山区农村。柏坑村看起来不大，但名声很大；柏坑人口不多，但美誉很多。

有人把柏坑村称为奉化的“山乡明珠”，这毫不夸张。

二、家族变迁

（一）家族根基

费孝通在《乡土中国》一书中这样解释：“家族在结构上包括家庭，最小的家族也可以等于家庭。因为亲属的结构的基础是亲子关系，父母子的三角。家族是从家庭基础上推出来的。但是包括在家族中的家庭只是社会圈子中的一轮，不能说它不存在，但也不能说它自成一个独立的单位，不是一个团体。形态上的差异，也引起了性质上的变化。家族虽则包括生育的功能，但不限于生育的功能。依人类学上的说法，氏族是一个事业组织，再扩大就可以成为一个部落。氏族和部落赋有政治、经济、宗教等复杂的功能。”①

王氏家族其实也是由家庭发展衍生出来的。我的伯公王顺来出生在浙江奉化某个村，生父生母苦难深，生母被迫当奶妈，生父被国民党抓去当了壮丁，应何去何从？来了养父王生祥、养母朱静芝，因他们婚后无子，收养了伯公王顺来。养父对他说：在王氏家族祠堂，正式给他署名定位，成了王氏家族祖宗下的儿孙，以后代代相传——这便是我的家族根基。

（二）家乡迁移

爷爷告诉我，我的曾祖父叫王生祥，是家族的老大，兄妹共有七人。他们兄弟五个几十年前从浙江经上海，老四去了长沙，老大、老二、老三、老五到了武汉；两位妹妹一位现居上海，一位现居慈溪。

武汉是中国民族资本主义工商业发祥地之一，辛亥革命前夕，民族资本家在武汉创办了各种新式工厂 41 家，工人总数约 8 000 人，资本总额 1 000 余万两白银。辛亥革命前，武汉商业多集中在汉口，总数 7 000 余户，

① 费孝通.《乡土中国》，北京：作家出版社，2019.9，第 45 页。

营业额较大的有茶行、药材行、粮食行、棉花行、油行、盐行、杂货行、纸行等八大行帮。1904年贸易额达到1亿两白银，居全国第二位。随着经济的发展，武汉的金融、近代交通运输、邮电等业务也兴盛起来。至第一次世界大战爆发，武汉的民族工商业兴盛，尤以纺织业、粮食加工业发展最为令人注目。

从20世纪30年代初到抗日战争胜利，武汉航空运输业也开始出现，货物年出口吞吐量超过2000万吨，年进出口贸易额增加到三亿银圆，工业产值达到两亿银圆左右。1936年，粤汉铁路全线通车后，为武汉经济的发展提供了更为有利的条件。此时武汉的金融业也相当兴盛。抗日战争前夕，汉口有英、法、美、日、德、比等外国银行10家，本国银行28家，钱庄27家，银钱兑换店140家，成为我国内地的金融中心。武汉的武昌区还有“学府之区”的美称。王家老大、老二、老三、老五就是在这一时候到了武汉。

我的爷爷、奶奶家处于武昌区民主路附近，每次回武汉过春节时，总能够看到老家附近的风景。看似破旧的民房下，是一个个早点摊位——这也是老一辈人的生活原貌吧。西边，往长江方向的建筑更多是老房子，和东边的商业区形成了鲜明的对比。

在长江另一边的汉口，是我的姥姥、姥爷家。他们当年从广东珠海迁移至武汉汉口。

当年，曾祖辈选择到武汉谋生，因为无论是当时的基础设施还是教育水平，武汉都是全国领先的，拥有相当好的资源条件。而到了祖辈那一代，苏联援助我国的156个重大项目中有几个部署在武汉。武汉作为中南地区（华南地区分出去前包括两广）中心城市，拥有中南地区最优势的教育和工业资源，在华中地区依然是最强城市，在全国也实力靠前。因此，我的家族前辈也确定定居了武汉。

（三）祖辈概况

为了更加深入地了解爷爷辈那一代人的生活，我发起了调查问卷，询问他们的职业及从业原因。可以看出，他们的职业集中于工商业，符合武汉市在 20 世纪 70 年代工业迅速发展的历史背景。而从就业原因中可看出，当时多是依靠政府分配、党的领导以及教育就业实现的，体现了改革开放前计划经济体制下政府的管理分配政策。

此外，爷爷告诉我，他是 1962 年参军，当时正值三年饥荒年，吃不饱饭。他正在读初三，学习成绩还可以，但就读的第二十八中学离家远，去学校路上总是感到饥饿，头晕眼花眼发黑。时常走不动路了，就在马路边坐一会儿，再继续走。为了吃饱，他没有告诉其他人，独自报名参军了。1960、1961、1962 三年饥荒年，农村常有饿死人的情形出现。他当了六年兵，1968 年退伍，进入武汉第二制药厂工作……

相比于现在，我国的综合国力显著增强了，人民再也不用担心温饱问题了。但我们不应忘记先辈为我们创造的基础，更应当铭记历史，不负韶华。

浙江省奉化县柏坑村人王福林（又名王法林）先祖武汉地区后人

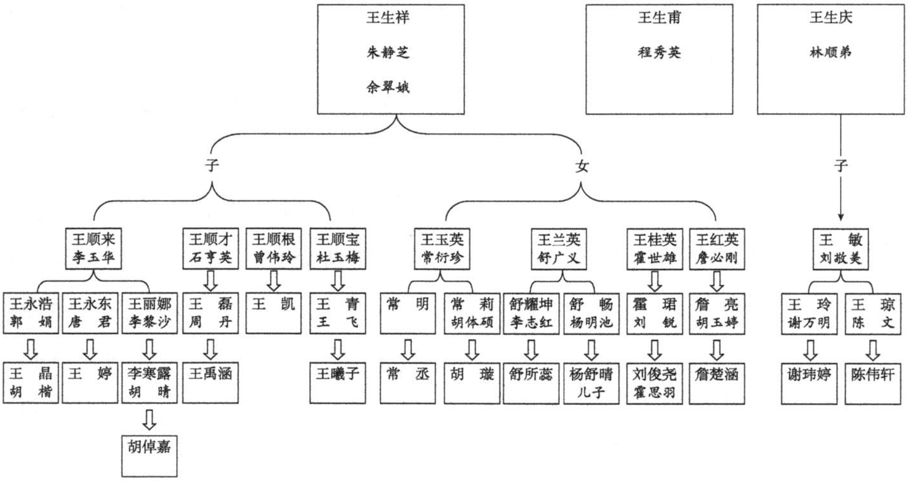

浙江宁波奉化柏坑村王氏家族族谱（局部）

一直，祖辈们精心守护着这份族谱，因为它如同一把钥匙，既把王氏家族的成员紧紧地联在一起，又为后代打开通往光明未来的钥匙，我衷心希望王氏子孙能够永远地怀揣这把钥匙，开创更加辉煌的未来，为王氏家族增光添彩。

（指导教师：李莉）

为磷奋斗的峥嵘岁月

北京师范大学贵阳附属中学·张玲熙

20 世纪 50 年代的中国，刚从战争带来的损耗中恢复过来，粮食短缺的阴影又笼罩在头上。当时的中国有 5 亿多人，人口基数大、粮食消耗多、耕地面积有限，如何解决人民的温饱问题成了头等大事。化肥是粮食的“粮食”，能够促进粮食增产。尤其磷肥，对粮食增产的贡献率约达 15%—20%，是提高粮食产量的“密码”。作为影响粮食作物产量的关键元素，磷却在我国三分之二的土地上呈现出匮乏状况，特别是在北方地区的石灰性土壤里，磷缺乏问题尤为严重。寻找磷矿、开采磷矿，成了保障国家粮食安全的关键。

面对磷肥长期依赖进口和日趋紧张的国际形势，自行开发磷矿成了我国迫在眉睫的一件大事。很快，以寻找磷矿为目的的地质勘查在全国范围内展开，贵州、云南、湖北、四川等省被锁定为磷矿富集地，其中又以贵州为最。

1953 年，贵州省地质局原总工程师、地质学家罗绳武在遵义市金顶山脚下牛蹄乡滥田做地质调查时发现了下寒武统梅树村组的磷矿（又称上磷矿）。1954 年，贵州省工业厅地勘处第五勘探队在该区进行勘查工作时，又在松林一带发现产于上震旦统陵山沱组的磷矿（又称下磷矿）。1955 年，在遵义上、下磷矿被发现的启示下，罗绳武根据地层及构造分析，预测开阳地区会有磷矿产出。1955 年 5 月，贵州省工业厅地勘处指派赵应祺等组成地勘组，前往开阳洋水一带工作。同年 11 月，又派冯济舟等人组成普查组，他们在用沙坝马脑、龙洞湾发现了“下磷矿”。1956 年，由工业厅地勘处第五勘探队开展了普查评价，于当年 10 月编制提交了《开阳洋水磷矿区地质普查报告》；1957 年 3 月提交《开阳洋水磷矿石笋沟矿区 56 年地质工作总结》。据计算上、下磷矿地质储量 9580 万吨，为贵州开阳磷矿的有序开采提供了坚实的理论基础。

1958 年 10 月 20 日，贵州开阳磷矿正式成立，这是国家第二个五年计划期间建设的全国三大磷矿石生产基地之一，与当时的云南昆阳、湖北襄阳，并称“三阳开泰”。成都军区干部训练团 62 名排以上转业干部在团政委张小丰和副团长刘志忠的率领下，从四川简阳出发，历经三个昼夜来到了地处贵州开阳金钟镇、当时人称“夹皮沟”的洋水，拉开了开磷建设的序幕。同年，外公怀着积极建设社会主义新中国的必胜信念，来到开阳磷矿，开启了他为磷奋斗的峥嵘岁月。

贵州，一个神秘的地方，当时号称“人无三分银，地无三分平，天无三日晴”。那时的贵州云海无际，群山无边。这里有数不尽的明媚山光和水天一色，但也有更多险峻陡峭的山路和幽深原始的山野，可谓“连峰际天兮，飞鸟不通途”。最初，开山建矿的条件极为艰苦，开阳县洋水沟附近都是茂密的原始山林。山里不时传来野兽的号叫，泥潭里隐匿的蚂蝗、叶梢上盘踞的竹叶青时时威胁着山上的拓荒者。然而惊雷般的爆破声震彻山林，茅坡山下的矿石露出了真容，不畏艰险的拓荒者终于开出了第一批磷矿石。“铛，铛，铛”，千锤万凿出深山，矿工们呕心沥血，历尽艰辛，一干就是几十年。

最先开发的矿场海拔 1200 多米。一百多名开拓者背着钢钎、炸药、撮箕、铁锤、锄头等采运工具，爬上号称“鬼门关”的悬崖峭壁，冒着跌落悬崖的风险，凭着满腔热忱，在千里崖壁凿开万年岩层，第一年就顽强地开凿出 2 万吨磷矿石。这 2 万吨磷矿石，在当时可以生产含磷 12% 的磷肥 5 万多吨，为 130 多万亩耕地提供磷元素养分，极大地缓解了当时粮食短缺的难题。在国家三年经济困难时期，这对于解决中国人的吃饭问题有着特殊的意义。而他，那百分之一的一员，就是我的外公。

“外公，你们不怕吗？万一摔下悬崖可就没命了呀！”“怕？这些比起我小时候吃的那些苦算什么呀……”外公的思绪不禁又回到那个战火纷飞的旧中国。

1933年，外公出生了。当时中国人民的抗日战争序幕早已拉开，世界经济的大萧条也严重影响着我国社会，无数人流离失所。外公三岁丧母，十岁丧父后，成为孤儿。因年幼家贫无力葬父，万般无奈之下他只能含泪停棺十年。他先是借住在大伯家，怎奈半年后大伯去世，本家再也无人庇护他。一个寒冷萧索的夜晚，他因不堪忍受堂嫂的欺凌打骂而出走，投奔了邻村的姑姑。由于姑姑家子女众多，家里经济条件不好，所以年仅10岁的他经常跟着大表哥一起去安顺给人挑水。他肩上常常会起大泡，一碰就钻心地疼。稍大些，他就跟着大人们进城赶场挑煤卖或是收鸡卖等等，做些力所能及的小营生贴补姑姑的家用。

1949年，新中国伴随着伟大领袖毛主席在北京天安门城楼上的庄严宣告和中国人民惊天动地的欢呼声成立了。1950年10月，美军不顾中国政府的严正警告，公然越过三八线，并于19日占领平壤，企图迅速占领整个朝鲜。同时，美军飞机多次侵入中国领空，轰炸丹东地区，大有将战火从中朝边境进一步扩大之势，严重威胁了新中国的安全。

“雄赳赳，气昂昂，跨过鸭绿江……”1951年，在全国一片抗美援朝打败美帝野心狼的强烈呼声中，全国范围大征兵。外公应征入伍，成为一名光荣的解放军战士。在部队，外公跟着教导员认真地学习与训练。每每回想起年幼家贫，他放牛时常会躲在有钱人家的私塾外偷听先生上课，一经发现就会被教鞭无情地驱赶，所以他会比别人更加用心学习。为此，他学会了简单的文化知识，学会了各种白案与红案操作，这为他今后的工作打下了一定的基础。1953年，经过中国人民志愿军无数次的浴血奋战与艰苦卓绝的努力，抗美援朝胜利结束。20岁的他从部队光荣复员，请来本家族人商量，一起给他停棺10年的父亲下葬，终于了却了这桩悬心已久的大事。而后，他在政府的安排下参加工作，进入贵州省安顺市普定县白岩区政府做通信员。同年，经人介绍与外婆相识相恋结婚，从此有了自己的家。

1950年，中国迎来了轰轰烈烈的土改运动，将农村人口划分成“地主、富农、中农、贫农、雇农”五种成分。外婆的父亲因是读书人不善耕种，曾于新中国成立前将仅有的几分薄田佃给别人而不幸被划成富农，尽管她家那时早已是一贫如洗。1955 年，因外婆家的成分被划成富农，区政府要求外公要么与外婆划清界限，要么就辞掉工作回乡务农。外公毫不犹豫地选择了后者，选择了与外婆相守一生。

外公说：“如果不是我当初坚持选择了你外婆而回家务农，还不一定能招工来开阳磷矿呢！”我笑着打趣外公：“看来这就是所谓的‘塞翁失马，焉知非福’哦！”

“柯明武同志，鉴于你在工作期间的优秀表现和有一定的领导能力，现任命你为班长，希望你能带领同志们继续加油，干出更多更好的成绩！”刚工作不久，由于外公是退伍军人出身，凭着他在工作中一不怕苦二不怕累、凡事领先的精神，很快就被当时的军管会任命为班长。而后，他又被推荐加入了中国共产党，成为当时一起参加工作的同事中最早向党组织靠拢的人。

建党百年之际，中共中央颁发给外公“光荣在党 50 年”纪念章。

由于工作需要读书写字，这让从未正式上过学的外公犯了难：怎么办？难道就此认输吗？但外公的人生字典里从无“放弃”二字。于是无论寒暑，在那一个个万物俱寂的夜晚，当其他工友们都三三两两聊天打牌时，只有外公的宿舍里还亮着灯。那双握过钢钎与铁锤的粗糙大手，一只轻轻地捏着书页一角，一只指着一行行的墨字一点一点慢慢地读着。有遇到不懂的，他就拿起手旁已被削得极短的铅笔，一笔一画地写下，等天亮后去请教有文化的同事……日积月累，外公终于学会了读书写字、看书看报，工友们都夸他聪明，说他是无师自通，但吃了多少苦只有他知道。

1958 年至 1968 年，开阳磷矿的建设几起几伏，历经波折。1960 年经济困难时期，为渡过难关，单位建立代食品加工车间，搞野生植物加工，全矿一半以上职工搞生活。1961 年职工精简下放，共精简 1056 名职工，干部、材料、设备外调，铁路、土建施工队伍撤离，开阳磷矿建设延缓。1962 年人数一度锐减到 482 人，矿山基建停顿，仅维持少量生产。1965 年，开阳磷矿大规模上马了，4000 多名干部、工程技术人员和建设工人从全国各地，一批批浩浩荡荡地涌进洋水沟这块充满希望的土地。

洋水河旁仅有的几栋苏式楼房，已被先到的人住得满满的。地板上、走廊里，甚至在露天场坝，到处都是南腔北调的建设者。那时，你随意和一个人聊聊，他都能告诉你一番惊天动地的经历：留洋归来忠心报国的专家，立志干番事业的青年知识分子，叱咤风云的将军，朝鲜战场上的功臣……所有的人在这里，都以开磷人为荣，所有的理想在这里都汇集为一个宏愿：响应毛主席“开发矿业”的号召，大打矿山之仗，在洋水沟，在矿井创造奇迹。

1970 年 7 月，开阳磷矿一期工程南采区青菜冲矿建成，这标志着开阳磷矿一期工程全面建成投产。

1978 年，改革开放的春风在全国吹拂。1985 年，国务院办公厅转发了国家统计局《关于建立第三产业统计的报告》。在上级相关会议精神的指导下，开阳磷矿要求下属各成员单位认真履行中央文件精神，积极开拓第三产业。但这对于当时的大部分人来说，什么是第三产业、怎么干、干什么，成了摆在当下的一大难题。

“铛，铛，铛。”挂在客厅的那口陈旧的石英大钟尽职地摆着、敲着，时光仿佛又回到了从前。外公和同事们在多日熟思后想到一个好点子，向上级领导报备后马不停蹄地来到省城贵阳购买了所需器材和原材料，并学习了相关的技术，带领几位同事开始了他们单位的第三产业之道。“卖冷饮，卖冰粉咯！”炎炎酷日下，他们吆喝着，额上渗出一层薄汗。过往行人不觉放缓了匆匆的脚步，一些孩童好奇地看着这个临时搭建的小摊，要知道这可是开阳磷矿第一家卖冷饮和冰粉的单位，这对于二十世纪八十年代的人来说也是一道奇异的风景线。“大哥，给我来一碗冰粉！”“我要一份冷饮……”外公他们售卖的饮品不仅质量好，而且服务态度好。遇到钱不够的小朋友也会给足分量，渐渐的，他们口碑日佳，小摊生意蒸蒸日上，既能连年给单位员工们谋不少福利，还能完成单位的创收要求，成了当时开创第三产业的典型代表。

听妈妈说，外公几乎是长年无休，特殊的工作要求让他哪怕是春节期间都会值班。无论在哪个岗位上，他都能把上级领导安排的工作干到极致。他认真的工作态度和乐于助人的精神让他连年获得表扬，连年都是先进工作者和优秀共产党员，还曾荣获过贵州省劳动模范的光荣称号，挂在外公家里的那口陈年石英大钟就是对他的奖励。

外公获得的“先进生产（工作）者”奖状

1993 年，外公光荣退休。几年后，在子女的一再恳求下，他依依不舍地离开了那个他为之奉献了 35 个热血春秋的地方，来到贵阳生活，并风雨无阻坚持参加退休党支部的组织活动。

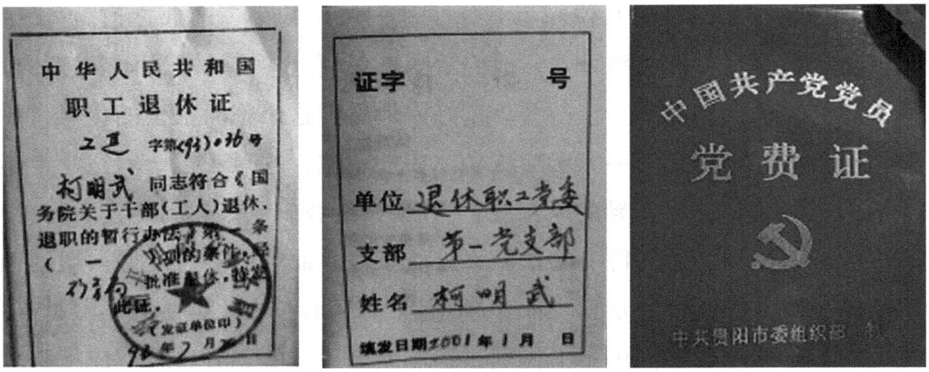

外公的职工退休证和党费证

2008年，开阳磷矿建矿50周年。在退休办的盛情邀请下，外公作为第一批磷矿开拓者代表回到了那个他日思夜想的地方，和当年的老同事们一起参观曾经的战斗基地，与现在的建设者们一起畅谈新开磷。按照开磷矿区已探明储量和现有磷矿石生产能力，磷矿资源还可开采上百年，为开磷的可持续发展提供了资源保证。想到这些，当年这些磷矿的开拓者们又怎能不开怀？

2019年6月，在贵州省国资委的主导下，原开阳磷矿与瓮福集团整合成贵州磷化（集团）有限公司，实现两磷合并强强联手，年产能名列磷及磷化工行业亚洲第一、世界第三。公司拥有贵州福泉、开阳、息烽、甘肃金昌、四川达州、福建上杭六大生产基地，进入中国企业家协会发布的“中国企业500强榜单”，在第十三届中国化肥企业百强名单中排名第一。

2020年，贵州磷化集团位居中国化肥企业100强第一位，全年生产磷矿石1729万吨，新型肥料及高浓度磷复肥生产能力超800万吨，为我国农田提供着源源不断的养分。

从无走向有，从小走向大，从弱走向强，从粗放式经营走向精细化分工，从黔中地区走向世界……历史性跨越的步伐，风骨和奇观铸就了开阳磷矿的华丽蝶变，也见证了中国磷化工业波澜壮阔的成长。

历史的车轮终将向前，企业的发展离不开每个劳动者的无私奉献。看着之前的开阳磷矿、现在的磷化集团在新的征程上成为万千企业的学习对象，为我国的粮食安全保驾护航，外公那饱经风霜的脸仿佛一夜之间就变年轻了。

看着眼前这个慈爱的老人，想着他多舛的命运，想着他从不屈服的精神，我不由想：这难道不是中华民族几千年来的精神肖像吗？平凡又伟大的劳动者，创造了一个时代，也创造了一代人的梦想，他们有自己的信仰和坚持。虽然时代在不断地向前发展，但我们永远不能忘却历史，不能忘记这些曾经谱写历史的平凡普通的劳动者。

（指导老师：罗薇）

岁月如歌

北京师范大学附属中学·钱毅宁

一生坎坷路，挺胸走向前。你们驱散极夜，迎接朝阳。百年复兴业，昂首共担当。我们铭记历史，大步向前。

——题记

七十多年前，一个寒冷的冬天，北国的黑土地上空大雪纷飞。天地白茫茫一片，气温骤降至零下二十几度。据说那一年的冬天特别冷，随着辽沈战役的枪炮声逐渐熄灭，你们终于结束了在白山黑水间长达三年的根据地生活，进了沈阳城！1945 年当你们离开学习、工作、生活了八年的延安，千里跋涉挺进东北的时候，东北地区是名副其实的千疮百孔。群众基础薄弱，饱受侵略者残暴统治和疯狂掠夺的人们抱着怀疑的眼光看待你们这些服装、武器装备不如国民党军队的军人。谁能想到三年之后，你们成了黑土地上这一战役的胜利者！

一、爱国情像黄河之水汹涌澎湃

我相信，一个人理解深刻的革命道理和拥有坚定的革命信仰并非天生，而是在革命的大熔炉里经过不断学习和磨炼才形成的。我的太姥爷李波，1920 年出生于陕西省合阳县，在本村小学毕业后，1936 年考入郃阳县（今合阳县）中学。次年，七七事变爆发，在民族生死存亡之际，他没有安于学校的学习生活，决心投身伟大的抗日救亡运动。寒假期间，他参加学校组织的抗敌后援会，下乡做了几个月的抗日救亡宣传，懂得了不少抗日救国道理。全面抗战后，红军改编为八路军，太姥爷亲眼见到八路军从家乡开赴前线的情景，当平型关大捷的消息传到家乡，振奋了人心，他也深受鼓舞。当时太姥爷经常看一些进步书刊，与学校的进步同学一起讨论国家大事，逐步萌发了去延安的想法。据大舅爷回忆，他曾说过："在奔向延安的路途中，一部分同学觉得延安太远了，[①] 走不动，反正都是参加抗日，在哪里都一样、哪个军队都一样，何必非要去延安？当时离合阳县不远的地方，恰有一支正在招募抗日青年的国民党军队，他们几人便留在了黄龙。"太姥爷坚持要去延安，继续前行，后来的结局便完全不同。人生道路虽漫长，但关键的往往仅有几步，若是选择错了，影响的便是一生。

1938年4月，太姥爷与许多爱国青年一样，毅然奔赴延安，在抗大（中国抗日军政大学简称）三期、四期四大队学习革命真理，寻求救国的道路。同年5月，太姥爷在抗大加入中国共产党，毕业后于1939年1月分配到陕甘宁边区留守兵团警备二团四连任见习排长，后任营青年干事。1939年至1940年春，蒋介石在抗战期间发动第一次反共高潮，敌人向太姥爷所在部队进行偷袭，部队进行自卫反击，一小时左右就消灭敌人四五个连。这是他生平第一次拿起枪杆参加战斗，在实战中体会到人民军队是一支不可战胜的力量。随后，他又参加过数次剿匪战斗，在战争中经受了锻炼，积累了军事才干。1943年1月调任陕甘宁保卫团政治处宣传干事、教员等职。1943年11月，组织上再次派太姥爷进延大（延安大学简称）司法系学习，参加整风运动。

我的太姥姥杜敏，1920年出生于河南开封，家境较好，是家里的独生女。1928年入河南焦作煤矿公司矿区培英小学，因成绩优异连跳两级，1932年高小毕业，考入河南省立开封女中。1937年到西安"东北竞存小学"[②] 任小学教员。1938年9月，她到西安八路军办事处报考抗大，10月到延安进入抗大五大队女生二队学习。后来女大（中国女子大学简称）成立，

① 合阳距延安近300公里。

② 1936年4月，在张学良、杨虎城、王以哲等帮助下，于西安开办，民主人士车向忱任校长。

她入女大学习。1941年初，她毕业分配到陕甘宁边区鄜县任妇联主任，代理宣传部长，做妇女宣传工作。她组织妇女建立机构，动员婆姨们纺纱织布、纳鞋做袜，动员青年参加八路军，奔波在村村寨寨，忙碌在父老乡亲们中间，动员他们“多捐些五谷充军粮”。1943年12月，她进入延大司法系学习，参加整风运动。

陕甘宁边区地瘠民贫，自然灾害频发，加上国民党军队的封锁围剿，让不断涌来的军队及投奔革命的热血青年吃、住都成了大问题。共产党一方面号召“自己动手，丰衣足食”，开展轰轰烈烈的大生产运动以解决生存问题；另一方面开展延安整风运动。太姥姥有幸重回延大司法系学习、生活、劳动生产，在那火热的岁月里，遇见了太姥爷。在司法系的一年多，各自的经历让他们更加珍惜难得的平静学习生活。1945年他们如愿走到一起，从此在革命的洪流中无怨无悔、相濡以沫、并肩前行了五十多年！

二、土改！拓荒！支援全国解放！

抗战刚刚胜利，内战阴云又起。党中央毛主席审时度势，决定尽快挺进东北，为日后解放全中国建立巩固的根据地。十万干部战士厉兵秣马，带着简陋的武器装备，从延安，从华北等解放区涌入东北。

1945年10月，太姥爷随延大挺进东北。11月行军至张家口一带，因去往东北的路被敌人截断，不能继续前进。1946年8月，他到哈尔滨，由东北局分配至松江省阿城县（今哈尔滨市阿城区），组成土改工作队。1947年6月，他调任亚布力区区委书记。1948年4月调任尚志县县委委员兼一面坡区区委书记。他参与领导和组建乡镇政权，组织发动群众，进行土地改革，发展生产，扩大解放区，支援解放战争，并参加了著名的辽沈战役。

1948年12月，太姥爷转入铁路系统工作，在沈阳铁路局皇姑屯地区工作，组建地区党组织。1949年5月调任沈阳地区党委书记兼政治处主任。1950年5月中长铁路成立，他任沈阳分局政治处副主任。

面对百废待兴的东北铁路，面对数万名铁路职工和他们几乎断炊的家人，太姥爷和战友们以顽强的斗志和朝气蓬勃的精神面貌全身心地投入到恢复生产、支援前线的工作中，为支援大军南下，为解放全中国夜以继日地工作：在工厂，用一列列刚刚修复的列车载满各种前线所需物资，将戴狗皮帽子、身强体壮的军人们送到关内各个解放区，送到当时炮火纷飞的解放战场！

1945年11月，太姥姥怀着几个月的身孕，随延大挺进东北。怀孕的强烈反应和行军的劳累，让她双腿天天都是肿胀的，只能利用短暂的休息时间揉搓揉搓，而后又迈着顽强的步伐和部队一道前行，付出了比常人多几倍的勇气和毅力。他们走到张家口已是寒冬腊月了，因情况有变，她不能继续去东北，遂调入华北联大待命，于1946年3月加入中国共产党。四月的塞北，风依旧带着刺骨的寒意。行军途中缺吃少穿，更无法取暖，她在一个略能避风的草垛里，生下第一个孩子——我的奶奶。由于山海关一带都在打仗，无法通行，1947年3月，太姥姥抱着不到1岁的奶奶，在组织安排下往南走到邯郸，再向东走到烟台，然后坐船前往大连，再乘海轮取道平壤前往安东（今丹东），5月初到达哈尔滨。1947年11月，她调苇河县任秘书、机关支部书记。后苇河县与尚志县合并，她调城关区任区委书记，进行土改工作，积极发动群众，支援前线，动员青年参军，巩固新生的人民基层政权，为东北早日解放忙碌奉献着！1948年8月，太姥姥任松江省机械农场①政委，建立党团组织，创建国有农场，发展生产，支援解放战争。据当时一起工作的老同志回忆，太姥姥虽然是位女同志，但意志坚强，作风扎实，在农场生第二个孩子时，休息了六天就带领勘测组，踏着没膝盖深的大雪去踏勘荒原。

1949年5月，太姥姥调东北贸易部所属东北东兴公司，任人事科长、党支部书记。1950年改为贸易部东北粮食总公司，任人事室主任。1952年，她初调任储运室主任。1953年12月任东北粮食部基建处代处长。1954年

① 现北大荒农垦集团宁安农场，是垦区建场最早的国营机械农场。

12 月转入铁路系统工作，任锦州铁路局卫生处代处长。

当太姥姥站在浑河铁桥边眺望不远处烟雾笼罩的沈阳城时，旅途的疲惫尽消。刚在沈阳安顿下来的太姥爷，在沈南区一处简陋的平房里迎来了太姥姥母子。从黄土高坡到白山黑水，从枪林弹雨到迎来胜利，再到亲人团聚，相逢喜悦和激动是无法言喻的。他们当即在一间热乎乎的小饭馆里庆祝一番，那是多么令人难以忘怀的一顿晚餐啊！

刚刚解放的东北百废待兴，尤其是粮食供应：百万大军入关要供应，恢复生产的工人及家属要供应，广大城镇居民要吃饭，还要支援关内各解放区及各个战场！粮食储运部门的压力是巨大的。太姥姥作为东北粮食储运部门的主管之一，为了储运好东北人民的“爱国粮”，不分昼夜地深入到各个仓库、货场、收购站、网点，检查统计粮食的收购、保管、库存变化及调运情况，及时上报东北局，以便准确、及时、按需分运到有关单位和前线。太姥爷曾对大舅爷说起当时的情形：“那时十天半个月见不到你妈妈太正常了，你妈妈管转、供，我们运，平日通个电话都难，哪里还顾得上家？”

在沈阳的五年，太姥姥和太姥爷在工作之余也着手建设自己的家，结婚四年多，他们离多聚少，始终是在紧张的战争环境中提心吊胆地过着每一天！离开延安时，他俩是随着各自的部队和机关行军，根本不知对方的死活；在白山黑水建立和巩固东北根据地，他们忍饥挨饿，枪不离身，“火烤胸前暖，风吹背后寒”。他们和战友肃清土匪，建立政权，土地改革，筹粮筹款，动员翻身农民参军支前。如今胜利了，进城了，一切也就变得顺理成章了：把女儿（我奶奶）从哈尔滨接来。把老奶奶（奶奶的姥姥）从河南接来。家也有了样子，今天添个箱子，明天置个毯子，生活条件说不上好但也算小康。他们全身心地扑在自己的工作上，早出晚归，孩子们很少见到他们。一家老小就这样在沈阳度过了一个个寒冬，迎来了一个个春天！

三、雄赳赳，气昂昂，跨过鸭绿江

1950 年，朝鲜战争爆发，美帝国主义战机在轰炸朝鲜的同时也侵犯我东北边境。面对穷凶极恶的美帝国主义，为了保卫新中国，太姥爷和千千万万祖国的优秀儿女一样响应号召，于1950年11月告别妻子儿女，雄赳赳、气昂昂地跨过鸭绿江，参加抗美援朝。太姥爷任东北铁路职工援朝第一大队政委，11月7日率队经辑安入朝随军接管铁路，组织朝鲜境内的军事运输，是铁路职工中援朝最早的。[①] 太姥爷历任志愿军铁道军管局熙川分局、新成川分局政委。1953年8月成立平壤管理局，太姥爷任政治部主任、党委委员。在朝鲜战场迎着纷飞的炮火，冒着敌军飞机的轰炸扫射，太姥爷组织抢修铁路，抢运物资，用鲜血和生命修筑被炸得支离破碎的朝鲜铁道线，保障着关系到几十万志愿军性命的钢铁大动脉的畅通！[②] 当时援朝人员缺乏斗争经验，环境艰苦，太姥爷一方面要做好队员的思想工作，一方面还要组织抢修、运输物资。敌机经常轰炸骚扰，给运输造成很大困难，太姥爷他们当时的想法就是能多装一车是一车，能多接一车是一车。随着战争离国境线越来越远，他们的任务越来越重，太姥爷担任政委的铁路一大队三百多名干部和战士有三分之一长眠在异国他乡那冰冷的土地上。太姥爷在朝鲜工作的三年多，积累了丰富的军事运输实践经验。

同样，血与火也考验和磨炼着在东北粮食战线上支援抗美援朝的太姥姥，她一个人不仅要挑起照顾家庭、抚养子女的重担，还要夜以继日地储运前线所需的粮食，时时惦念着在朝鲜前线的丈夫，在担忧中度过每一天！虽然“抗美援朝没过江，保家卫国没拿枪”，但她也用自己的心血和汗水同爱好和平的祖国人民一样，支持着在异国土地上战斗的“最可爱的人”啊！

抗美援朝战争结束，太姥爷和他的战友们于1954年3月回国。当年因抗日救国而中断的学业，他又想拾起来了。因为他深知，建设新中国要靠知识，祖国强大要靠科学技术。1954年10月，太姥爷进入北京铁道学院

① 铁道部档案史志中心，《抗美援朝战争铁路抢修抢运史》，北京：中国铁道出版社，1999.6，第72页。

② 同上，第362—363页。

（今北京交通大学）干部班学习。在这所铁路系统的最高学府，太姥爷开始了四年系统的理论与专业知识学习。在学校，太姥爷一边要恶补高中的基础，一边要接受大学的教育，真恨不能一天有 48 小时，几乎没有休息过一个完整的礼拜天。据大舅爷回忆，太姥爷寒暑假回锦州时，都在桌前看书、计算到深夜，很少陪孩子们玩耍。

朝鲜铁路军管总局领导干部合影

四、东海之滨

四年寒窗后，太姥爷又被委以重任。1958 年 8 月太姥爷毕业后，本可留在北京工作，当时福建前线炮击金门，军运任务非常繁重，组织上认为太姥爷具有较高的文化素质，又有丰富的军事运输经验，遂调他至福建前线筹建福州铁路局，任筹备组副组长。他回锦州匆匆和妻子告别后，只身赶赴东海之滨的福建前线。

福建当时是一个穷省，山多地少，上千里的铁道线绝大部分建在崇山峻岭之中。太姥爷和战友们一道克服重重困难，迎台风，战塌方，踏遍青山。尤其是每年5至11月间，他和沿线的广大职工一道守护在千里鹰厦线上，累了在草袋上躺一躺。有一次他竟然在炸药上睡了一觉，当大伙发现这一危险时都吓得呆住了。就这样，他晴天一身汗、雨天一身泥地伴着鹰厦线度过了一个又一个酷暑严冬。

1958年12月，太姥姥带着五个孩子和老奶奶，离开千里冰封的东北大地，踏上了南下的列车。一路长驱，迎着渐增的绿色，穿越崇山峻岭，风尘仆仆地来到福州市郊、鼓山脚下闽江畔的魁岐。这里山清水秀，一座座小楼点缀在绿树丛中，在这似“香格里拉”般优雅的环境中结束了他们多年的分居生活。

1959年1月，福州铁路局成立，太姥爷任铁路局政治部主任、党委副书记，开创了前线铁路的新局面。这是第三个八年，用太姥姥的话说，这八年是他们一生中最可怀念的日子，是生活在幸福中的八年。晚餐后家人漫步在江岸边的樟树下谈笑人生，憧憬未来，一家八口又团聚了。

魁岐远离城市，条件比沈阳、锦州差远了，况且他们水土不服，所在地的各种生活设施都在建设或筹建中，他们的工作压力可想而知。尤其是孩子们的教育问题，牵涉到每家每户。太姥姥临危受命，出任教育处长，在会议上动情地说：“一定要尽快建好学校和幼儿园，解决师资问题，再艰难也不要误了成长中的孩子们受教育的机会。孩子们是祖国的未来，是国家的希望，是共产主义事业的接班人！”就是凭着这种信念，太姥姥一边求助于铁道部、各铁路局、省教育厅和有关院校，一边奔走工地，检查施工进度，解决实际困难，在多方支持下，仅用一年时间，嘹亮的歌声就在新建的校园里响起，家长们也将孩子送进了幼儿园。看着这来之不易的一切，职工家属们笑了，孩子们笑了，姥姥他们也笑了。随着一栋栋住宅完工、一项项工程交付使用，各路局调集的干部和家属们的涌入，商店、食堂等各种生活设施也逐步完善起来，平静的山坳里逐渐热闹起来了。1965年6月，铁道部将福州铁路局与上海铁路局南昌分局合并，重组为南昌铁路局，太姥爷调南昌铁路局任党委副书记兼政治部主任，太姥姥调南昌局任劳资处处长。

五、江南烟雨

“文革”后，太姥爷和太姥姥先后获平反并落实政策。20 世纪 80 年代初，他们身体力行支持新形势的需要，先后离开工作岗位休息，太姥爷于 1983 年 12 月离休。他们在烟雨江南安度晚年。

（指导老师：王文）

奚姓的来源及焦溪古镇寻根

北京师范大学附属中学·奚安琪

奚姓是一个古老的姓氏，我家族中的奚姓子孙已经散布在大江南北、世界各地，各自安居乐业，兴旺发达。无论经过多少岁月，无论走得多远，我们的根仍旧深植于中华大地上一个小小的名叫焦溪的小镇。年纪尚小的我曾对焦溪的历史不甚了解，于是趁着今年寒假的机会，我进行了一次寻根求源之旅。

一、奚姓的来源

我的祖籍是江苏省武进县（2002 初年改为常州市武进区）焦溪镇（现在与郑陆镇合并成为郑陆镇）。我的爷爷奚博先[①]1939 年出生在焦溪镇，后随长姐进京求学，大学毕业后在北京工作成家立业。奚姓在苏、鲁、皖、浙、沪一带虽然不如张、王、李、赵、刘那样多见，但对当地人而言并不十分陌生。可是到了北方，知道的人便不多了。奚字古义有奴隶一说。据一些字典说，这种奴隶是年少有才智的女奴，是给主人做酒的。《史记·孔

① 奚博先，男，汉族，1939 年 9 月出生，江苏省武进人。1963 年 8 月毕业于北京师范学院中文系，曾在北京市九十六中学任教。1980 年调入北京市社科联工作，历任市社科联语言学会秘书、副秘书长，社科情报研究室主任。1996 年 10 月评为研究员。奚博先同志对语言教学、语言学研究具有较高的学术造诣，对语言学会的成立和建设做出了重要贡献，得到专家学者的好评。他倡议并组建了“普通话等级标准研究小组”，撰写了《普通话等级测试标准（草案）》。他结合学会工作撰写的许多学术会议综述、动态等文章，在全国有关报刊上发表。他编写的《礼貌语言手册》，主编的《应用文写作指南》《新词语词典》《中国民歌鉴赏词典》等书籍，具有重要的学术价值和实用价值。——《碑补传集》卷四八。

子世家》里记载奚容箴是孔子三千弟子中的七十二大贤之一。《辞海》里解释奚字的时候，说唐代的奚鼐是个制墨专家。奚鼐墨是有名的收藏品。《晋书·嵇康传》载：魏晋时代竹林七贤之首嵇康嵇中散，“其先姓奚，会稽上虞人，以避怨徙焉。”《〈资治通鉴〉卷 78·魏纪 10·元帝景元三年》里说得更加明白：“康之先姓奚，会稽上虞人，以避怨徙谯郡铚县，铚有嵇山，家于其侧，因以命氏。”也就是说，他的上代本来是姓奚的，后来因为逃避仇家，从浙江绍兴迁到了安徽宿县以西。因为宿县以西有嵇山，他们就把这个嵇山的嵇做了姓，从此中国多出了一些嵇姓人。

除去上面那些传说和凤毛麟角的记录，据说奚姓有几个来源。除了来源于汉族之外，第二是来源于东晋十六国时候的拓跋氏。《路史》载：“拓跋氏之后有奚氏。”《魏史·官氏志》载，薄奚氏、达奚氏均改为奚氏。如果没有猜错，曾经强大到成为大唐帝国外患的奚族，很可能是拓跋氏这一部分后裔以姓为族演变而成。后来，辽国也被金国灭掉，辽国人中一部分归附了蒙古人，另一部分则归化为汉人。不过，古代人的宗族观念很强，我想奚姓举族归化汉族的事，大约没有。奚姓会不会就又成为女真人呢？很可能！因为女真也称后金，是满族的前身，而满族里面，是有人姓奚的。不过到底怎样，这只有历史学家经过仔细考证以后才能搞清楚。《中国姓氏起源》说，姓奚的第三个部分来源于满族，但没有说明满族里的奚姓是哪儿来的。这一支满族的奚姓在北京比较集中。例如，唱京戏的奚啸伯就是我国名噪一时的“四大须生”之一。

如果能证明满族的奚氏和薄奚氏、达奚氏的奚是一脉相承的话，那么姓奚的来源就可以归结为两个：黄帝后裔和拓跋氏。

其实我属于奚姓的第一个来源，历来在民族一栏里填“汉”，是正宗的黄帝后裔。据《中国姓氏起源》载：奚姓是黄帝后裔，始祖是禺阳。禺阳为黄帝二十五子之一。禺阳裔孙名仲，食采于夏王朝管辖范围内的奚地，即薛国（地在今山东滕州。是不是古人就把“奚”误为“薛”造成的？姑且存疑），史称奚仲，官任夏朝的车正。后来，奚仲迁居于邳，其孙以祖父名字命姓，遂成奚姓。（我爷爷奚博先正误：其孙并未以祖父姓名的全部为姓，而是以祖父名字的首字或封地为姓，所以“其孙以祖父名字”之后，应加“首字”二字，或把“名字”改为“封地”。）还有直接说他是车的创造者①。车的创造者是奚仲，表明了奚姓祖上对人类的贡献。

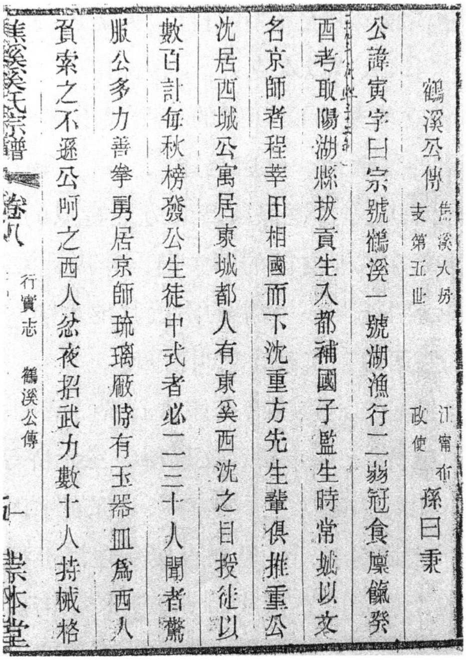
鶴溪公傳　焦溪大房支第五世　江甯布政使　孫曰秉
公諱寅字曰宗號鶴溪一號湖漁行二弱冠食廩餼癸
酉考取陽湖縣拔貢生入都補國子監生時常城以文
名京師者程莘田相國而下沈重方先生輩俱推重公
沈居西城公寓居東城都人有東奚西沈之目授徒以
數百計每秋榜發公生徒中式者必二三十人聞者驚
服公多力善拳勇居京師琉璃廠時有玉器皿爲西人
負索之不遜公呵之西人忿夜招武力數十人持械格
焦溪奚氏宗譜　卷八　行實志　鶴溪公傳　十一　崇本堂

《焦溪奚氏宗谱》书影

二、焦溪的发展

焦溪又叫焦店。据《常州日报》载，和焦溪的开创大有关系的人，据说有一个是元末明初的焦丙。焦丙是朱元璋在淮阴皇觉寺出家时候的师傅。朱元璋当了皇帝，要召焦丙授以千户。焦丙不愿为官，逃逸在这里隐居。他办了一个私塾授徒执教，所以人家都叫他焦先生，此地就被称作焦塾。

① 《辞海》，上海辞书出版社 1979 年新版，第 1498 页。

据说有人不识塾字，误读为垫。又因为在焦店方言里，垫与店音同，因而一误再误，把焦垫写作焦店。那么焦店为什么现在又叫焦溪呢？因为长江的一条小支流舜水从它的东边流过，而舜水又有一条更小的支流龙溪河流经焦店成为街河。民国年间，焦店曾经两度遭受火灾，因而当地有“火烧排门——焦店”的歇后语。焦店，字面有“火烧焦商店”的意思，大家认为不吉利。所以此后当地人“以水克火，水火相济”，焦店就改名为焦溪。

焦店在新中国成立前是方圆百里的一个颇有名气的小镇。焦店的出名，是因为它是小猪的集散地。焦店是逢二、六为集（现在许多人误以为“节”，这也可以作为焦店方言还保留着北方话特点的又一个证明），就是说每十天里有两个集。在农业立国的旧中国，养猪是关系许多人家的大事，所以这焦店比一般十天里只有一个集的附近其他小镇，自然要热闹。小猪集市就在焦店奚家祠堂西边，大家管它叫西园。

和南方的许多小镇一样，焦溪有九座古石桥。诸如：青龙桥、宝蟾桥、猪行桥、小菜桥（通惠桥）、中市桥、文星桥、三元桥等等。因为龙溪河穿过焦溪，焦溪上塘的沿河人家（主要是商家）都有水阁。从水阁上扔下水桶，就能吊上水来。在水阁上，还可以直接从在河上捕鱼捉虾的小船上买鲜活的鱼虾。焦店的街道用麻石铺成。日久天长，街面都已经在原地裂成了许多块。两边的商家鳞次栉比。街道不宽，不仅鸡犬之声相闻，而且对门的邻居可以不费力地互相交谈。小孩子玩儿的时候，只要两三大步就可以跨过街道。每逢二上和六上（即阴历日期以二、六为尾数的日子），焦溪逢集。于是焦溪周围四乡八村的人都来赶集，焦溪的上午就人头攒动，非常热闹。到了中午，集市就渐渐散了。

离焦溪最近的城市是江阴，其次是常州。可能是因为江阴城比较小，过去又没有铁路，又不是同一个专区的，所以人们经常去的是沪宁线上的常州或戚墅堰。新中国成立前的公路交通不发达，但是焦溪的水路交通还是方便的。坐船到常州或戚墅堰，就可以搭乘沪宁（京沪铁路的南京到上海段的旧称）的火车了。新中国成立前人们进城一般是坐船，可以到常州和无锡。后来焦溪一度有小火轮代替人力班船。至于焦溪人平常出门，到近处的村镇，在新中国成立前公路交通不发达的时候，就只有靠两条腿了。还有一种落后的交通工具是手推的木制独轮车。新中国成立后自行车逐渐多了起来，但是因为道路狭窄，人们也很少用它。现在公路四通八达，汽车变成了人们出行的主要交通工具，从焦溪到常州或戚墅堰就很方便了。改革开放以后，焦店还建了许多新房，有了现代商业大街，小学和中学都盖了新楼房。龙溪河的那条通往高家塘的小支流也已经填没。原来和焦店有点距离的汪家村，现在和焦店连了起来。

三、焦溪的饮食与文化

焦溪附近的山和众多的河流，带来了两种副业：一是开山炸取建筑石材，一是在河沟里种蒲。石材，主要用来敲成石子铺在铁轨底下当路基。种的蒲干什么用呢？织蒲包。而且焦店因为水多，又多了许多捕鱼捉蟹的人。山坡上种的马尾松，成了当地居民的主要燃料来源之一。这些马尾松都长不大。因为当地人多，每年对树枝的需求量很大。以采樵为生或兼营采樵的农民们为了便于采樵和燃烧，只让它长到大约比人高一点，而且只让树枝长到手指那么粗，或者更细。马尾松因为含有松油，加上松毛易燃，烧起来火力特别旺。当地人爱烧的还有桑梗。因为当地种桑养蚕，缫丝织绸，所以也有不少桑树。

焦溪人主要吃大米。面食、杂粮之类，只是用来偶尔调剂口味的东西。死了的鱼虾蟹不吃，没有馅儿的馒头一般也很少吃。玉米只种黏玉米，小米只偶尔有人为喂鸟种一点（在我印象中，我们镇上没有人养鸟）。而当地人视吃普通玉米、小米为艰苦，所以基本不种，也很少看见。窝窝头，更是没有听说过。

焦店以前有一种芝麻酥糖，可以算是特产。焦店受人欢迎的小吃还有油炸臭豆腐、铜鼓饼、羊汤和腻头。有些江南特点的还有麻糕、韭菜饼和萝卜干。此外，有些江南特点的还有加蟹馒头和家制笋煮豆、虾干。萝卜干则确实是焦溪的佳品。各家大都自制，比现在的工厂生产的那种革新成各种怪味的、水叽叽的“常州特产”要好吃多了。

焦溪人热衷于欣赏戏剧表演。旧社会焦溪没有戏院的时候，焦溪是在小学后面的操场临时搭个戏台演戏，就是所谓的“草台戏”。抗战胜利后，焦溪有了一家只有长条白木（而且是边材）板凳的戏院。戏院在新街的北面，大约能容纳五六百人。这里经常从上海、无锡请来戏班子（现在叫剧团）演戏。镇上有大事，要开大会也在这里进行。解放初，奚家祠堂还是焦溪的书场。这里主要说的书，有比如各种公案、《济公传》、《火烧红莲寺》等等。偶尔也有时候唱评弹。

四、焦溪的奚家

焦店有徐家祠堂、承家祠堂、刘家祠堂等几个祠堂。因有不少奚姓人居住在焦溪，所以也有一个颇具规模的祠堂。

奚家在焦溪定居，最迟当不晚于元末明初，因为焦丙是元末明初人。这么说还有一点儿捕风捉影的根据：我家祖上出过一个武进士，据传说他是刘伯温的朋友，而刘伯温和朱元璋的关系又十分密切，那么他和焦先生也完全可能因为刘伯温和朱元璋的关系而有间接关系。但是现在可供查考的有关史料只有《明清进士题名碑录索引》。我爷爷曾经请教过史学家阎崇年先生。他说这书上题名的是文进士。武进士题名，不得而知。那《明清进士题名碑录索引》上面记载的奚姓进士一共十五名，其中只有一个江南阳湖人。阳湖是武进的曾用名。所以只有这个进士和焦店有关。他就是乾隆三十一年殿试三甲第十三名的奚寅①。

往昔的光荣易逝，据说到我爷爷的前几代的祖上，已经穷到吃不起早饭的地步。

直到我的曾曾祖父（太太公）那会儿才小小地发达了一下。我太太公年轻的时候闹“长毛”（太平天国起义），伤病的人多。他抓住机会不辞辛

①《常州日报·焦溪仿古》，1978年7月24日。

苦地在焦溪和申港两地卖药。他在焦溪和申港两地都开设了药铺，又在焦溪和申港两地都盖了住宅。焦溪的住宅是六间楼房，在进士厅的紧北边。后来这住宅曾经被《常州日报》误认为是进士厅遗址。

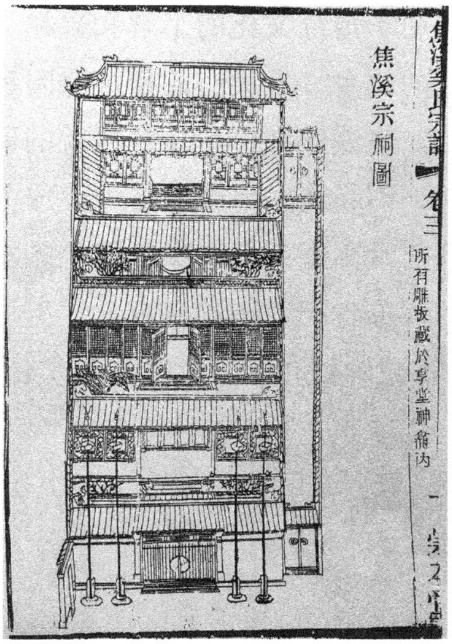

《焦溪宗祠图》

所以从进士奚寅，以及培养他的祖上，到我爷爷出生，我们奚家早已在焦溪生活繁衍将近三百年了。焦溪的奚家祠堂里边供奉着许多长生禄牌位，凡是奚姓男子都有一个。过去我们镇上的奚姓合家每年年底都要到奚家祠堂去“吃祠堂”（族长用祠堂的公款设宴让奚家的男女老少在春节前一起吃一顿年夜饭）。进士厅的前半部分在抗日战争时期被侵华日军的炮火烧毁，现存的后半部分住宅楼区也因年久失修而几近坍塌。

新中国成立后，小小的焦店因为在建设中没有注意发展它的独特之处，逐渐失去了魅力。许多人到外地求发展，有的甚至远渡重洋。现在我们相熟的族人已经没有一个留在焦溪镇。焦店，似乎逐渐被淡忘在了遥远的江南蜿蜒曲折的水路的尽头。

2018 年，焦溪古镇作为常州市第二处世界遗产申报项目，正式启动参与江南水乡古镇联合申遗，与此同时，古镇的保护与修缮工作也正式启动。2024 年 2 月，焦溪历史文化名镇保护利用项目成为常州唯一入选江苏“十四五”时期文化保护传承利用工程[①]的项目。

这次“寻根之旅”令我收获颇丰。我不仅了解了家乡的历史变迁和奚姓的来源，更加深了对中华传统文化的了解和兴趣。焦溪镇是我们奚氏后裔魂牵梦绕、悠悠神往的故乡，是我们的精神家园和思想寄托，更是我国传统文化的历史见证地。焦溪镇在保留传统风貌的同时，与时俱进，推陈出新，犹如老树发新芽，不断焕发出新的活力。这个好消息迅速在奚家亲友中传播开来。大家都非常高兴我们老家的风貌能够完好地保存下来。我的二爷爷，作为曾经的江苏省档案馆的研究员，更加激动。他亲自起草倡议书，希望焦溪镇政府古建维护时能够考虑重修进士厅。

（指导老师：杨洋）

① 《常州日报·A01 版》，2024 年 2 月 20 日。

江河织成的海洋

北京师范大学第二附属中学·黄一霏

江流不改是一种拼搏，潮起潮落是一种坚守。——题记

大年初一，外婆像往常一样为全家准备了丰盛的早饭。这样的早饭，她已为我们做了十五年。

外婆是宁波人，宁波人大年初一早上一定要吃汤圆，寓意新年“团团圆圆”。糯米与黑芝麻的香气飘散开来，蒸腾出一家人对新年的期待。温暖的香气中，外婆缓缓讲起家族往事。不同于印象中江南人的“吴侬软语”，宁波人讲话是“石骨铁硬”，平平仄仄，铿锵顿挫，如同宁波人的风骨，蕴含着宁波人走南闯北的壮志豪情及其背后的拼搏与坚韧。

一、月光光，照东江，君子走马过莲塘

柏府清荫，柳桥流水，护村河的环绕下，东江水在一旁缓缓流过。

咸平四年（1001）某一天，明州（今浙江省宁波市）知府姑苏长洲（今江苏省苏州市）人陈矜焦急地在府衙内踱步。是岁，明州溪流枯竭，咸潮上溯，百姓苦不堪言。陈矜安抚百姓，带领众人修建石碶，灾情才略见缓解。可是，宵衣旰食的他已经疲惫不堪。不久之后，陈矜因积劳成疾而离世，谥号庄靖。元丰七年（1084）被追赠太傅（一说为太尉，考虑陈矜曾在东宫工作，笔者认为太傅更为合理）。

陈矜次子陈轩为父守墓，选居于名为“陈蕲村”的小村落，此处位于茅山之阳一条小河边。陈家第三代子孙陈谧喜爱藏书，在当地父老的帮助

下开始兴办华亭县县学，“至令刘鹏始克就绪”。[①] 小小的村落，在孝心中发轫，在儒风中蓬勃，凝铸了走马塘的前身。陈氏后人为纪念先祖陈丰，在奉化江旁修建了庆丰桥，故村子有了“庆丰里”的别称。宋代，这里成为两浙兵马钤辖张仁皓的骑从往来之地，故村子又有了“走马塘”的名称。茅山阳的那条小河，也被命名为走马塘河。后来，宋徽宗敕赐走马塘为忠孝里。南宋宁宗年间，陈氏后人陈埙曾居于走马塘河畔，在此遍植修竹。古人以竹为君子，故走马塘河有了君子河的美名。

陈家子孙便在这走马塘河畔的小村落中繁衍生息，耕读传家。“欲高门第须为善，最好家声是读书。门第清高书香不断，家庭和乐喜气长凝。”在走马塘村，这首歌谣人人能诵。陈氏尤为重视教育，历代子孙无不兴建学堂，千余年间，村里共出了 76 名进士。[②]“一门四尚书，父子两侍郎，祖孙三学士”，对于走马塘人而言，这不仅是为了考取功名光宗耀祖，更是为了有机会用心血浇灌一方水土，用才能与脊梁支撑万里江河。正如走马塘陈氏的族花荷花，陈氏子弟出淤泥而不染，一身正气，两袖清风。在走马塘的荷香氤氲下，古时有四世祖陈禾在童贯、黄经臣等奸臣专横下“不惜碎首以报君恩”的舍身为国[③]；而后是归国博士陈露芗放弃日本优渥生活，扎根祖国江山，修筑广西大铁桥、浙江海宁海塘、奉化方桥医院等宏伟建筑的一心为民以及他所坚守的“一不做官，二不发财”的清廉奉公。

陈氏子弟如荷花，不仅能于庙堂之高亭亭净植，亦能在江湖之远香远益清。第三十一世后人陈松涛从小钻研医术，不仅医术高明，还免费为贫者治病，于走马塘周围的鄞、奉两地名声显赫。陈松涛声名远扬后，家财被土匪觊觎。他为避祸迁居上海，继续行医治病，医术在上海滩轰动一时，欧洲侨民亦纷纷上门问诊，他被誉为“陈半仙”。抗战爆发后，他担心乡亲们的安危，毅然放弃在上海优渥的生活，回到走马塘，继续在乡间治病救

---

① 杨潜.《云间志》卷上《学校》，清抄本，第 15 页。

② 梁昕浩.《宁波传统村落田野调查·走马塘村》，宁波：宁波出版社，2020 年，第 39 页。

③ 马泽.《延佑四明志》卷四《人物考上》，清抄本，第 32 页。

人。有人曾赠送陈松涛“学胜神农”匾额，他看了，心里觉得不安，于是自拟“声闻太过情矣，春秋其罪我乎”一联，悬挂在厅堂以自勉。①他利用历年行医积蓄，兴建贻谷堂，又令辟杂地，植花为圃，挖土为池，在池上遍植荷花。②荷花鉴水，香随清波，河清效君子，荷香颂德风。在走马塘河中荡漾的，不仅有故事的余温，更有赓续千年的君子德风。江水向着大海流了千年，故事伴着海风讲了千年，君子海纳百川的高尚家风，亦传了千年。

走马塘陈氏宗祠

走马塘村志

太婆的父亲陈信法便出生在这个历史悠久的小村庄。他在这里做木工，生活很艰辛，婚后又背了不少债。1920 年，一场突如其来的大水冲毁了村落，太婆的父亲彻底失去了安身之所。生死攸关之际，他想起从早先来走马塘做生意的福建小贩处听闻的消息——赌命去东南方的小岛上，没准可以挣些钱维持生计。二战之前，还没有“东南亚”这个概念，西方殖民者称这些小岛为“季风吹拂的土地”，中国人则称呼这里为“南洋”。于是，太婆的父亲从小小的走马塘河出发，随着江流奔向了未知的大海。

走，下南洋。

① 陈万丰.《走马塘“三陈”》,《鄞县晚报》2023 年 11 月 17 日总第 9394 期。

② 陈万丰.《走马塘县志》，宁波：走马塘村志编委会，2014 年，第 44 页。

二、月光光，照南洋，船上装满明月光

“三月半水是洋生，船儿整整下南洋。船出宁波港，路过虎蹲七里亮……”地处东海之滨，甬江、姚江、奉化江汇流处的宁波，先天便具有参与海上贸易的优势。据记载，从宁波出发的大规模航海最早起源于西汉，宁波亦为我国海军史上最早军港之一[①]。随着经济重心的逐年南移，唐代宁波的海外贸易已经相当发达。宋元两代更是兴旺非常，同泉州、广州一样享誉中外。自明代起则因倭患和海禁愈发艰难。康熙二十四年（1685），宁波正式设立浙海关，对外仅与以日本为首的东亚国家进行贸易。此外，宁波在与西方通商中起到了至关重要的作用。以英国为例，英国首次于1683年派商船来往于浙江舟山、宁波。康熙四十九年（1710），一年之内到宁波舟山的英国商船达10艘[②]，但此时的中英没有建立邦交，所以并不称其为开埠。第一次鸦片战争结束后，清政府和英国签署丧权辱国的《五口通商章程》，宁波自此开埠。由此可见，宁波开埠是中国海上贸易的重要节点，三江汇流于宁波，载着商船一同织入茫茫大海。

居住在三江入海口的宁波人，自然见惯了江与海的搏击，也不得不向江与海讨生活。人们效仿江水东流的拼搏力量，驾驶着一艘艘渔船与商船，奋力搏击着大海。在与大海的战斗中，宁波人铸就了拼搏与坚韧的底色，使他们不惧怕大海的挑战。唐宋以后，经济重心逐步南移，南方工商业蓬勃发展，这使得宁波人不仅汲汲于耕农，而且同样注重商业。故而宁波人往往不甘于安家守业，而是扬起风帆，闯荡海内外。宁波有句谚语“要窜头，海三湾”，意思是如若想出人头地，就要出海做生意。宁波人不只把生命交给了大海，更是用江流不改的拼搏精神在大海中缝纫着自己的经纬。

太婆的父亲之所以下南洋，不仅因宁波的地理位置与宁波人的性格使

---

① 袁元龙、洪可尧.《宁波港考略》,《海交史研究》1981 年 00 期。

② 吴杰.《中国近代国民经济史》，北京：人民出版社，1958 年。

然，亦因近代东南亚自身与同时代中国的密切关系。一方面，由于地缘关系，东南亚天然地在历史上起到了人口调蓄作用。二十世纪强烈的民族危机与半殖民地半封建社会的残酷现实下，被逼到绝境的劳苦大众不得不选择背井离乡，乞求活路。另一方面，当时的新加坡被英国殖民统治，殖民者迫切希望引入廉价的劳动力来建设这个新的自由港。而来源于羸弱国家、只为谋求生计、习惯于竭力避免冲突的华人，则成为绝佳的廉价劳动力。

然而，和千千万万下南洋的人一样，太婆的父亲并不了解，也不愿意了解这些风云变幻。他知道前去南洋是受苦受累，是九死一生，但是运气足够好的话能活命，他只想活下去。此刻，再也没有儿时乡学里摇头念诵的“乘桴浮于海”的高高挂起。覆巢之下，岂有完卵？家国与人生都已经失了传统荫庇下的经纬，只能懵懂地被蒸汽裹挟着冲向未知的大洋。

悬窗紧闭，浊气盘桓于逼仄角落；秽物横陈，酸腐气令人窒息；无从回避。每餐唯粗粝糙米，难以下咽……这就是海上旅况。他走上了千百年前祖先织成的那条海上丝路，可沉寂百年的涛声再也织不出明月，唯余一坑烂布臭网。船底大舱拥挤的腐臭吞噬了月光，他只能点燃梦中远古的月亮。那是对生的渴望，不过不是为了奔向长生，只是为了觅活路，也没有什么仙丹灵药，他只有默默吞下血泪。

不知过了多久，港口的月光才再次照在他头上。他甚至没时间祭奠因病葬身海底的同胞，因为他将要面对的是瘴气毒虫，还有比环境恶毒百倍的殖民者。幸好，当地的华侨们经常接济他们这些初来乍到者。太婆的父亲想问清华侨们的祖籍，他们往往只是摆摆手：“都是中华儿女，都是一家人。”的确，他们都是这个热带小港的异乡人，没有当地人对故土的熟悉，也没有殖民者的专横，他们被夹在了炮口与矛尖的中央，在充满殖民者与被殖民者、民族与民族间“普遍怀疑”的殖民地上小心地漂泊着。纵是富甲一方的侨商，往往也无法卸去对故土的眷恋。与其他“普遍怀疑”的环境一样，华人社群总结了新的认同，将广泛的历史、政治和民俗认识压缩成对可能的善意或威胁的迅速回应。在与他们文化差异更大的当地人或是殖民者看来，华人们是同一群“异乡人”，是同一群“异文化者”。下南洋的人们便在强势的“他者”文化中，逐渐构建起更广泛的“我者”认同，因而故乡省市的界限也慢慢模糊，变成了海对岸七大江河缓缓流经的大陆，变成了“中华”二字。浙人、闽人、粤人与其他省份下南洋的人们一同说着“中华”的语言，吃着“中华”的食物，一同称自己为——华侨。

太婆的父亲亦被这种家国情怀所感染。有一次在华人办的工厂帮工时，工厂失火，别人都不敢冲进火海，唯有他孤身一人，奋不顾身地冲了进去，挽回了许多损失。外婆说，她的母亲曾经问及父亲此事，太婆的父亲只是风轻云淡地说：“阿拉（我们）侨民皆系一家人。”由于太婆父亲的英勇，厂主正式雇用了他，将他的日薪涨至两块大洋。那时候的宁波，帮别人打长工一年才仅有六十大洋。太婆的父亲在南洋的生活蒸蒸日上，很快还清了外债，也能够常常资助其他华侨了。但他始终最为惦念的，还是远在家乡的妻子。

由于沿途的凶险，下南洋的多是只身一人的青壮年男性。唯有在闯出一番事业后，一些华侨才会选择将家人接过来。在南洋闯荡的日子里，对故乡的万千思念只能凝成一封封家书与几两碎银。在那个海内外金融与邮政都极不发达的情况下，“银、信合一”的侨批便应运而生，织连起了茫茫大洋与故乡江河。在那个民族危亡的年代，国家外汇不足，侨汇实际金额与当地货币的市值相对恒定，且不需要货物作为相应交换，1902—1913年中国侨汇占贸易逆差的79.79%，1914—1930年占73.53%，而1931—1936年也占到了48.97%。[①] 侨汇不仅缝补着故乡的磨损，更帖泰着祖国的墨线。

太婆父亲的侨批与侨民们的侨批一道，纷纷飘向故土，在无数封挂念与祝愿后，一张二等舱的船票终于出现在信封中。太婆父亲的无数艰辛日夜，终于换来家人的衣食无忧，能让家人在海波之上，欢欣地望向他不曾看到的大洋托举出的皎洁月光。

---

① 中国银行行史编辑委员会编著，《中国银行行史（1912—1949年）》，北京：中国金融出版社，1995年，第215页。

陈信法（太婆父亲）　竺小何（太婆母亲）

陈领娣（太婆）　邬永康（太公）

邬美君（外婆）

王璇（母亲）

我

家族关系图谱

1930 年太婆陈领娣（左二）与其母竺小何以及大弟、二弟、小妹摄于南洋

团聚后，夫妻二人在南洋经营起一家小小的裁缝铺。太婆的母亲勤劳能干，缝纫机从早到晚吱吱呀呀地响个不停，缝就一件件温暖的衣裳，也一针一线地缝实着从东江水畔漂海而来的美好愿景。1923 年，太婆陈领娣出生了，几年之后，一家人领到南洋符照，这意味着他们可以永远定居南洋。但是太婆的父母始终惦念着故土，辛苦攒下不少积蓄后，他们终于在 1931 年告别南洋，回到了阔别已久的走马塘河畔。

三、月光光，照中堂，红旗飘飘谱华章

回到家乡后，一家人买下了几亩地，过着自给自足的生活。太婆也在家乡嫁给了一位红帮裁缝店的裁缝，这便是我的太公邬永康。宁波红帮裁缝亦源自海上。宁波作为近代最早的商港之一，集聚了大量的外国人。当地的裁缝经常为被国人称为“红毛”的外国人制作服装，再加上“红”在沪语中与奉化之“奉”同音，这便是宁波红帮裁缝的由来。红帮裁缝的标准极为严苛。太公十二岁便拜师学艺，练习了整四年热水捞针、牛皮拔针等基本功，才开始学习量、算、裁、缝等技艺。红帮裁缝出师后，只有经

1960 年外婆邬美君（右二）与姐妹们摄于北京

1985 年全家福。（摄于北京，第一排右一为母亲，第二排为太婆、太公，第三排左三为外婆）

由本号引荐，他号方能录用，太公则因能力出众，被本号师父留在了身边。后来，太公随着师父去了上海。在当时，宁波的红帮裁缝因精湛的西服裁剪技艺而名满上海滩。一批批红帮裁缝在如太公经历的那般严苛训练下，锻造出了精湛技术。伴随着近代城市与工商业的发展，再加上宁波人拼搏的热情与重商的传统，一批批的红帮裁缝走出宁波，来到上海滩，引领着上海的时尚风向。中国服装史也由此翻开了崭新的一页。红帮裁缝自宁波的江河畔来，在上海织出了一股绮丽的时尚潮流。

上海喜迎解放后，1953 年，太公积极响应国家号召支援北京建设，到北京呢绒服装厂工作。1957 年，太婆也携全家老小迁来北京，与太公团聚。太公技艺高超，一到北京就被定为厂里的八级工，是工人里的最高技术等级。但他并没有自骄自满，而是几十年如一日地勤恳工作。太公常常对外婆讲："原来咱受上海滩的主顾们雇佣，只是为了赚钱谋生。现在解放了，自己做了主人，则是为人民尽责，为社会主义奋斗，要缝出更多人民满意的服装、国家需要的服装、展现新时代风貌的服装。"他还常常告诉外婆："无论能力、职位大小如何，都要做对人民有用的人。"宁波人的拼搏精神是像太婆的父亲一样为家人、同胞而拼搏，是像千百代走马塘人一样为祖国而拼搏。刚硬的宁波语调里，饱含着对家乡、对祖国与人民的无限温情，就像江流东去的坚韧路途上无数的芳甸婉转。太婆也传承着走马塘人对教育的一贯重视。刚到北京时，外婆的姐姐由于口音重没办法在北京上学，太婆便请私塾，坚持让她读书。太婆为此经营起一家小小的裁缝铺，日日夜夜地辛劳，省吃俭用，为外婆的姐姐支付上私塾的学费。几十年前，在大洋的彼岸，小小的缝纫机曾织起一家人生活的曙光，而如今，则织起了家里孩子们望向世界的云梯。在太婆的谆谆教诲下，外婆也从未放弃学习。20 世纪 80 年代初，外婆一边工作，一边照料刚刚出生三个月的母亲，一边在夜大学习，取得了大专文凭，考取了统计师的资格证，在统计岗位上兢兢业业工作 29 年，直到退休。虽然长辈们已经离开了故土，但他们把来自江海的不懈拼搏精神与对祖国的坚守始终携带在身上、铭刻在心中。

小小的江流从走马塘畔发轫，东流入海是叱咤沧浪的拼搏。当不再有

今天的走马塘

了河道的庇佑，轻柔的海风是对故土的守望。溯海北上，是对祖国万里海波平的期盼。时至今日，走马河畔的江水仍汩汩地流着，而江畔的人，早已不将护村河作为村落的防线，不将大海作为世界的尽头。村落之外也有同胞，大海彼岸亦有家人。我们曾共饮江水，共望大海，所以我们被江海塑造着共同的特点、共同的文化，我们的心永系家乡，我们的心永系祖国。捧读家谱，穿越时空的阻隔，我与祖先沐浴着同样的江风，望向同一轮海上明月。祖先不是一个个冰冷的名字，而是一条条沸腾的血脉，一段段温暖的教诲。我将把这源自江畔的拼搏负在肩上，在新时代的浪潮中砥砺前行；我要把来自海岸的坚守铭记在心，无论何时何地，永远心系祖国。

故事写到这里，外婆又在招呼我吃饭，这次亦是百吃不腻的黑芝麻猪油汤圆。热气腾腾的汤圆沉浮在锅里，像是小船在海波中摇荡，浮沫连成一条条银缕，将汤圆编织在一起，就像是一家人，就像是同乡人，就像是华夏儿女，无论驶向何方，都紧紧地联系在一起，都是团团圆圆。

（指导老师：周啸然）

土地与传统相随：家族的发展

北京师范大学第二附属中学・高海洋

家，是我们人生的港湾，是我们情感的归宿。在这里，我们承载着家族的期望与传承，书写着属于我们的故事。家，是岁月长河中的一叶扁舟，承载着无尽的回忆与情感。在这片浩瀚的家史海洋中，每一滴水珠都闪耀着先辈的智慧与勇气，每一缕清风都吹拂着家族的温暖与希望。家族的每一代人都在用自己的方式，为家族的繁荣和发展贡献着力量。今天，我将带领大家穿越时光的隧道，回到那些曾经的日子。

一、高氏家族——鹞子峪内的百年传承

（一）山脚下的古堡——几代人的居所

我的爷爷奶奶居住在北京市怀柔区九渡河镇二道关村鹞子峪。这是一个小山村，最有特色的就是蜿蜒盘旋在山上的长城与山下的鹞子峪城堡，我的家就在这座城堡内。

鹞子峪城堡具有六百多年历史，它见证了历史的沧桑巨变。鹞子峪古堡于明朝建成，初归灰岭口（堡级军事单位，营级）把总管辖，后归黄花路管辖。古堡规模虽然不大，但位置极其重要，是战略要塞，在明代军事历史上属隘口级。目前鹞子峪古堡是北京长城脚下唯一一个保存完整的古堡，具有独特的历史价值和内涵。

鹞子峪城堡

（二）家族的起源——长途的迁徙

据家中长辈说，高氏家族的根脉并非始于鹞子峪。我祖父的曾祖父所生活的那个时代，自然环境遭受了严重破坏，粮食短缺与饥荒接踵而至。为了谋求一线生机，先祖不得不在清代中后期离开昌平老家，踏上了迁徙之路。最终，他们来到了鹞子峪，在这片土地上辛勤开垦，安家落户。经过几代人的不懈努力，高氏家族逐渐壮大，并形成了以高姓为主体的聚落。这个家族的历史，从他们落户鹞子峪算起，已经有两百年左右的历史了。

（三）家族的传承——宗族的排列

在高氏家族中，同辈成员间存在一个显著的传统——他们名字中的第二个字相同，这种命名方式被称为“字辈”。这一传统不仅是一种独特的取名方式，更是一种深深根植于家族文化中的礼制。在家谱中，这些字辈的排列与规定都清晰明确，然而，由于时间的流逝，查阅整个家谱成为一项具有挑战性的任务。据我们了解，近几代的高氏家族成员的字辈排列如下：我的父辈以“俊”字为辈，我的祖父辈以“守”字为辈，我的曾祖辈则以

“仕”字为辈。

这种有序的排列方式已经延续了许多年，体现了家族对传统的尊重和维护。然而，随着现代化进程的推进，家族观念在一定程度上被淡化，这使得字辈谱在我们这一代人中间已经不再使用。尽管如此，我们仍应珍视并传承这一家族文化的重要组成部分，让后人能够了解并尊重我们的家族传统。

（四）家族的发展——土地的变迁

对于高氏家族而言，我们的家族史亦是一部波澜壮阔的土地改革史。回溯至清朝时期，高家初露锋芒，那时的社会依旧笼罩在封建土地所有制的阴影下，地主的统治盛行一时。然而，随着新中国的成立，一场土地改革席卷而来，政府将土地分给了广大无地的农民，使他们得以自主耕作，自给自足。经过三大改造，土地逐渐收归集体，生产关系发生了深刻的变革，这极大地激发了农民的积极性。然而，在这个过程中遭遇了诸多挫折与困难，1958 年，中共中央提出“鼓足干劲、力争上游、多快好省地建设社会主义”的总路线，在全国掀起了“大跃进”和人民公社化运动。总路线反映了广大人民迫切要求改变我国经济文化落后的现状，但由于片面追求经济建设的高速度，忽视了客观的经济规律。加上对社会主义建设经验不足，以及当时的自然灾害等因素，1959 至 1961 年，我国经济发生了严重困难。据爷爷回忆，20 世纪 50 年代末，村里实行“大锅饭”，导致粮食供应紧张，许多村民常常忍饥挨饿。后来，生产队制度应运而生，村民们开始了集体生产、集体分配的生活。生产队自负盈亏，虽然在一定程度上改善了人民的生活状况，但总体上仍不乐观。直至 1978 年，改革首先在农村取得突破，家庭联产承包责任制在全国推广开来，农业总产值和农民收入明显增加。农村土地包干到户，农民终于能够自主经营、自负盈亏，实现了真正的自给自足，从而解决了温饱问题。

对于高氏家族的这几代人来说，大部分人都将一生献给了农耕。我的爷爷便是其中一员，他年轻时曾有机会到县里的红螺寺中学接受教育，但由于受传统观念的影响和家庭经济条件的制约，他未能继续深造。他的生活重心始终围绕着村里的土地和作物，如玉米、白菜、板栗、核桃等。土地，对于他们那一代人而言，早已成为生命中不可或缺的一部分。

而对于我的父亲这一代高氏族人，他们开始受到改革思潮的影响，逐渐打破了传统的束缚。他们不再局限于单纯的农耕生活，而是勇敢地走出农村，进城打工谋生。许多人因此离开了故土，农村的人口逐渐减少。然而，即便如此，他们仍与土地保持着深厚的情感纽带。每逢农耕、丰收时节或逢年过节，他们都会回到乡村探望或参与生产活动。

二、李氏家族——从大片到东宫的演变

（一）扎根壮大

我的姥爷姓李，他所在的李氏家族，一直都是以农耕为主。这个家族的发展历程与高氏家族颇为相似，都承载着对土地深深的热爱与执着。追溯姥爷的家族历史，据他回忆，他的曾祖父是在清朝中后期，从昌平迁移到怀柔九渡河镇的大片地区。当时的大片，还是一片荒凉的山坡地，但李家的先辈们凭借着坚韧不拔的精神，开垦田地，逐渐定居下来，为家族的发展奠定了坚实的基础。

如今，这片土地见证了李家一百多年的繁衍生息。在那个年代，人们普遍子女众多，有七八个孩子也并不稀奇。因此，随着时间的推移，大片村的人口逐渐增多，形成了一个繁荣的社区。我的姥爷，便是外曾祖父众多孩子中的一个。他承载着家族的期望，继承着先辈们的勤劳与智慧，成为这个家族的重要一员，李氏家族在不断发展。

在这样的大家族中，字辈的排列是一大传统。我的母亲是“连”字辈，姥爷是“凤”字辈，外曾祖父是“洪”字辈。字辈序列，承袭久矣，尽显家族传承。然而，随着现代化浪潮兴起，家族观念渐显淡泊，字辈谱于今已鲜有沿用。尽管如此，我们仍应珍视并承袭家族文化之精髓。

（二）天翻地覆

在姥爷所生活的年代，他与爷爷一样，历经了“大锅饭”、生产队、家庭联产承包等重大社会变革。尽管姥爷身为一个农民，但他也曾勇敢地踏入城市，在北京城区担任烧锅炉的工作，通过辛勤劳动赚取生活所需。然而，城市生活的挑战使他意识到，自己无法完全摆脱农业生产的束缚，进城意味着无法及时照顾家人孩子，同时也限制了他在农业生产中的劳动。因此，姥爷决定回到村里，重新开始他的农耕生活。在农村经历了一系列变革后，农业生产与农民的生活水平发生了天翻地覆的变化。姥爷的一生几乎都与土地紧密相连，他对土地怀有深厚的感情，视其为生命中不可或缺的一部分。

（三）下山定居

群山环抱的生活并非总是风平浪静的。随着 21 世纪的到来，短短几年间，自然环境的变化给这片土地带来了前所未有的挑战。由于地势高峻，大片村的水资源逐渐变得稀缺，生活取水变得异常困难。面对这一严峻的现实，当时的怀柔县（今怀柔区）政府做出了明智决策，决定将大片村的全体居民搬迁至地势平坦的东宫村，实现两村的合并。

这一举措不仅解决了水资源短缺的问题，还促进了社区的整合与发展。随着时间的推移，新的东宫村逐渐形成了现今的布局，李氏家族也在这片土地上继续繁衍生息。他们用自己的勤劳和智慧，书写着家族的辉煌历史。

尽管如今的大片已经人去地空，但姥爷对那片土地的怀念之情依然如初。每当闲暇之余，他总会踏上山路，回到那片曾经耕耘的农田，感受大自然的恩泽和岁月的痕迹。这片土地见证了他的成长与奋斗，也承载了他对家族和家乡的深厚情感。

三、总结——历史长河中的延续

高氏与李氏，两大农民家族，以耕种为业，都深植于大地的血脉之中，与土地结下不解之缘。高氏家族视土地为命脉，坚守耕作信仰；李氏家族亦将土地视为生命的源泉，依赖耕种支撑生活。历经数代的传承，家族成员们在田间默默奉献，辛勤劳作，用汗水浇灌希望的种子，以坚韧不拔的精神抵御自然的考验。正是这份努力和坚持，使得家族土地繁荣昌盛，农耕文化得以薪火相传。

如今，随着时代的变迁和农业技术的不断进步，高氏与李氏家族在继续书写与土地深厚情感的同时，也紧跟现代化步伐，顺应历史潮流，生活状况不断改善。作为后人的我们，既要坚守着对土地的热爱和敬畏，更要以智慧和勇气探索新的农业发展道路，为家族的繁荣和文化的传承贡献新的力量。

（指导老师：贾亚萌）

故乡的河

北京师范大学第二附属中学·张颖雯

父亲曾经形容草原的清香
让他在天涯海角也从不能相忘
母亲总爱描摹那大河浩荡
奔流在蒙古高原我遥远的家乡
…………

——席慕蓉《父亲的草原母亲的河》

每当听布仁巴雅尔吟唱这首《父亲的草原母亲的河》，父亲总是微微眯着双眼，仿佛在回味着家乡的风光。对于深居内陆、少有降水的内蒙古来说，是纵横的河流浇灌牧草与田野，养育了无数以放牧或耕种为生的草原人民。

我的家乡在内蒙古自治区赤峰市敖汉旗，是红山文化的发源地，距“中华第一村”兴隆洼仅有一小时车程。勤奋、朴实、诚信、坚韧的先民品质，代代传承，至今仍是人们恪守的行为准则，这正如爷爷强调无数次的家训“仁、义、礼、智、信”。而我从家谱上看到，父亲的太爷爷那一辈兄弟五人就是用这五个字起的名字。我也在长辈的口中逐步触碰那个模糊的年代，尽管物质不一定丰富，精神世界却非常充实。

我的家族，就是在这个历史底蕴深厚的地方，走过一代又一代。平凡之中偶有色彩，波澜之下又很平静。随着年龄的增长，我对家族的历史也逐渐生出好奇——那些与我血脉相连的人是如何走过一个个风雨飘摇的年代的？近百年间历史的跌宕起伏又在家族中留下了怎样的痕迹？我想，从太爷爷、爷爷、大爷这三代人如山一样的肩膀上，可以窥见家族历史的一角——纵然坎坷相伴，但无法磨灭的是不屈不挠、永不服输的精神。

张氏家谱

一、烽烟家族，血性与爱国

往事要从 1933 年说起。抗日战争的烽火从东北三省蔓延到了相邻的内蒙古东部，那时候太爷爷那一辈的热血青年与日军周旋。太爷爷是当地的主要参与者，他一面组织游击队开展敌后抗战活动，一面游说不同山头的各路人马，将他们组织起来抗日救亡。当时的村落炮楼林立，方圆几十里都布满了明哨暗岗。在那硝烟弥漫的年代，男人们冲在火线，女人们担起大后方生产。艰苦岁月中，他们有的年纪轻轻就牺牲在冲锋的路上，有的因各种原因过早去世，但他们的精神一直留存在一代代张姓人中间，薪火相传。

有一次，日伪军一支小部队钻进了我们老家牛古吐的老街坊里。当时主力部队正出任务，根据地武装空虚，太爷爷一看形势不好，只能智取，不能强夺，便主动出面和日伪军搭话。他先稳住他们，用高度酒招待他们住下；另一方面紧急让通信兵集结周围的部队，待深夜，把迷迷糊糊的日伪军小队“包了饺子”。这些现在看来特别像电影的场面，听长辈们讲来令人不禁紧张得后背出汗，感叹真是千钧一发，生死悬于一线。

这样的事情很多，当父亲和我讲起时，虽已是遥远的旧事，但往往能引起我心中更深一层的悸动。那澎湃的热血，仍在我们每代人的血管中跃动……

太爷爷很幸运，经过无数次战斗的洗礼后，尽管他负了一些伤，但幸存了下来。最终，他解甲归田，回到了那个让他魂牵梦绕的小山村。作为一位德高望重的老人，他用那双饱经岁月洗礼的智者之眼，看春夏秋冬、看孩童嬉闹、看世事变迁、看生老病死。

二、阳光之下，马背之上

老一辈人用他们的勇敢和鲜血造出了一个新中国，小山村重归宁静，每晚炊烟又能伴着晚霞升起。

爷爷出生在1936年，赶上了战火纷飞的年代。他没有机会读书，更没有安稳的日子过，只能给地主家当长工，放羊放马。但爷爷干一行爱一行，干什么都是众人中干得最好的。他还生性耿直，爱打抱不平，时间长了，人缘也挺好。爷爷年轻时做长工，晚上住在小黑屋里的黑暗与孤独，在他的心里埋下了不屈的种子。他一有机会就和周围的人学做生意，慢慢摸出了门道。

后来，爷爷成家，有了五个儿女。那时爷爷就能很自如地做一些小生意，补贴家用了。方圆百里，大家都知道有一个能人，虽然不识字，但账算得很清楚，为人又义薄云天。爷爷就在这样忙碌的日子里顾念着这一大家子人，农时忙、牧时忙，抽空还要做点生意。作为一大家子的家长，他几乎从未停歇过——这就是父亲对爷爷的印象。听到这里，我不禁会心一笑，因为这也是我从小对总在公司加班的父亲的印象。

爷爷做的生意就是赶着马群，以家为起点，在方圆两百公里内售卖马匹。那时没有运输车辆，都是爷爷一个人骑在马背上，赶着几十匹马走在崇山峻岭间。他包里装着干粮，马背上驮着水，经常是用凉水就着干粮填饱肚子。他有时一走就是十天半月，累了就躺在大树下眯一会儿，缓一缓接着赶路，这中间还时不时要与野兽斗争。马背上承载着一家老小的生计和希望。爷爷为此走南闯北，尽力担起自己的一份责任。对于草原民族而言，没有吃不了的苦，没有克服不了的困难，只要有一线机会，他们都会去努力抓住，让一丝光亮扩大为一片阳光。

推翻了帝国主义、封建主义、官僚资本主义三座大山，太爷爷一辈人的努力让后代生活在新中国的阳光下。而爷爷在马背上的奔波，就是社会主义革命与建设时期人民生活的写照。在无数人的辛劳与奋斗中，国家取得了一个又一个成就，而这些成就中，也有爷爷他们的一份贡献。想到这里，一切辛苦就都有了归宿。

三、知识改变家族命运

到了1980年左右，国家进入了改革开放与社会主义建设新时期，高考也恢复了。大爷作为全乡第一个考上大学的大学生，好消息轰动了十里八乡。但问题马上出现了：当时的内蒙古，经济落后，老百姓生活很艰难，学费哪里来？据父亲讲，当时是全村子的人借了一个遍，也未能凑够学费。还是奶奶当机立断，到镇里卖掉了陪嫁的几件首饰才凑够了大爷的学费。当时甚至有乡亲们劝爷爷奶奶，不要让大爷上大学，孩子一个人在外面难免有危险。奶奶却毅然决然地说，穷也要穷死，总要闯一条路出来。就这样，不识多少字的爷爷奶奶供出了一个大学生，爷爷为筹集大爷的学费偷偷做生意还被传讯过，差一点儿就被安上了“投机倒把”的罪名。最后还是下来实地考察的干部觉得这个家庭很不容易，拍着大爷的肩膀说：“小伙子，好好读书，不要辜负了你父亲的辛苦。”爷爷也在此过程中落下了一身的病，在66岁那年就去世了。

爷爷那一代人经历了太多不确定的事件，但他们统一的画像就是坚韧。对子女可能是非常严苛的，但严苛之中更多的是寄予希望，不想让儿女走自己的老路；他们可能是不善言辞的，但少言寡语背后更多的是默默守护，努力做好顶梁柱。一个家族的历史从不是回忆的，而是诸多鲜活的事例通过言传身教塑造了一代代人，进而形成一个家庭潜移默化的文化。虽然我没有见过爷爷，但从父辈的故事中仍能感受到为了家庭、孩子，他没有一步退缩的责任感。正是这种坚韧和坚持在家族血脉中代代相传，让父亲他们这一代人在困境中坚持突破自我，让人生活得精彩。

张家旧宅

大爷从内蒙古到遥远的山西上学，当时交通不便利，要辗转换乘五次车。大爷作为一个连火车都从未见过的人，真是历经了重重困难。家里困难，上学都吃不饱，大爷就将细粮票和同学们换成粗粮票，这样方能勉强果腹。父亲比大爷小 15 岁，等到父亲上大学的时候，家里条件就好多了。大爷和姑姑们也分别工作，在改革的春风下，日子一天天好起来。

知识在无声中改变着这个家族的命运。大爷学成后，从技术员干到工程师、总工再做到矿长。大爷在家风的影响下有着很强的责任感，天天泡在矿井下，抓安全、抓产量、抓管理。他不仅创造了很多记录，还获得国务院的特殊津贴，成为矿业领域受人尊重的专家。大爷工作上很拼命，供着弟弟妹妹们上学读书、成家立业，也成为弟弟妹妹的榜样和家里的顶梁柱。

时间过得很快，一转眼，大爷也在 2022 年退休了。

说太爷爷那一辈人，用“仁、义、礼、智、信”作为家训，为国家与人民抛头颅洒热血，成为家族立德的基本出发点；爷爷那一辈人在夹缝中求生存，坚持、坚韧，不懈追求，不断打破自我边界，并成功为家族培养优秀的下一代人，做得更多的是传承与突破；而大爷、父亲这辈人则是在改革开放的浪潮中，紧紧抓住机会，开拓创新，走出了小山村，和国家一同走向更大的世界。

四、河水传唱着祖先的祝福

《父亲的草原母亲的河》这首歌中所传唱的西拉木伦河，就是父亲老家内蒙古赤峰最为著名的一条河。其实父亲老屋的旁边还有一条充满神话色彩、令乡亲们津津乐道的河——叫来河。

传说康熙亲征噶尔丹，经奈曼时感到饥渴，令人四处找水，三日后，群臣禀报说从西南处叫来一条河，康熙出见时，果然有一河滚滚而来，故称叫来河。

叫来河上游，有一座山湾子水库。每每回家过年，和哥哥姐姐们去水库上溜冰是我最快乐的时候。长大后，我才明白了水库前的碑文和水库上“人定胜天”四个大字的意义——这座兴建于二十世纪七十年代的水库，让人们的命运不再被大自然任意摆布。从此，灌溉所用的水源不再是君主的恩典，也不再靠老天爷的施舍，而是劳动人民自力更生的成果。

水库让家乡实现了旱涝保收，脱贫攻坚战期间村里建起了一栋栋易地搬迁的楼房，市里建起了高铁……一个个历史事件所带来的影响都在家乡具象化，成为乡亲们脸上的笑容。家史不仅是一段历史，更勾勒出了历史下一个个具体的人。

人们常说时势造英雄，但从家史中，我发现了所谓的辉煌时代也都是由那些在时代的大潮下不甘于既定命运的普通人缔造的。一代人有一代人的长征，一代人有一代人的使命与光荣。

河水传唱着祖先的祝福
保佑漂泊的孩子
找到回家的路
…………

我一向认为祝福终究是后人的想象，直到有一天我漫步于家乡的阡陌中，才恍然意识到，这个和平而繁荣的社会，就是一代代祖先在奋斗时对后人的祝福。而家史与家史中所传承的那份坚强、勇敢、仁义的精神，就是祖先在历史长河中为我留下的最宝贵的一份祝福。

不忘初心，方得始终。在这个飞速发展的时代，正是家史这条小河让我乘着向前的风，找到回家的路。

（指导老师：武虹）

明年再有新生者，十丈龙孙绕凤池

北京师范大学第二附属中学 · 刘敏兮

在波涛壮阔的历史长河中，无数家族似舟，在大浪中滚滚向前，在不同的时空留下属于自己的独特印记。而这些印记连接起来，数代相传，就形成了珍贵厚重的家史。家史的珍贵不仅是帮助世世代代的人了解家族，更是历史与文化的传承。人不可能永存于世，但家史所传递的精神，却可流传千古。

这次回老家，我看到姥爷手里拿着那本他亲自编写的、泛黄破旧却厚重的家谱，不禁好奇，翻阅几页，便已深陷其中。姥爷笑着拿了把凳子坐在我旁边，讲起关于家族的故事……

关于艾氏一族的渊源，其实早有记载。《艾氏族谱序》中说："爱氏郡望自天水上祖世代修水，古艾也。"《春秋左传》说："夏少康（距今约四千多年）使汝艾谍浇，使季杼诱豷，遂灭过、戈，复禹之绩。祀夏配天，不失旧物。"后夏王少康对其大臣汝艾赐姓艾氏，这是关于艾氏最早的记载。[①]《艾氏风七家谱》对始祖也描述得比较翔实。始祖名宰，号沧州，称九公，唐元和赐进士及第，曾在朝中任治事别驾。唐僖宗时"缘以牛党之逼隐白云岩，黄残浙"，九公迁至今天的余江县。从江西始祖九公由浙江迁居至今，历时一千二百余载，生息繁衍四十余世，人口达数万人。这就是印证了那句："新竹高于旧竹枝，全凭老干为扶持。明年再有新生者，十丈龙孙绕凤池。"

① 艾氏家族族谱第六次修订:《艾氏族谱》，2003 年，《总谱上篇》，第 12 页。

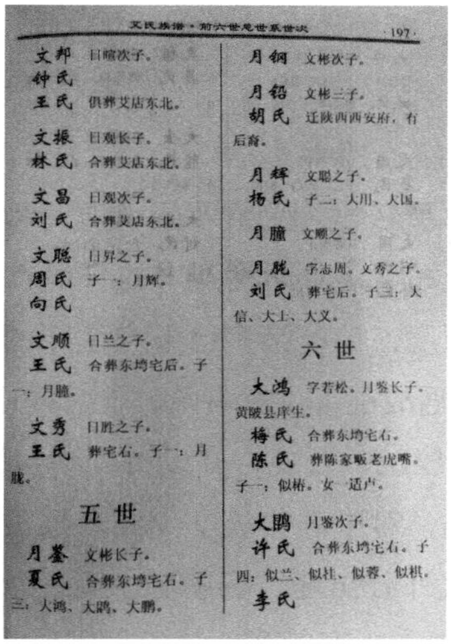

艾氏族谱·前六世总世系世次 ·197·

文邦 日暄次子。
钟氏
王氏 俱葬艾店东北。

文振 日观长子。
林氏 合葬艾店东北。

文昌 日观次子。
刘氏 合葬艾店东北。

文聪 日昇之子。
周氏 子一：月辉。
向氏

文顺 日兰之子。
王氏 合葬东垮宅后。子一：月膧。

文秀 日胜之子。
王氏 葬宅右。子一：月胧。

五世

月鉴 文彬长子。
夏氏 合葬东垮宅右。子三：大鸿、大鹏、大鹏。

月铜 文彬次子。

月铝 文彬三子。
胡氏 迁陕西西安府，有后裔。

月辉 文聪之子。
杨氏 子二：大川、大国。

月膧 文顺之子。

月胧 字志周。文秀之子。
刘氏 葬宅后。子三：大信、大上、大义。

六世

大鸿 字若松。月鉴长子。黄陂县庠生。
梅氏 合葬东垮宅右。
陈氏 葬陈家畈老虎嘴。子一：似椿。女一适卢。

大鹏 月鉴次子。
许氏 合葬东垮宅右。子四：似兰、似桂、似蓉、似棋。
李氏

第六次修订的艾氏族谱中的世系世次[①]

艾氏代有才人出，如雨后春笋遍九州。在我翻看历代族谱的人物志时，不禁为之惊叹。据初步统计，在1905年科举制度废除前，仅举人、贡元及以上出身的就有50余人，其中进士出身的达20余人，还有状元一人；县级及以上官员有近百人，其中，任枢密副使一职一人，在翰林院供职的七人。想当年，艾氏族人为仕为将，为国效力，如今，更是后浪推前浪，人才辈出，举不胜举。他们站在九州大地上，用自己的力量报效祖国。

这样一个历史悠久却熠熠生辉的家族，在历史的长河中不断前行，也不断用自己的力量回馈家族，报效祖国。

艾氏家族延续至今，写下的故事数不胜数。下面，我只从“书香世家”这一角度窥斑见豹。

一、令公桃李满天下：太外公理斋公

艾氏家族自古以来就以书香世家而著称，几百年前，教书育人就已成

① 艾氏家族族谱第六次修订：《艾氏族谱》，2003年，《前六世总世系世次》，第197页。

为家族传统，世世代代，延续至今。

要说家族中我们这一分支教书育人的故事，还要从光绪年间说起。[①] 姥爷的外公理斋公生于光绪乙酉年（1885）十二月，卒于 1962 年 9 月。他出身于书香门第，自幼聪颖好学，受祖辈的教诲，具备了良好的古典文学素养。青年时期，他刻苦好学，对即将到来的科举考试跃跃欲试，不料 1905 年清政府废除了科举制度，他与诸多已备考多年的考生只好另寻他路，做起生意。好景不长，后遇战乱，生意萧条，他只得还乡办私塾来维持生计。

太外公严肃校风、校纪、校规，并以身作则，为人师表。他因材施教，对初学者采用读写为主，对中高年级学生则教授古典诗文，包括对仗等知识。在一堂早课上，太外公出题“杨柳枝枝绿”，学生们即对“桃花朵朵红”，对仗工整，师生皆大欢喜。太外公就是以如此细致认真且有趣的教学方式，吸引了大批学子，使得这里人才辈出。

我曾经问姥爷对于太外公的记忆[②]，姥爷说太多的他也记不清，但他总是记得那个白发苍苍、在一间茅草屋里跟学生激烈讨论古典文学投入且认真的外公。姥爷说，外公的毕生追求恐怕就是“呕心沥血培桃李，焚膏继晷育英才”。这个虽然有些佝偻却坚定的背影，永远刻在了姥爷的脑海中，也因此影响着他走上教书育人的道路。

二、大变革时代下的创新者：姥爷艾驰名

姥爷用自己的努力，在大时代变革下，发扬着艾氏家族那份教书育人的赤诚。

二十世纪六七十年代，正值国家号召知识青年上山下乡，姥爷在读完高中后，就服从政策作为知识青年上山下乡，并当上了村里的一名民办教师。

“长侃（姥爷的笔名）呀！村里也希望能成立一个学校，让咱们的孩子

① 艾氏家族族谱第六次修订：《艾氏族谱》，2003 年，《总谱上篇》，第 81 页。

② 来自采访记录，采访时间：2024 年 2 月 12 日，2024 年 2 月 14 日。受访者：艾驰名。下文中关于过去记忆的描述，若没有特殊说明，均来自于这两次采访。

也能受到教育，多长点知识。大队部一考量，想到你上过学，是知识青年，就想让你去当民办教师，给大家教点知识，长点见识。不知道你的意见如何呀？”姥爷说当时部长找到他的时候，他正在房间里看书。部长的话让他有点动心了，将自己所学的知识教授给村里，给村里做点贡献，也是他所希望的，更重要的是他从小受到外公的影响，教书育人的家风已经深深刻在了他的脑海里。于是姥爷二话没说就答应了。起初村里是没有学校的，大队干部、姥爷和其他几个民办教师一起铺砖贴瓦，亲自修建学校。“这块儿我觉得可以加个阅读区域，大家对小说兴趣都很高嘛！”炎热的中午，姥爷擦着头上的汗兴致勃勃地说道。他总是这样，在学校建设过程中，使劲为将来的学生考虑。“你说他呀，整天絮絮叨叨的，就怕学生们没个好环境上课，他呀，哈哈哈！”大队部长调侃着姥爷，大家也都笑起来。是啊，有什么比建造一个学校更让人兴奋的事情呢！

几个月后，学校基本建成，姥爷他们也迎来了第一批学生。秋风送爽的时节，孩子们有的换了干净的布料子，有的穿着干农活儿时的衣服就来了。“同学们，你们好，”姥爷有些激动地搓了搓手：“我今天给你们分享一首诗……咬定青山不放松……”姥爷念一句，学生们念一句，粉笔在黑板上沙沙作响，阳光照进简陋的教室，洒在了姥爷的身上。“那时，我好像看到了外公。”姥爷回忆说。对那一天，他一定会记得很久很久。

改革开放后，公办教育和民办教育共同发展，教育普及程度提高，学生可以根据个人兴趣和需求选择不同类型学校，教育理念由重知识传授转向重视创新、实践和素质教育，教育在社会中的地位大大提高。姥爷在这之后，从农村到了县城，成为红安县第四中学的一名语文老师兼班主任。

这里与村里不一样，用砖建起的平房里有一面黑板，孩子们穿着白布衣小板鞋，叽叽喳喳地走进校园。姥爷在这里，开始了他的又一次教育生涯。

姥爷很不适应这里的教学风格。当看到学生们每天的任务就是看课本、刷题，他不禁皱了眉：学生们若只当个背书、刷题的机器，将来必不会有创新思维去建设祖国，他决心改变这一现状。

他上的第一节课讲了朱自清的《背影》，让同学读完后，一个一个站起来说说自己的想法。这样的教书方式，学生们从未体验过。面对大家磕磕巴巴的发言和考试卷子上几乎一模一样的答案，姥爷深深地叹了口气："大家不应该去背答题的那几句话，你们要自己去感受文章。"后来，姥爷经常安排读书会、写作课，学生们在应试的基础上，也能经常发散思维。这样的上课方式，前所未有。有温度的语文课堂深刻改变了学生们的人生。

姥爷第一次见到学生穆穆的时候，她坐在班里的一个角落里，低着头不知道在写些什么。姥爷回忆道："她不爱说话，也从来不敢直视别人的眼睛。上课时，别的同学都在热情讨论，而她默默低着头；下课时别的同学去操场上奔跑，而她独自一人坐在桌前。我一直以为她对我所讲的并不感兴趣，直到我收到一次她的摘抄作业，她将我所讲的事抄下来并做了极为详细的分析。我到现在还清楚记得她在本子的最后写道：'躲来的星星也在努力发光。'这是一个文学杂志的摘抄。'那是我第一次在她的文章中感受到前所未有的细腻。'"下午，阳光洒向大地，姥爷跟穆穆在办公室，聊着天儿："你可不可以告诉老师，为什么你总是低着头，也不融入大家？"穆穆的眼睛似乎红了，但她仍然低着头，小声嘟囔着："我成绩不太好，身材也有些胖，也不敢表达，怕说错，我……"姥爷放在腿上的手似乎握紧了："不用太在意别人的看法，每一个人都是独一无二的，何况我注意到你对文学有着自己独到的见解。你应该大胆发言，见解本就没有完全的对与错，要相信自己。"穆穆缓缓抬起头，对上姥爷的眼睛。"长风破浪会有时，直挂云帆济沧海。欢迎你随时找我讨论！"往后的语文课上，姥爷时常叫穆穆站起来说说自己的想法并加以鼓励，在同学们一次次持久不断的掌声中，穆穆逐渐打开了自己。她开始主动发言，主动跟大家探讨。姥爷或许没想过，这些改变了穆穆的一生。

那年高考，穆穆考得很好，她去了北师大，后来又去了美国留学。她时不时给姥爷发来自己读的新文章，姥爷也总是用自己不太会使用的手机，兴奋地回着消息。今年过年，穆穆带着自己的家人一起来探望姥爷，"艾老师，我感觉不管走多远，您与我的那段时光我永远都不会忘记。它改变了我的一

姥爷艾驰名的生活照片

生。做您的学生真的是件非常非常幸运的事情。”我没有经历过那样的一段时光，但是看到穆穆握着姥爷双手时的热泪盈眶以及姥爷激动的神情，我好像渐渐理解为何外祖父、姥爷甚至家族中许许多多的人当初如此坚定地选择教书育人，逐渐理解一名教师的伟大。养一朵花，看它绽放，看它越来越好，看它过了很多年后仍冲你微笑。这确实是天底下最幸福的事儿吧。

三、教书育人的延续：母亲艾亚凡

后来，母亲接过了接力棒，让优秀的传统继续延续下去。

母亲[①]从北师大研究生毕业后，来到二附中当老师。带着外太公、姥爷等祖祖辈辈传下来的教育理念，她兢兢业业，在教学方面认真备课，找到最适合学生的教学方法。她也时刻关注学生的生活状态，当注意到学生

① 来自采访记录。采访时间：2024 年 3 月 10 日。受访者：艾亚凡。

有压力或者不适应时，她耐心地与同学们交流，期望他们能开朗积极地面对生活。“想要做好老师，必须时刻关注学生”是她一直坚持并实践的教育理念。与祖祖辈辈一样，母亲在教育的这条道路上，带着家族的优秀传统，教书育人。

新时代，信息技术迅速发展，教育注重提高人才的科研创新能力。而“项目式”教育，旨在学习知识的同时也注重实践，力求会实验研究、动手操作，实地考察，多增加社会实践活动。而母亲也正是践行“项目式”教育的一员。

在上“水的净化”这节课时，母亲认真备课，本着家族“认真准备每一节课”的传统，将知识分布详细地教给了同学们。学完后，母亲询问起同学们知识时，大家回答得都很好，可问其背后的意义以及原理时，同学们却答不上来。母亲希望学生们能亲手制作净化装置并去实地考察，于是她拿出一节课教学生们做简易的净化装置，“你看，这是这么组装的。对，滤纸放这儿……”同学们亲手制作后，亲手做了测试，并对数据进行研究对比。这次实验让同学们对这一原理有了更深的认识，也培养了他们的动

母亲艾亚凡上课的照片

姥爷存放家谱、老照片、资料的箱子

手能力。后来，母亲带学生们去了自来水净化水厂，在参观的同时，母亲为大家讲解。李学长曾经跟母亲说过：“那是我印象最深的知识，到现在每次研究，还是会不禁想起那段研究的时光。”后来他走上了科研道路。

母亲的教学将知识和实践完美融合，既保持着家族传统的教育理念，也顺应着时代所需。她教的学生有许多走上科研道路，为国家的新技术发展贡献力量。

这条路，艾氏家族走了很久，也会一直走下去。

“一脉传承至始终”，家族的历史给了我许多的感受。

在写这篇文章之前，我对家族的历史并不了解。为了写这篇文章，我开始翻阅族谱，查阅文献，走进老一辈的村庄，花几个下午跟头发花白的爷爷奶奶坐着聊天，或者跟姥爷坐在被阳光照得灿烂的阳台上，聊着看似很久以前的事情。此时，好像许多个不同的时空，突然在此刻重叠，所有的故事都向你奔来，一回头就能看见祖祖辈辈走过来的路，看到他们在他们的时空下拼搏奋斗。我们艾氏家族似乎不像别的家族一样出过什么大人物，参与过什么重大的历史事件，要让我想，我可能还是会把“书香门第”这一称号送给这个庞大的家族。落笔前，我犹豫了，不知道如此“平淡”的家史，是否有写进文章的必要。但当我真正沉浸进去以后，我不再犹豫，于是坚定落笔。教书育人确实贯穿着艾氏家族的整个发展史，我也坚信，它会贯穿始终。当你看到一个个先辈，因为这样一个称号而尽心竭力，培养出时代和国家所需的一批一批人才；当你看到他们时不时回来，有的带着家人，有的带着荣耀，围坐在你的身旁，一起谈笑风生，于是你内心涌起自豪。或许因为有太多太多这样美好的时刻，我们才会坚定地走下去。

姥爷是第六次修订家谱的主编，他的箱子里收藏着艾氏家族传承下来的资料。他翻阅每一份资料，努力将家族的历史更完整地传承下去。他时常告诉我："这是我们的责任。"

顺应时代所需，在传承中创新，或许是艾氏家族教书育人的特点，也是家族为祖国培养一批批人才的原因。不管我以后会不会走上这条道路，但是家族传承下来的认真、敬业、踏实和顺应时代变化中的创新，值得我去学习。我也将像家族的人一样，用自己的力量给家族添光，为祖国效力。我愿意时常记录，让家史继续传承下去。

每一次家谱重编的时候，内容总是会不一样，但是不变的是结尾的一段话："抚今追昔不忘本，长征接力靠来人。我们及其后代须秉先祖的懿德，承艾氏崇文重教、奋发图强之家风，传宗功与后世，播文明于千秋，振兴家族，告慰先祖。"我们新的一辈，也将接过接力棒，将艾氏家族的这份传统传承下去。

艾氏家族的家史，散发着时代气息，经久不衰。

（指导老师：张彤）

扎根于铁路的人们

北京师范大学附属中学·牛铭萱

一段段回忆，拼凑起这些我素未谋面的光芒万丈的亲人形象。

——题记

在东北的那片山沟深处，隐藏着一个名叫横道河子的宁静小镇。这个镇承载着姥姥的故乡情怀，也是妈妈童年时光的见证地。我的回忆定格在六岁时匆匆一瞥的画面上。那时，眼前呈现的是一片俄式小木屋，道路上牛羊悠闲地散步，老人们在田间耕作，空气中是野花的清香。小镇上，一条通向外界的铁路映入眼帘，站台高高耸立，六岁的我却无法窥探站台上的景象。

沿着铁路的方向延伸，就是那间老屋。屋内弥漫着浓厚的东北火炕氛围，充满温暖的人情味。屋外则有一条悠扬的溪流，我曾在这里放下两只小纸船，而如今它们漂泊在何方，我却无从得知。

谈及家族史，犹如这悠然流淌的小溪，但家族的源头已经不可考证。或许是因为平淡无奇，让人不愿去深究其根源。然而，去年大扫除我整理姥爷的遗物时，一张关于铁道的专利证书引起了我的兴趣。随着长辈的回忆，我逐渐拼凑出这段充满时光印记的故事。

这座小镇，似乎是时间的巧妙织物，将家族历史编织成了一幅绚烂的画卷。在这个淳朴的角落，家庭的过去被悄悄传承，而我也开始渐渐领略到这个小镇所承载的深刻记忆。

一、铁路上的革命家

1942 年，我的太姥爷进入铁路系统，成为一名火车司机。从四平到长春，一路上的风景早已深深地印在他的脑海中，火车冒出的白烟，晕染着这幅画卷。在艰苦的抗日工作中，太姥爷以火车司机的身份秘密地进行着工作。他通过火车向同伴运送物资、传递消息，每一次路程都有生命危险。

那是一天夜里，他刚结束了一天的工作回到家里，屋子里静悄悄的，四下无声。他刚刚进入梦乡，就被一阵脚步声吵醒。“坏了，是日本人！”他来不及反应，就被日本人抓走，数月音信全无。太姥姥四处打听他的行踪。好在，最后他被同伴救下，送回到家中。

他说，那是一段他不想再提起的记忆。牢里暗无天日，铁链在地上拖行的声音回荡在他耳边，偶尔伴随着人的嘶吼嚎叫声。他说，那是一段他此生最痛苦的记忆。无数次，长鞭抽打在他的身上，昏倒时，骨头断裂的痛逼迫他清醒，然后眼睁睁看着一切发生。他说，他没有向日本人透露任何消息，日本人拿他没有办法。烂掉的可以是他的身体，绝不可以是他的灵魂。

由于在被关押时受到的虐待太重，太姥爷身上的伤不能被根治，不过几月，他就与世长辞。

二、铁路的奠基人

我从未见过我的姥爷，在我出生前，他就因为脑癌去世了。对于我来说，他是存在于别人话语中的人。

听姥姥说，他是一个“笨人”，他总是觉得自己不够聪明，只能笨鸟先飞。在他的青春里，学习，是最重要的事情。十八岁时，他进入牡丹江分局横道河子工务段。因为好学，他被领导推荐到北方交通大学（今北京交通大学）进行深造。他这个生活在山沟里的人，走出了大山，来到北京。在这里，他接触到了不一样的人以及全新的知识，但不变的是，他依旧好学。

姥爷在北方交通大学校门前留影

姥爷在横道河子工务段前留影

三年学成，他毅然决然地回到了之前的小山沟，从技术员干起。有时工作起来，他身边万事万物似乎变得不复存在。有人说，与其说他是人，他更像是一个可以二十四小时连轴转的机器。就这样，他的身份慢慢转变为工程师、室主任。

后来，铁道部召开全国第一批线路板块招聘，姥爷凭借第一名的优异成绩考到北京铁道部工务处。临走前，他回头看了看这个静谧的小镇，然后走上横道河子车站的高台，坐上了前往北京的列车。

因为当年姥姥还需要在东北铁道部门工作，于是她带着我年幼的舅舅留在东北，我妈妈则跟着姥爷来到北京。铁路的工作很繁忙，全国建设高铁，姥爷作为段总工程师负责全国铁轨的铺设。无论是国内铁轨，还是国际接轨，都需要他过目。经常地，姥爷突然去执行任务，好几个月整个人音信全无。

一日又一日的工作中，他总是和领导比着谁下班更晚。深夜的办公楼中，只闪着两盏灯光，直至凌晨。

1997 年 4 月 1 日，中国铁路大提速正式开始。这一天的零时，中国铁路第一次大提速调图全面实施，拉开了铁路提速的序幕。这次提速调图，提速列车最高运行时速达到了 140 公里，全国铁路旅客列车平均旅行速度

姥爷赴美进行交流

由 1993 年的时速 48.1 公里，提高到时速 54.9 公里，首次开行了快速列车和夕发朝至列车。1998 年 10 月 1 日零时，中国铁路第二次大提速调图开始实施。这次提速调图，快速列车最高运行速度达到了时速 160 公里，全国铁路旅客列车平均旅行速度达到时速 55.2 公里，直通快速、特快客车平均时速达到 71.6 公里，首次开行了行包专列和旅游热线直达列车。2000 年 10 月 21 日零时，中国铁路第三次大提速在陇海、兰新、京九、浙赣线顺利实施，初步形成了覆盖全国主要地区的“四纵两横”提速网络，全国铁路旅客列车平均时速达到 60.3 公里。新的列车车次将传统的快速列车、特快列车、直快列车、普通客车、混合列车、市郊列车、军运人员列车七个等级调整为三个等级，即特快旅客列车、快速旅客列车、普通旅客列车。

铁路提速最重要、最基本的问题就是铁道，如果铁道做不好，车速再快也是徒劳。为此，姥爷和团队一同研发新型铁轨，那张专利，也是这时候获得的。

成果验收时，他和铁道部部长坐着试验车，一路从北京到上海，再回到北京。8 小时的车程，他一动不动地站在车头，将手上的数据一一和火车实际运行做比较。那天回家后，他双腿肿胀，坐都坐不下，腿上的毛裤只能用剪刀剪开再脱下。

姥爷在地方考察

2000年，他被诊断出脑癌，病痛的折磨，让他疼到不停地用头撞墙。他已经不再能工作。疲惫的他，想要再回到小镇看看。他走上绿皮火车，手里拿着一个小本，他和我的父亲说："这是我记录的数据，我看不清了，你帮我对对。"一路上，每到一个弯道，他总能清晰地说出角度、弯度等精密数据，而且不差分毫。

天妒英才，他没能抗争过病魔，永远地离开了我们。在姥爷的葬礼上，铁道部部长这样评价姥爷：在第一次、第二次、第三次全国铁路大提速中，他功不可没。

最终，落叶归根，姥爷被安葬在故事开始的那个小山沟。

三、铁路事业的辅助者

我的姥姥，也是一个扎根在铁路的人。她读过很多书，在学校时，还是赤脚医生。在毕业后，她被分配到地方食堂，负责在窗口卖饭。在小小的食堂工作，并不是姥姥的梦想，但是，她把这份工作做到极致。在需要同时收、找粮票和零钱，并且只能用夹子递食物的情况下，她一分钟可以卖7份饭菜。

姥姥（右一）和主任进行交谈

姥姥（前排右）和食堂同事合影

她的才能被领导看见，调她到铁道部地方分局办公室，后来她又来到北京。人们都说她是一个全能人才：她干过人力资源，也干过财会，此外，对人员调动、物品发放她也得心应手。没有什么是她不会的。

她走出小小的食堂，看见了更广阔的天地。带她走出来的，是她自己身上的本事。

前几年，姥姥回到横道河子参加同学聚会。她说那里建设得特别好，小镇发展了旅游业，建起了火车博物馆。家乡变化很大，但不变的，是老屋的温暖情怀，是那条不知通往何处的小溪。

四、铁路的见证者

我父母这一辈，不再进行与铁道相关的工作，但时常出差的他们，成为我国铁路事业发展的见证人。2001 年时，从新疆发起的火车被风沙袭击，列车一面的玻璃完全破碎，人们只好挂上一条条棉被。2008 年时，一场暴雪，将火车困在了长沙站，整整五天，父亲才从列车上下来。每每，父亲就像讲故事一般缓缓道来他坐火车的这类经历。近年来，父亲遇见的、我们听到的这样的事故越来越少。父亲花在火车上的时间也越来越短，原来一天的车程，现在缩短了许多，常年出差的父亲也因此可以多回几趟家。他说，家的感觉就是不一样。改革开放 40 年来，我国高铁不但提了速，还提了质，中国高铁经历了从少到多、从追赶到领跑、从走得了变成走得好的巨大转变。

五、后记

在写这篇文章之前，我从未如此系统地了解过家族的家史。从前，我以为我的家族实在是平凡得不能再平凡。但了解过这些家族的故事和前辈，我觉得我能从中学到很多。是共产党人坚毅的意志和品格，是知识改变命运、是真金到哪里都能发光的信念，是对生活的点滴关注，成就了家族的发展。

故乡的那条溪流源远流长，我很难知道它到底是从哪里来的，但我非常清楚，它会流向哪里。它会流向一片繁华。

初中组优秀获奖作品

峥嵘岁月，光荣永存

北京师范大学实验华夏女子中学·高涵羽

“这枚抗日纪念章，是给我爷爷最大的嘉奖。看到这枚纪念章，我们就想到了他。”

——父亲高文

我家珍藏着一枚纪念中国人民抗日战争胜利 60 周年纪念章。它是北京市政府在 2005 年追授给我曾祖父的。曾祖父作为老一代的八路军，国家认可他在抗日战争中对于民族独立和人民解放做出的贡献，所以追授他这枚纪念章。这枚纪念章，不仅让我铭记着他的抗战峥嵘岁月，也使他英勇报国、默默奉献的精神永远激励着我们的家族。

纪念中国人民抗日战争胜利 60 周年纪念章

一、睹物思人，缅怀音容笑貌

曾祖父是一位坚定的共产主义战士，他身上有很多老一辈共产党人、老一辈革命战士崇高的品质。

我父亲回忆说：“记得2001年春节，除夕晚上吃完团圆饭后，他把我叫到旁边的书房里，拿出了纸和笔跟我说，要预立一份遗嘱。因为当时他是肝癌，已经做过四次手术了。遗嘱里他是这么说的：‘我死后不停尸，不设灵堂，不瞻仰遗体，不开追悼会。若是冬天，就把我的骨灰撒在杀虎口长城上；若是夏天，就把我的骨灰撒在桑干河里。’整个遗嘱就这么几句话。”①

这份遗嘱让我很受触动。曾祖父他们那一代老一辈革命战士对自己要求很严格，从来不会给组织上添任何麻烦。他这份遗嘱跟很多我们熟悉的老一辈革命家一样，具有朴素的革命情感，只想着为国家、为革命奉献一生，却不给国家添任何麻烦。

我感动之余，又不禁疑惑：杀虎口在什么地方？又为什么要把骨灰撒在桑干河里？父亲说：“杀虎口在右玉。桑干河，就是《太阳照在桑干河上》的桑干河。”

二、抗战岁月，铸就光辉历史

（一）杀虎口长城上的寒风

1943年秋季开始，随着世界反法西斯战争形势的重大变化，华北战场，以山西为中心的各抗日根据地转入战略反攻。在党中央的领导下，晋察冀地区的八路军（改编后习称）开启了战略反攻。1944年2月至7月，北岳区八路军主力部队在地方部队配合下，主动出击，袭击了保定、石家庄、忻口等地的车站和定襄、灵丘、赵县等县城，攻克日伪据点、碉堡400余

① 文中材料摘自笔者对父亲的采访。采访时间：2024.2.23。受访人：笔者父亲高文。

处，解放村镇1600余个。同时，解放了察南、雁北广大地区，建立了新的根据地。

当时，曾祖父跟他所在的部队在杀虎口的长城上伏击一队日本侵略者。那是个大冬天，下了很大的雪。他跟他的战友们爬冰卧雪，在雪里边埋伏，一动不动，一趴就是一天一夜、两天两夜。好消息是，最后伏击成功了。但是很多年龄小的战士在这场伏击中落下了很重的病，他们却从没有退缩。

与此同时，各地的八路军都在奋起抵抗。察南八路军越过桑干河，在浑井堡以西建立游击根据地并开辟了怀安、宣化、阳原、涿鹿部分地区；雁北八路军深入到应县平川和广灵、浑源地区，开辟了桑干河以北部分地区；平北部队在外长城、北平（今北京）及宣化、赤城以东攻克日军部分据点，收复了张家口崇礼的大部分地区。冀热边部队于1月至5月，在粉碎日军1.5万余人对热南地区的“扫荡”、粉碎日军对遵化、玉田地区合击的同时，以一部分兵力穿插于日军纵深地区，先后攻入宁城、昌黎县城，并袭击了北宁路日军的火车，保卫了夏收，使根据地得到恢复和发展。

杀虎口长城上，跟曾祖父一起打埋伏的这些战士，岁数大点的不过十八九岁；岁数小点的，人还没有枪高。但是那个年代所有参战的人都很单纯，没有人会想：“我趴在这儿冻病了怎么办？”“我饿死了怎么办？”大家的目标都很一致，就是要完成这项战斗任务，取得胜利。所以大家的心思往一处想，咬牙坚持下来了，用坚韧不拔的意志，用一往无前、舍身报国的革命精神，赢得了那场伏击战。

杀虎口那儿，冬天的时候，西北风刮过来让人浑身战栗，扑在身上就像刀子往肉里割。曾祖父他们又是在长城上埋伏，风直接从他们的身上吹过去。最冷的时候，气温逼近零下30摄氏度。

像这种战斗，在曾祖父整个八路军的从军生涯中有很多次。杀虎口、桑干河伏击战只不过是其中两次。他说这两场伏击战中，他差点丢了性命。

（二）桑干河上的阳光

“桑干河的那场战斗，我爷爷没跟我细说，但是我知道肯定也很艰苦，要不然他不会在几十年之后还记得那么清楚……"

桑干河，相传每年桑葚成熟的时候河水干涸，故得名。桑干河是海河的重要支流，流经河北省西北部和山西省北部，横穿太行山。

"自己扛着枪，没命地打，没命地跑，没命地追。跑两步，就有手榴弹在身边炸开，回头一看，已经看不清刚刚走过的路，眼前只充斥着滚滚尘土，弥漫的烟雾熏得眼睛生疼、呼吸困难……一片弹片'嗖'地擦肩而过，再偏一点，就会血流满地……"这是曾祖父对我的父亲所说的仅有的一点桑干河边的战斗情景，但足以让我体会到战争的残酷与血腥。

后来，我查询了关于桑干河战斗的文献，其中提到：1937年抗战爆发后不久，日寇便用重兵侵占了大同这一要地，到处设立据点岗哨，对人民群众进行血腥镇压，敌机也不时出动轰炸，炸死炸伤好几千人。大同城内外一片白色恐怖，广大人民群众多年来处于水深火热之中。

那时是五月晴和的天气，在某天黄昏时分，军队工作组分两路带领群众一百多人，悄悄摸进了解庄、西谷庄两个敌人的粮仓。看管粮仓的敌伪军一时弄不清情况，想打电话告急，但电话线被工作组切断了。这时群众越来越多，便把管仓的敌伪军吓跑了。大家七手八脚打开了仓门，直到深夜，共夺取粮食十多万斤。

五月，金色的阳光照耀着桑干河的两岸，武装部队在县委的指示下，不断向驻守在大同境内的日军进击，炸桥梁、断电线，弄得敌人晕头转向、一筹莫展。军队工作组则在农村发动群众、发展党员，建立各种群众组织和民兵队伍，配合武装部队对敌斗争，在各次战斗中都取得了胜利，不但扩大了敌后解放区，也为解放大同奠定了坚实的群众基础。①

三、传承精神，探索前进之路

金色的纪念章端正地嵌在红色丝绒布制成的礼盒中，在阳光的照耀下，

① 李玉峰.《桑干河畔克敌制胜——纪念抗日战争胜利五十周年片断回忆》，2022，https://www.cnki.net，2022

熠熠生辉。

“我爷爷这一辈子最重视荣誉，尤其重视国家对他在革命战争年代贡献的肯定，这枚纪念章就是国家对我爷爷最好的肯定了。不过，我爷爷真的是去世得太早了，当地政府只追授了他纪念中国人民抗日战争胜利60周年这一枚纪念章。不过，对于我们来说，这也是党和政府对我爷爷做出贡献的肯定。所以这枚纪念章，我经常会拿出来看一看，用干净布子去擦拭它，好好地珍藏它。看到这枚纪念章，我就能想起那个春节我爷爷对我说的那些话，就能想起我爷爷的音容笑貌。爷爷已经去世二十多年了，我们永远怀念他，他的精神永远激励着我，我们全家都很怀念他，都很感谢他。”父亲双手戴着白手套，把纪念章捧在手心里，抚摸着说。

我也常常会想，我很荣幸生在高家——这温暖而让人自豪的家庭，有曾祖父这样的明灯照亮我们这些后辈前行的路，让我们永远保持忠贞与坚忍的意志，永远懂得舍小家为大家，为国家无私地奉献。父亲对我讲曾祖父这些事迹的时候，我无声地流泪。曾祖父生前并未过多向他人讲述自己的故事，就连父亲、祖父也知之甚少。我只愿我能用质朴的文字，记录下先辈的光辉事迹，以便传承家族熠熠生辉的坚毅与无私奉献精神，让其化为燎原之火，引路明灯，指引我们后辈前行。

（指导教师：冯梦璐）

忆海拾遗

北京师范大学实验华夏女子中学·高齐

我的家人一向沉默寡言，鲜少与后辈聊起过往的岁月。直到今年春节前，我都未曾想过我的祖辈曾在时代的洪流中做出足以让我铭记的事业。

我的高祖父俞平伯是浙江德清人。因为出身书香门第，很早就能识文断字。外婆说，听说高祖父7岁时读过的线装书摞起来比他的人还要高。在那个年代，读书读多了身上总会有些士大夫气，在旁人看来是有些洒脱又不谙世事的。

俞平伯（左）与祖父俞樾（中）、父亲俞陛云（右）合影

高祖父俞平伯（后排中）与高祖母许宝驯（后排右二）、曾祖母俞欣（后排右一）、祖母易幼蔷（前排右一）合影

1915 年他考入北京大学文学部，正是这一年，他进入人生的转折点，让他成为“旧家族里成长起来的新诗人”。

在北大学习期间，他结识了老师周作人及友人傅斯年、杨振声、顾颉刚等。那时他还是个少年，思想活跃，思维敏锐，乐于接受新事物。适逢蔡元培出任北大校长，主张“思想自由，兼容并包”；随后学校里开始推行白话文教学，北大成为新文化运动的阵地。在时代感召下，高祖父便投身于蓬勃兴起的新文化运动中去，成为其中一名“冲锋陷阵的骁将”。

1918 年，高祖父 19 岁，开始创作白话新诗。他创作的第一首白话新诗《春水》，与鲁迅的《狂人日记》一起刊登在 1918 年 5 月的《新青年》月刊上。这首诗在现在的我们看来，虽有韵味，但稚气十足，似乎也不怎么惊艳。在当时，高祖父倡导白话诗和白话文创作的行为，是会被守旧的先生们骂为“叛徒”的。但这首诗不仅是他本人新诗创作的起步，也是中国出现得最早的新诗作品之一。

新文化运动初期，国内没有专门的文学社团和期刊。1918 年 11 月，高祖父与伙伴们一起创办了新潮社，并担任干事部书记。随后社团创办《新潮》月刊，这本月刊是继《新青年》之后又一本全部采用白话文文章的刊物。它不仅在理论上鼓励文学改革，并且在创作上推出了很多具有影响力的作品。高祖父关于新诗创作要借景抒情的理念，也是源于这一时期的思考与创作。

五四运动爆发后，高祖父积极投身其中，参加了北京大学学生会新闻组、北京大学平民教育演讲团，从事宣传工作。为了“增进平民知识，唤起平民自觉心”，他四处奔走宣传。1959 年面对记者时他曾深情地说：“那时我才二十岁，还是个小孩子，对于这伟大且有深长意义的青年运动，虽然也碰到了一点点边缘，当时的认识却非常幼稚，且几乎没有认识，不过模糊地憧憬着光明，向往民主而已，在现今看来，反帝反封建原是十分明确的。”①

① 张玉芳.《旧家族走出的新诗人：俞平伯与五四新文化运动》,《团结报》，2018.5.24.

他曾出国留学，或因金钱上的原因，或因思念家人，未学成便归国。当年他的好友傅斯年在致胡适的信中写道：“（他）到欧洲来，我实鼓吹之，竟成如此结果，说不出如何难受呢！平伯人极诚重，性情最真挚，人又最聪明，偏偏一误于家庭，一成‘大少爷’，便不得了了；又误于国文，一成‘文人’，便脱离了这个真的世界而入一梦的世界。我自问我受国文的累已经不浅，把性情都变了些。如平伯者更为长叹。但望此后的青年学生，不再有这类现象就好了。”① 可见他最初的个性与任何“新”字都是很难联系到一起的。

1922 年，他的新诗集《冬夜》出版，成为当时很引人注目的作品。在自序中，他对印行《冬夜》这部作品做了说明：“一则因为诗坛空气太岑寂了，想借《冬夜》在实际上，做‘秋蝉的辨解’……二则愿意把我三年来在诗田里的收获，公开于民众之前。至于收获的是稻和麦，或者只是些野草，我却不便问了，只敬盼着读者底严正评判罢。”② 这段表述，似乎是他做事原则的写照——只管当下做了便好，余下的留给别人去评说。

《新潮》第一期封面

《冬夜》初版封面

① 陈新华.《意欲“西游”却夭折 俞平伯终归“红楼”》,《晶报》，2019.1.25.

② 摘自《朱自清极喜欢的诗》,《文学艺术博物馆》公众号，2020.10.23.

我问外婆：高祖父在当时那么有名，为什么我们现在却很少有人知道他呢？外婆说：大概是因为时代变了吧。过去以为的“先进”，也会随着时间变得“古旧”。历史长河，美好的、混乱的都是沧海一粟，能抓住的只有当时。我想这或许也是我的家人很少和我谈及过往岁月的原因吧。也许在大人们心里，更希望我活在当下，创造属于我自己的人生。

高祖父家境原本还算殷实，他的生活也很闲适。1937 年北平（今北京）陷落后，战乱让他原本闲适的生活难以为继，高祖父的父亲俞陛云为维持家计一度靠卖字为生。那时，高祖父的老师周作人出任伪职，曾一再邀请高祖父接替他到燕京大学国文系讲授“现代散文”，但被高祖父回信婉拒，并刻意与周作人保持了距离。抗战胜利后，周作人因汉奸罪被捕，高祖父没有落井下石，还曾给远在美国的胡适写信，请他“薄其罪责，使就秉烛之余光，遂其未竟之著译”。待周作人出狱后，也并不避嫌隙经常去探望他。

因为研究《红楼梦》，命运对他做了很多现在也说不清是对是错的事情。那时，高祖父过得非常不好，连家人也流离失所。外婆不愿提及与此相关的种种，只说高祖父个性上的乐观、洒脱帮他走过那段艰难的岁月。他曾说：“我们家原本世代务农，住在德清县乡下。至我曾祖才开始读书，后来搬到苏州住。我在北京住了五十年，现在去当农民也算是返本。”这让我再一次理解了外婆所说的“沧海一粟”的意味，也让我感佩高祖父的乐观与豁达：时代的洪流中，个人难免被命运裹挟，即便有动荡漂浮，也始终不曾沉没、失去方向。

回顾高祖父的一生，早年为新诗、新文化奔走宣传；后来为发扬中国传统文化昆曲、诗词、古典文学孜孜不倦。他的一生，始终活跃在他热爱的领域，尽力做着自己能做的事情。

“不念过往，不问将来，努力做好当下的事情”，这是我在了解到高祖父生平以后最深刻的感想。不管未来我会成为哪个行业的佼佼者，或者只是认认真真做好本职工作的小员工，我想我都会尽我所能，不留遗憾。

（指导老师：冯梦璐）

家史，温暖的记忆

北京师范大学南湖附属学校 · 刘羽洋

生命的延续使每个家族都有源可寻，每个家庭都拥有能够追溯的或远或近的先祖，或是一段或长或短的家史。普通人家或许没有辉煌的、可以夸耀的历史，但总会有一些故事，告诉我们自己的来龙去脉。一代代家族成员，如同一粒粒石子，都曾参与铺就那条从远古一直延续到今天的历史长路。他们或许不重要，却又是不可缺少的。他们虽然被历史的风沙包围、肆虐，甚至淹没，但依然是基石。

小时候，每当外公外婆唠叨一些往事，我虽然会听，但是不曾在心中生出共鸣。他们讲的是他们的先辈，和我们隔着数代，听起来感觉很遥远，很难与自己当下的生活联系起来，更不了解他们的生活究竟是怎样的。随着年龄的增长，翻看着厚厚的家庭相册，心中对过往岁月的好奇驱使我再次询问那一张张泛黄的相片背后尘封的故事，听外公外婆娓娓道来家的传承。

一、摇啊摇，摇到外婆桥——外婆家的故事

（一）“梦里水乡”——外婆的老家嘉善县西塘镇

我的外婆，老家在浙江省嘉兴市嘉善县西塘镇。西塘是一座千年古镇，这里河港纵横，水网交织。传说伍子胥曾在此开凿市河，故又名胥塘。作为典型的江南水乡，西塘自古河荡港汊，纵横稠密交错。外婆说，直到二十世纪八十年代初，西塘的陆路交通还一直不如水路方便，坐船是她年轻时出门最重要的交通方式。那时从西塘到嘉善县城“上街”，要坐两个钟

头的轮船，与现在二十几分钟的车程相比，简直无法想象。那时就如木心笔下写的“从前的日色变得慢，车、马、邮件都慢”。也正是这种桨声欸乃中的慢生活、慢节奏，给外婆的人生增添了一份恬淡和安逸。如今的西塘早已今非昔比，不仅是中国首批历史文化名镇、国家5A级旅游景区，还是长三角生态绿色一体化发展示范区先行启动区，拥有祥符荡科创绿谷、长三角智创小镇等科技创新产业高地，连接西塘与上海、苏州的城际铁路也已破土动工。这些都为西塘这座千年古镇赋予了古今交辉的全新内涵。

（二）新旧社会历史变迁

外婆家里共姐弟三人，她排行老二。外婆的父母都出生于旧社会。听外婆说，抗日战争时期，西塘曾几次被日军战机轰炸。每当空袭警报响起，太婆一家就急忙躲到家里的八仙桌下，听着头顶上轰隆隆的飞机声瑟瑟发抖。有一次轰炸，镇上有名的钟介福药店内宅和玉楼春茶馆先后被炸毁，茶馆中正在喝茶的客人被炸死10多人，钟介福药店内宅也是屋毁人亡、一片废墟，惨不忍睹。据说，住在此处的国民党嘉善游击县政府的电讯台官员正在厅内摆酒设宴。电讯队队长的妻子白兰花听见飞机声就到外面观望。就在那一瞬间，日机连投两弹，均命中楼厅，白兰花的丈夫与她的一双儿女，以及其他赴宴人员等共18人全部被炸死。目击者说，当时满地尸体横陈，血肉模糊，有几个未断气的人在那儿连声惨叫，真是惨不忍睹！1937年淞沪会战后，西塘被日军占领，老百姓的生活更加惶惶不可终日。一次，太公出门正在过桥时，被一群日本人拦了下来，稀里糊涂地给带走了，原来是日本兵看着太公长得很像一名被通缉的地下党员，就错把太公当成地下党给抓起来了。经过好一番盘查，他很晚才被放回家，让家人担惊受怕了一整天。

太婆是一名家庭妇女，旧社会妇女基本都没有工作，她只能靠打杂挣点零钱贴补家用。一次，太婆打临工时不慎从很高的竹梯上失足掉下，对脊柱造成了严重的损伤，受制于当时有限的医疗条件和家庭经济条件，没有得到很好的治疗，从此留下了永久的残疾。

新中国成立以后，太公成为镇粮管所的一名质检员。农民收来的稻谷都要经过他的验收，从此外婆家终于有了稳定的收入来源。随着时代和经济的发展，太公太婆的晚年衣食丰足，儿孙绕膝，生活越过越舒心，越过越幸福。他们都经历过新中国成立前那段动荡而又苦难的日子，对于来之不易的美好生活充满了感恩，在西塘这座美丽的水乡古镇生活了一辈子，平凡而不平淡。

1966 年外婆初中留影

太婆和太公幸福的晚年生活

（三）奋斗改变命运

我的外婆出生于1950年。她性格开朗、乐观向上，一直是班干部，中学时就加入了共青团，积极参加学校的各项活动。虽然她个头小，但从小就喜欢参加文体活动，篮球、排球、短跑都是她的强项，在西塘初中读书期间，还代表学校参加过县运动会呢。

1966年，外婆初中毕业了。1968年12月，毛主席号召知识青年到农村去，接受贫下中农的再教育。外婆积极响应号召，参加了“上山下乡、插队落户”运动，与农民同吃、同住、同劳动。下乡后，因表现优异，外婆被推荐去解放军医疗队接受培训，成为一名光荣的“赤脚医生”。从此以后，外婆就背着药箱走村串户为农民朋友治病。

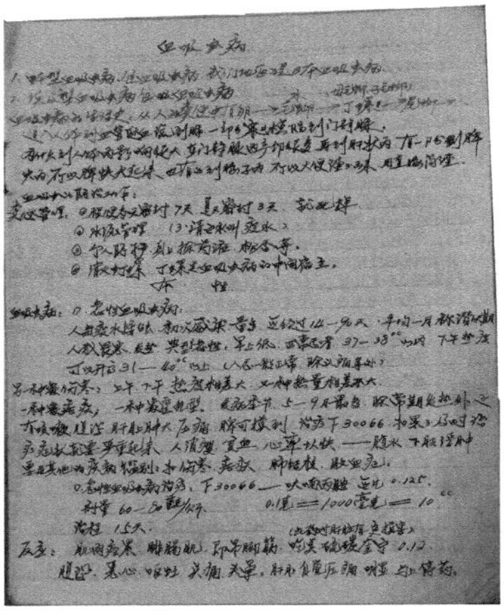

外婆当“赤脚医生”时的工作笔记

三年以后，外婆作为第一批知识青年回到老家，被安排到西塘化工厂，当了一名操作工。过了两年，大学恢复招生，外婆因工作表现好，被推荐上了浙江化工学校（现已合并到浙江工业大学），成为当时少有的大学生。大学毕业后的九年，外婆都在嘉善县化肥厂工作，后来因表现优秀，被抽调到县机关工作，一直到退休。

1986年，外婆在嘉善县计划生育委员会工作时，有幸参加了中国计划生育协会赴日学习考察团。出国考察在当时还是很少有的，她们的访问活动还登上了日本报纸呢！回国后，外婆还与好多日本朋友保持书信来往，留下了许多美好的回忆！

1986年中国计划生育协会访日团合影

1999年外婆工作照

二、那水，那桥，那人——外公家的故事

（一）鱼米之乡——外公的老家嘉善县魏塘镇

我的外公，老家在浙江省嘉兴市嘉善县魏塘镇。据《魏塘镇志》记载，北宋初期，有大姓魏、武居此，由此聚商成市，人气渐旺，蔚然而成一城镇，名字就叫魏塘，又称武塘。外公家的老宅在镇区西门大街上，一条市河蜿蜒而行。老宅紧靠市河，是正宗的“枕水人家”。这里以县城古老的西城门而得名，城墙、城门建于明代，巍峨壮观，坚如磐石，抵御倭寇，屡建战功，被百姓称为“守护神”。西城门在二十世纪五十年代被拆除。之后，这里变成建材码头和堆场，附近居民称它为“黄沙滩”，是外公儿时经常跟小伙伴玩耍的地方。在松软的沙坡上，他们挖地洞、筑碉堡、打沙仗，

充满童趣，不亦乐乎。如今，这里已建筑林立。外公家的老宅因城市更新拆迁了，昔日的“黄沙滩”也早已踪迹难寻。

外公说，嘉善自古是鱼米之乡，魏塘镇西门水陆交通便利，因此商贾云集，商贸繁荣。早在清光绪年间，西门大街上就开设了汪日新米行，经营有方，生意兴隆，设有米厂、堆栈，备有粮船，直接通过码头，将成品大米装船运往上海经销。嘉善粳米粒大、色白，香糯可口，备受上海市民青睐。汪日新米行在当时颇有声誉，遗迹保存至今。西门大街东端的卖鱼桥始建于北宋熙宁年间（1068—1077），初名熙宁桥，这一带是嘉善最早形成商业集市之地，当时卖鱼桥上菜贩、鱼贩众多，人声鼎沸，生意兴旺。久而久之，当地百姓就把这座桥叫作“卖鱼桥”，熙宁桥的原名反而被淡忘了。

（二）共和国的同龄人

我的外公出生于 1949 年，是共和国的同龄人。外公的父亲在徐州钢笔厂工作，很早就过世了，外公的母亲在嘉善服装厂工作。外公说，他小时候印象最深刻的就是 1959 年至 1961 年三年自然灾害，那时的粮食供应困难是现在无法想象的。米、油、布等生活必需品得凭票购买，一家人粮食完全不够吃，常处于半饥饿状态。外公说当时黄豆被称作“营养豆”，能吃到黄豆已经算是改善伙食了，吃肉那简直是一种奢侈。也正是经历过这种忍饥挨饿的时期，不浪费饭菜、珍惜粮食成为外公他们这代人刻在骨子里的生活习惯。当时，外公家里兄弟四人，都正值长身体的时候。太奶奶在如此困难的年景下，一个人拉扯大四个男孩，还要赡养婆婆，可以想见，当年的生活有多不容易。

1966 年“文化大革命”开始不久，全国性的学生大串联活动迅速开展起来。外公说，他印象最深的是他当年串联走的最远的一次。他和另一个同学日夜兼程步行到苏州，脚上都起了水泡，走路生疼。还好当时每到一处都有免费的食宿供应，他们在苏州休整后又继续北上，一直走到无锡、镇江等地，据说当时真有不少年轻人从家乡走到北京去大串联，这番毅力和决心令人佩服。

外公的奶奶和外公的父母亲等合影

外公的父母和外公的大哥合影

1969 年，外公插队落户到嘉善县洪溪公社养蚕种田。嘉善自古家家户户就养蚕织布，“纺不完的松江纱，织不完的魏塘布”的民谣流传广泛，这里被称为“丝绸之府”“衣被天下”。当年的洪溪有很多养蚕的蚕社。当时乡下出行很不方便，外公记忆犹新的是，从洪溪出门需要坐渡船，这种交通方式在当时的嘉善最为普遍，现如今已经很难看到了。据 1995 年版《嘉善县志》记载：典型的江南水乡嘉善，境内水网交织，圩垸如鳞，河长路短，渡津极多。新中国成立前数量已难稽考，新中国成立后历次普查，1972 年最多时有 226 处，按全县总面积计算，平均每 2.24 平方公里就有一处。铁路以北地区，渡口密度尤高。[①]

后来，外公到了公社电影组负责放电影。他当时用的是一部很小的 8.75 毫米放映机。8.75 毫米指的是电影胶片的尺寸，是一种中国独有的窄胶片电影，放映设备轻便，运输方便，拷贝与放映机价格均较低廉，是为偏僻的农村、山区、边远地区、海岛及其他交通不便地区的人们看电影而专门设

① 嘉善县志编纂委员会.《嘉善县志》，上海：三联出版社，1995 年。

计的片型。那时的文化娱乐活动很贫乏，最开心的活动就是看电影了。每次外公去村里放电影，村里男女老少就像过节一样，年轻人奔走相告，小孩子欢天喜地，老人们乐开了花，早早就把椅子搬到广场上等着天黑放电影。听外公说，当时电影片子很有限，翻来覆去就那么几部，其中一部电影《红旗渠》放了整整两年！《红旗渠》是一部纪实影片，讲的是河南省林县（今林州市）严重干旱缺水、民不聊生，当地群众用10年的时间劈山引水，在悬崖峭壁上开凿出总长1500余公里的红旗渠，被人们称为人造天河。红旗渠从1960年开始动工，一修就是10年，而电影《红旗渠》也跟着拍了10年，全面记录了这一人定胜天的壮举，充分展现了中国人民愚公移山、艰苦奋斗的大无畏精神。

外公年轻时照片

外公的铁路工作证

1972年，外公由招工到了上海铁路建筑段工作，从事铁路维修工作。外公说，工作后他想买块手表，但那时还是计划经济时期，买手表要凭专门的“手表票”，最终，他省吃俭用，花了120多元，托人买了一只国产上海牌手表。相对于当时他40多元的月工资来说，这算是一笔大开销了。这上海牌手表可是当时的紧俏商品“老三件”之一，另外两件分别是凤凰牌自行车和蝴蝶牌缝纫机。后来，随着经济条件逐步改善，家里也逐渐添置齐全，那台蝴蝶牌缝纫机至今还在使用呢。

在上海工作期间，外公经常在上海与嘉善两地之间往返，火车就是当时他们铁路职工的上下班班车。他跟火车、铁路、车站打了一辈子交道。后来，外公从上海调回到嘉善火车站工作，家就住在离火车轨道不到 50 米的单位平房里，我的妈妈说，她是从小听着火车声长大的。那时的小孩子都有一项共同的游乐项目“看火车”。妈妈是近水楼台先得月，她在嘉善火车站玩到大。始建于二十世纪初的嘉善老火车站在当时可是很气派的建筑：高高的台阶直通车站大门，车站的门厅与候车大厅在同一楼层，相互连通；宽敞的候车大厅是西式风格，铺了厚木地板，有落地长窗，很有质感，也很有年代感。

妈妈说，每当火车即将进站，信号员、服务员就会走上站台，高声喊话：“火车进站了，注意安全！”远远望去，如怪兽般的火车吐着滚滚白烟，喘着粗气轰隆隆地驶来。火车离站台越近气势越猛，驶到近前，庞大的机车、巨大的红色铁轮裹着强风迎脸袭来。待慢慢刹住，旅客们井然有序地上下车。随着信号员绿色信号旗的挥动，火车一声咆哮，缓缓地驶出站台，奔向远方……这是妈妈童年记忆里百看不厌的精彩“节目”！

如今的外公外婆早已退休在家安度晚年。妈妈大学毕业来到嘉兴工作后，外公外婆也离开嘉善老家，移居到嘉兴市区生活，开心地享受着天伦之乐！

三、在新时代的春天里——父母的故事

我的父亲母亲都出生于二十世纪七十年代末，是沐浴着改革开放春风长大的一代人。他们接受了良好的教育，毕业于师范大学，现在都在机关单位辛勤工作。母亲还是一名光荣的嘉兴市人大代表，积极履职尽责，全心全意为人民服务，为群众代言。而我，正在北京师范大学南湖附属学校

母亲上大学期间留影

父亲大学毕业证

初中二年级努力学习，争取用心续写好新时代的家史故事。

一部家史，不仅记录了过去，也为未来提供了指引。它是一段生命的延续，是一部家风的传承载体，是一份承载着家庭梦想的历史信物。我的家史虽然简单，但也是属于我们家独一份的温暖而又美好的记忆！

（指导教师：柯海虹）

我的爸爸是好人

北京师范大学附属实验中学分校·高樱函

一、打扫卫生，清洁厅堂，传承中华民族传统美德

（一）发现家风建设新线索

春节前，我和爸妈分工打扫卫生，我负责清扫小库房和所有门窗的玻璃。经过我一个多小时的劳动，库房货架还剩下最后一层等待清理擦拭，胜利就在眼前。瞬间，我得意地哼唱起歌曲来，幻想着被家长表扬的场景。这时，问题出现了，在货架底层最里边有一个笨重的纸箱子，我想把它拉出来清理擦拭，可拉了几次都没拉动。我想，这肯定是遇见不配合的了，就嘟囔着说："你不出来，我怎么给你清理洗漱？你不清理洗漱，咋过新年呢？"我又使劲拉拽了几次，它还是不动弹。我猜测肯定是箱子卡在哪儿了，不能生拉硬拽，得找东西撬动一下。环顾四周，我瞧见了家长给我买的戒尺，它正挂在我的书柜上睡大觉。对，就用它来撬一撬。我小心翼翼地把纸箱子往右撬动了一下，也不敢使劲撬，生怕戒尺断了解释不清楚。嘿，有门，纸箱子动了。于是，我一边撬，一边挪，费半天劲，终于把箱子掏了出来。当我把布满灰尘的纸箱子放到地板上，小心翼翼地打开时，瞬间惊住了！我发现，满满一箱装的全是爸爸的荣誉证书、奖杯、奖牌。不谦虚地讲，这是属于爸爸的满满的一箱尘封的荣誉！

怀着敬仰的心情，我赶紧把手洗干净，找了一块干净的毛巾，小心翼翼地把纸箱里的东西一件一件拿出来，再把上面的灰尘仔细地擦拭干净。

随后，像士兵列队一样，我把证章、证书和牌匾整齐地摆在客厅的地板上，还特意把十二枚军功章和“中国好人榜”牌匾整齐地摆在一起。我站在这一堆荣誉面前，看了很久，思考了很久……

爸爸的获奖证书

（二）深挖典型为访谈事迹做准备

终于，我忍不住了，找到正在厨房里系着围裙打扫卫生的爸爸，拉住他的手就往客厅走。爸爸疑惑不解地一边看着我一边跟我走，不知道我要干吗。当爸爸跟我来到客厅，看到满地花花绿绿的证书时，爸爸也愣了一下，随即轻声说道：“装起来，装起来，摆出来干吗呀？”我问：“爸爸，这些可都是您的吗？”爸爸说：“是的，孩子，不过这只能代表过去了。我们应该朝前看才是，你说对不对？”“爸爸，我好崇拜您！”我忍不住加大了音量说，声音有些嘶哑。“爸爸，记得我小时候您就跟我说：‘知道自己痛，证明你还活着；知道别人痛，才证明你是个人。’那时候我还不理解这句话，今天看到您这么多的荣誉，我终于明白了您一辈子不只是这样说的，您还是这样做的，是吗，爸爸？”我看见爸爸明显有点不好意思了，但是他还是说：“做人起码应该做个对社会和家庭有益的人，勿以善小而不为，勿以恶小而为之，勤奋工作，爱国爱家，这样社会和家才有温度。”

突然，我又想起了什么，就说：“爸爸，您在这里等我，别动，我去拿个东西马上回来。”不等爸爸答应，我快步来到我的房间里，穿上校服，系上红领巾，找出我的《新京报》小记者证。然后我来到客厅，走到爸爸面前，郑重地说：“爸爸，学校布置了个寒假作业，是关于家风家史建设的第二届中学生家史征文大赛征稿，我正发愁找不到素材呢，原来素材就在我身边。我是《新京报》小记者，这是记者证，你看清楚了，我要专访您。您作为“京津冀十大慈善义工榜样人物”“北京榜样：最美警察”“首都精神文明建设先进个人”，12 次立功受奖，荣登“中国好人榜”的“好人”爸爸，您愿意接受一个中学生的一次专访吗？”“我愿意！”爸爸没有犹豫就爽快地答应了我，语气相当认真！

二、忠于职守、一心为民，诠释优良的思想品质

这次采访中，因时间关系，爸爸只跟我讲述了照顾孤寡独居老人万奶奶的故事。他娓娓道来，似春夜细雨沁心扉、润心田，故事不算惊天动地，但平凡处显责任、细微处现担当，将一个满身勋章的“好人爸爸”与“好人好兵好警察”进行了完美的融合。根据爸爸的讲述，我把这感人的故事做了细致整理。

（一）敢大声说：“我是人民警察，有困难您说话。”

2010 年深秋的一个上午，作为警察的爸爸上午在进行社区消防安全检查时，发现门头沟某社区一户人家的房门虚掩着。等他下午检查完返回时，留心发现那扇门还虚开着，职业的敏感让爸爸顿生疑虑。顾不上多想，他果断登门前去查看。

爸爸说那是一个十分简陋的小房间，房间阴暗潮湿，除了一张木板单

人床以外，几乎没有什么像样家具。他隐约看见水泥地板上躺着一个人，爸爸边喊边向躺着的人靠近。听见有人进来，躺着的人挣扎着想坐起身。爸爸靠近一看，发现是位满头白发的老太太。爸爸赶紧将老人抱到床上。“孩子，给我接口水喝……接口水喝……我生病了，已经躺三天了，怕死在家里没人知道，盼着好心人来救我，所以就一直没敢关门……”老人有气无力地还在说着什么。见此情形，爸爸顾不上太多，毫不犹豫地一把拉住老人干枯的手，他一边说着“我是警察，我来管您，您不要害怕”，一边直接将老人背在背上奔向了门头沟区医院……

爸爸坚实的脊梁，给了老人活下去的希望。经过医生诊治调理，7天后，老人身体状况得到了恢复。后来了解得知，老人叫万玉玲，那年78岁，属于无工作、无儿女、无收入来源，靠吃低保度日的“三无”孤寡老人。她低保费只能勉强糊口，但一生病吃药就没了吃饭的钱。知道老人的困难后，爸爸就萌生了赡养她的念头。自此，老人就成了爸爸心中的牵挂：天冷了，他怕老人冻着；天热了，怕老人热着；就连家里有了好吃的，他总是提前给老人留出来，带到单位，利用中午休息时间给老人送过去。

2012年7月21日北京下暴雨，爸爸怕老人有危险，就整夜守在老人楼下的车里，直到雨停了，爸爸才拖着疲惫的身体回单位。可是，慢慢地，爸爸还是发现老人面对他的开心都是装出来的，并且感觉到老人对爸爸有很强的戒心。

（二）有底气地说：“我是党派来的，请您尽管放心。”

爸爸知道老人有顾虑，为了解开这道难题，他专门找到辖区居委会，要在居委会干部的见证下跟老人举办一个“结亲礼”。中秋节那天，爸爸带了节日礼物和现金，来到老人家里，在街道主任的见证下，跟老人举办了“结亲礼”。爸爸拉着老人的手说：“阿姨，我母亲已经去世多年了，我羡慕有妈妈的人，您要是不嫌弃，您就做我们的亲人吧……”可能是爸爸的真诚打动了老人，老人抑制不住心中的感激，泪流满面。

从此，爸爸就成了万奶奶的亲人。工作再忙，爸爸都要抽出时间到老人家中看望。逢年过节，爸爸都要送去礼物和年货，大年三十跟奶奶包饺子是爸爸每年的必修课。今年是爸爸当警察的第 14 个年头，也是在老人家过的第 14 个春节。爸爸说，每当欢声笑语在万奶奶简陋的窗口传出时，邻居都忍不住往屋里多瞅几眼。很快，社区群众都知道万奶奶有儿子了。好长时间里，老人逢人便说："是党给我派来了亲人……"

爸爸说有一年初冬的一个夜晚，北风夹杂着雪花直往脖子里钻。爸爸刚回到家中，心里咯噔一下：由于工作忙，一个礼拜没去看望万奶奶了，老人屋里的暖气热不热，今晚能熬得住吗？爸爸顾不上多想，穿上衣服，冒着刺骨的寒风，连夜从城里赶到老人家。

一进门，只见老人穿着衣服，盖着被子，蜷缩在床上。爸爸直奔暖气旁，一摸，冰凉。顿时，爸爸说他感觉像个做错事的孩子，别提有多愧疚了。"您别着急，"爸爸说，"我给您放放暖气片里的气儿，一会儿就热了。"

半个小时后，暖气还是没咋热，可能是管线年久失修，估计今晚是不会有太明显的效果了。爸爸在房间里转了一圈，灵机一动，拿出刚给老人买了不久的电饭煲，灌满了水，烧得滚开，热气腾腾的既暖和又保湿。爸爸知道老人心疼电钱，第二天他又悄悄地去买了 600 度电，充进老人家的电表。

几年来，爸爸几乎承担了万奶奶的大部分生活费用，每隔半年左右为电表充一次电，每次探访总要看看冰箱里缺啥，阳台上的米、面、油够不够，然后还要和老人聊聊家常，说说国家大事，陪老人活动活动身体，问问有没有需要处理的事情。

2015 年雨雪多，天气冷得早，万奶奶不小心摔了一跤，外出买菜越来越不方便了。这可急坏了爸爸，他找到周边的饭店，跟老板说明情况，决定自己出钱给万奶奶订餐，让店里每天中午给老人做一道菜，让伙计直接送到老人家里来。开始老人说啥也不同意，还不给送餐的服务员开门。爸爸就耐心做老人的工作，告诉她雪天路滑，要是摔瘫痪了就什么都晚了。最终，老人含泪答应了他的请求。

（三）诚恳地说：“这是我的责任，也是我的良心。”

爸爸说结亲赡养万奶奶绝不是他一时心血来潮。在照顾万奶奶的同时，他还在照顾着门头沟区 81 岁双腿重度残疾老人邵奶奶夫妇和她收养的 12 岁濒临失学的养女，同时，还在照顾着远离市区 80 公里门头沟斋堂镇西湖林村的四个孤寡残疾老人。每当爸爸进山开展“一村一格一警”警务工作时，他都要给这些困难群众送去吃的用的，都要到家里去坐坐，送去温暖和关怀。

爸爸说，三十多年来，经他照顾和资助的困难群众有上百人了，经他手照顾送终的老人有六位。爸爸资助的山东济宁五位孤寡革命老军人之一张树田爷爷，临终前拉着他的手久久不肯松开，对爸爸说：“孩子，是你送我进了天堂！”爸爸救助躺在马路上生命垂危的老人后，老人四名子女在爸爸单位门口长跪不起谢恩人。爸爸在安徽代职的时候，用每月一半的工资帮助安徽肥东县一中文科状元王金林，帮贫困孩子圆了大学梦。受助孩子王金林在《安徽日报》发表文章《明天我就成了你》，向爸爸表达感谢。

三、一盏路灯照亮了你我，爸爸是家风的领路人

（一）爸爸说，我们自己少出去吃顿饭，就能解决孤寡群众一个月的菜钱

爸爸说，几十年来，他拿出一部分工资收入用到了扶贫帮困上。爸爸赡养的几个老人硬要把房产赠予他，但都被爸爸婉言谢绝了。爸爸说，他图的真不是这个，他图的是社会责任，他图的是一个好的家风家史，他图的是给孩子做好榜样，他图的更是百姓称赞和“好人好兵好警察”的口碑！

爸爸 17 岁离开家乡参军报国，几十年来守在父母身边的时光屈指可数。别说照顾，父母离世他都没能守在身边，都没能送上一程。爸爸坚强地说，他不遗憾。但是，转身，爸爸却把对亲人的愧疚转变成了对社会群众的大爱。

（二）爸爸说，电视台拍他的宣传片，是为了让更多的人加入到公益的队伍来

爸爸说，2018 年的春节，北京市委宣传部、北京市文明办把爸爸和万奶奶的故事拍摄成视频《牵着妈妈的手》，一时刷屏网络。北京电视台《特别关注》栏目和千龙网分别对爸爸进行了专访，对爸爸无私奉献社会的精神进行了表扬和宣传，爸爸说，他的压力更大了。

我的采访马上结束了，与其说是采访，不如说是我与爸爸的一次促膝长谈，一次生命与生命的碰撞。我的理解和认知是爸爸一次次用实际行动诠释了一名共产党员的光辉形象，同时爸爸更是用榜样的力量引领了家的方向。“好人爸爸”的好，是品质的坚定；“好人爸爸”的德，是美德的传承。今后的日子里，我要刻苦学习，努力成长，心里有爱，眼里有光，长大了，也要做一个跟爸爸一样的好人。

爸爸荣获的“中国好人榜”奖章

（三）爸爸说，习近平总书记为家风国风建设指明了方向

习近平总书记指出，中华民族历来重视家庭，家庭是社会的细胞。国家富强、民族复兴最终要体现在千千万万个家庭幸福美满上；广大家庭都要重言传、重身教，教知识、育品德，帮助孩子们扣好人生的第一粒扣子，引导家庭成员，特别是下一代热爱党、热爱祖国、热爱人民、热爱中华民族。只有我们把爱家和爱国统一起来，才能把实现个人梦、家庭梦融入国家梦、民族梦之中。

（指导教师：顾亮）

敦序九族

——我的家族故事

北京师范大学实验华夏女子中学·宋秋玥

我的太婆（即外曾祖母）姓李，姐弟共十人。现在，十家人加起来有上百人之多，虽然散布在五湖四海，却是一个具有亲情和凝聚力的大家庭，这就是有着优良家风和无限亲情的李氏家族。

一、追踪溯源忆先祖　铁路管理献青春

外高祖父李一飞（1895—1975）

太婆的家族历史追溯起来，大约是在二百多年前。当时的李氏先祖只身一人从河北深州来到北京谋生，从此在北京定居下来。至我的外高祖父时，已繁衍为一个庞大的家族。我的外高祖父名叫李一飞（谱名汝翼），生于1895年，是我们视为的家族第一代。[①]

外高祖父是家里第一个进学校读书的人。他上过陶氏学堂、北京市立二中和中国大学。后来因为家庭经济困难，他大学未毕业就考入了铁路讲习所，从此进入京

① 本文内容来自采访记录以及笔者母亲孙晓萌写的《我们的故事——李氏家族》。受访人：作者母亲孙晓萌，外曾祖母李爽林、李风等。

绥铁路工作，从发报员做起，直到车务段列车长、副站长、站长、分段长，外高祖父也因此与铁路结下了不解之缘。京绥铁路共设有七个分段，外高祖父在西直门、康庄、张家口、绥远、包头五个分段都当过分段长，其中在康庄车站工作的时间最长。他是中国早期的铁路运营管理工作者，为中国铁路事业的发展奉献了 23 年的青春。

外高祖父为人亲善、诙谐幽默、重学儒雅，工作兢兢业业、克己奉公。外高祖父还很乐于助人，他的工资除家用外还经常接济亲人和工友，因此被称为“李善人”。

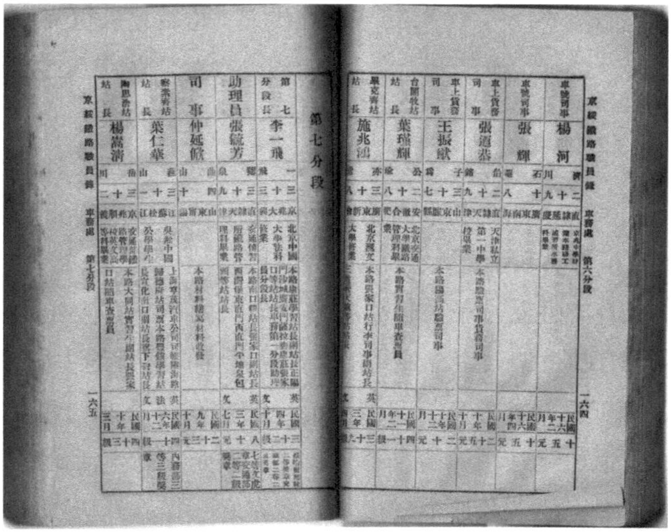

藏于詹天佑纪念馆的《京绥铁路职员录》，记载有外高祖父的工作经历。

二、李树枝繁凤麟投　一叶和谐敦序舟

外高祖父先后娶了两位妻子，第一位外高祖母生了 6 个女儿，年仅 46 岁便因病去世。旧社会重男轻女的封建意识很重，外高祖父也不能例外。第二位外高祖母又生了 3 个女儿，最后才生了一个儿子。按家族辈分排字，

外曾祖母和五位同胞姐妹幼年时的合影（1936 年）

第二代人（即太婆这一代）中的女孩是“麟”字辈、男孩是“敦”字辈。而为了盼儿子，外高祖父早早就给未出生的儿子起了名字“敦序”，取自《史记·夏本纪》中“敦序九族，众明高翼”，意为“使九族亲厚而有顺序”，代表了外高祖父对家族深深的希望。

第二代人是按照叔伯兄弟姐妹大排行的，所以外高祖父的长女排行第四。第三代人（也就是外祖父这辈）都称呼为四姨，次女是六姨，三女是七姨，四女是八姨（即我的太婆），五女是十姨，六女是十一姨；第二位外高祖母生的女儿分别是十二姨、十三姨和十四姨，儿子是小舅舅。他们分别是我的姨太婆们（姨外曾祖母）和小舅太公（舅外曾祖父）。

外高祖父育有九女一子，建立起自己庞大的小家庭。外高祖父母的感情极好，从没有吵过架。两位外高祖母都是贤妻良母型的主妇，勤俭朴实、心灵手巧、善于女红。外高祖父续弦后，第二位外高祖母继续勤俭持家，对孩子们的爱也始终是平等的、不分亲疏，因而家庭生活始终是和谐美满的。即使这个家庭的人和那个时代的许多家庭一样，经历过很多磨难，但仍然是乐观、积极向上的。外高祖父母喜好京剧、唱歌、皮影戏。在那个年代，对于居住在偏僻车站的家庭来说，没有什么娱乐活动，于是外高祖一大家子人便自娱自乐，自己制作服装、道具，自编、自导、自演，这也造就了李氏家族的人多才多艺。在外高祖父母营造的家庭气氛下，家里总是充满欢乐。1964 年 8 月 23 日，相继离家分赴全国各地工作的十位子女齐聚北京，为外高祖父庆贺七十大寿，全家人照了第一张也是最后一张全家福，此后七姨外曾祖母去世。

外高祖父七十大寿当天非常高兴，于是在照片背面赋诗一首。诗前小

1964 年全家福

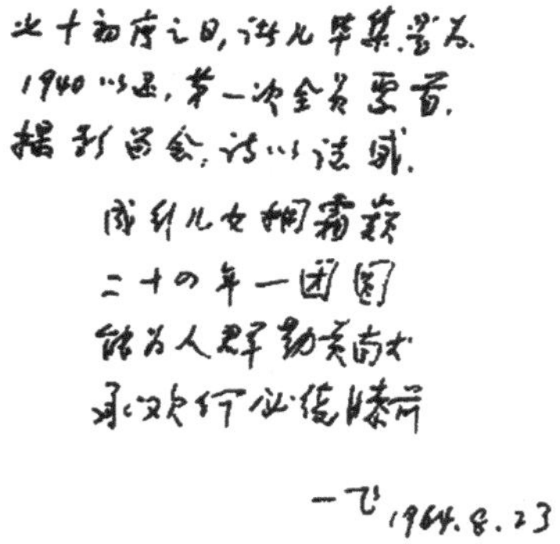

成行儿女拥霜巅，
二十四年一团圆。
能为人群做贡献，
承欢何必绕膝前。

序说：“七十初度之日，诸儿毕集，是为 1940 以还，第一次全员聚首，摄影留念，诗以志感。”

三、心系中华闹革命　志在全国一片红

李氏家族是一个革命的大家庭。日本侵略中国后，华北沦陷，铁路陷入敌手，外高祖父为了不给日本侵略者卖命，毅然辞掉了工作。在这种朴素的爱国主义思想影响下，李氏家族第二代（即外曾祖母这一代）从小就

受到了热爱祖国、热爱中华等思想的教育。这种思想也影响着她们的人生观、价值观，影响着周围的同学、亲友。七太婆（七姨外曾祖母）是家族中第一位投身革命的人。1940 年 7 月，七太婆偷偷离家奔赴延安。在她的带动下，六太婆（六姨外曾祖母）、太婆、十太婆（十姨外曾祖母）、十一太婆（十一姨外曾祖母）以及五舅太公（五舅外曾祖父，太婆表弟）纷纷投身革命事业。他们后来都在革命的道路上遇到了自己志同道合的革命伴侣。

1943 年，太婆在六太婆的影响下参加了北平（今北京）地下党活动，并于 1945 年加入中国共产党，在华北局城工部北平地下学委的领导下开展地下工作，直至北平解放前夕。她当时的公开身份是师大女附中学生。外高祖的家迁过三次，都是党组织的秘密活动场所，地下党组织的学委领导们经常在家里开会、碰头。他们活动时太婆便负责在外面放哨，有时也会根据领导委派负责送信、传递信息。那段时间，太婆还和六太婆多次秘密油印党的主张和抗日标语、口号等宣传材料，并利用夜幕的掩护分发粘贴出去。印传单时，有人负责刻好石蜡纸，太婆和六太婆则负责印刷。当时为了便于隐藏，她们不敢使用油印机，而是用一个油印辊子，涂上油墨，一张张印好，印完后再把油印工具拆散了分别藏起来。学生时期，太婆还参加了学校的秘密学习小组“读书会”，通过阅读进步书籍等方式进行革命思想学习，包括毛主席的《论持久战》、艾思奇的《大众哲学》等。后来，太婆和六太婆作为进步学生，还有幸在城工部的秘密组织下到阜平、张家口等解放区参观学习。在解放区，她们在时任城工部长刘仁同志的带领下参加了晋察冀军区第二届群英会，听战斗英雄和拥军模范的事迹；参观边区英雄事迹展、白求恩卫生学校等，加深对党、对解放区的认识。北平解放前夕，太婆担任城工部“城内指挥部”西北分指挥部的地下交通员，具体任务是每天骑自行车往返于北大红楼和北大工学院（现中国儿童中心）之间送信、送材料。这项工作看起来简单，在当时却是比较危险的。那时街上到处都是敌人的军警，一旦被发现肯定会被捕。北平解放时，太婆还参与了“城内指挥部”组织的群众参观解放军入城式执勤任务和地下党员会师大会。

同样，我的太公（外曾祖父）也参与过很多革命工作。1948 年，太公在华北局城工部学生室任干事，被派遣回北平敌占区运送一份机密文件和部分经费给北平地下党，随后只身一人赴唐山开滦煤矿，执行劝降煤矿矿警总所所长的任务，以确保在唐山解放时煤矿能够完好移交。

外曾祖父和外曾祖母

在家族第二代人中，有十几位分别在红军长征、抗日战争和解放战争时期参加了革命，还有的在新中国成立后参加了抗美援朝战争。他们当中的很多人在那个白色恐怖笼罩下的特殊年代，与很多革命人士一样改名换姓，冒死进行党的地下活动。他们为北平的和平解放、为新中国的建立贡献了满腔热血，他们对祖国的热爱、对党的无限忠诚，都是朴实真切的。

2012 年李氏家族第四次大聚会，组织大家游览了位于北京市门头沟区的平西交通联络情报站纪念馆。外曾祖母时为家族健在最长者，为族人讲述当年同六姨外曾祖母从这里赴晋察冀中央局城工部学习的故事。当年多位家族第二代长辈从这里赴白求恩卫生学校学习，走上革命道路。外曾祖母、十姨外曾祖母、五表舅外曾祖父现场题词。

外曾祖母为族人讲述当年经历

2012 年李氏家族第四次聚会合影

四、爱岗敬业多才艺　人才辈出纵九州

李氏家族是一个人才辈出的大家族。外高祖父的十位子女均接受过高等教育，在那个年代实属不易，这要归功于太公开明的思想。外高祖父认

为给女儿们的最好嫁妆就是文凭，因此虽然外高祖父一定要生儿子，但对女儿们的教育丝毫不吝啬。勤奋好学，使得家族涌现出很多优秀的人才，让他们成就了各自的事业。在这个大家庭中，有五位博士、十几位硕士、几十位大学生，家族第二代人中便有了留学生。

中华人民共和国成立后，长辈们对事业依然无私奉献、全心投入，在各自的岗位上均做出了一番成就。外高祖父在辞退铁路管理职务后，办过工厂，还当选为第一届北京市人大代表。家族第二代、第三代、第四代人中，有研究员、教授、博士生导师、高级教师、工程师、律师、会计师、医生、医院管理者、营养师、舞蹈家、企业家、企业管理者、党的领导干部等等。各行各业都有李氏家族成员闪光的光影，家族成员们都牢记家风，爱岗敬业、克己奉公、为人低调、淡泊名利、艰苦朴素。这些思想精神，深深地影响着我们这些晚辈。

受家族第一代人影响，李氏家族还是一个多才多艺的大家庭。家族各代人都喜好京剧、舞蹈、书法、绘画、歌曲等艺术，还有很多善于摄影、影像设计制作等现代科技的人才。大约在 1923 年，外高祖父母一大家子搬到察哈尔省延庆县京绥路康庄车站站长宿舍居住。那里除了庙会时会有野台子戏外，极个别时候能碰上露天电影，此外就没有其他文化娱乐活动了，于是外高祖父买了照相机、留声机等设备。外高祖父做摄影师，外高祖母

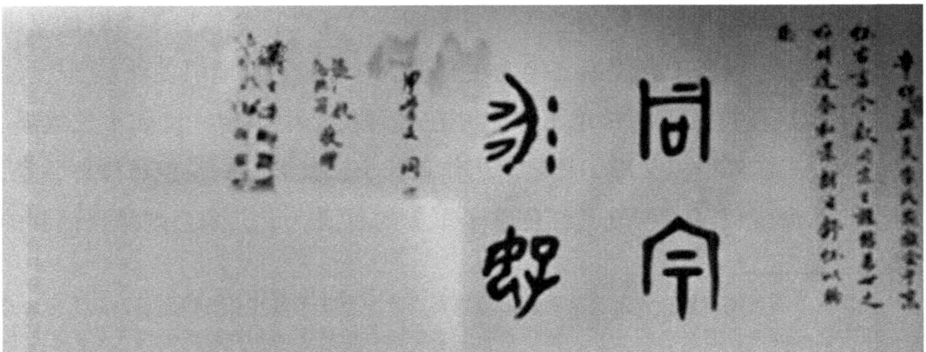

姨夫题写的甲骨文

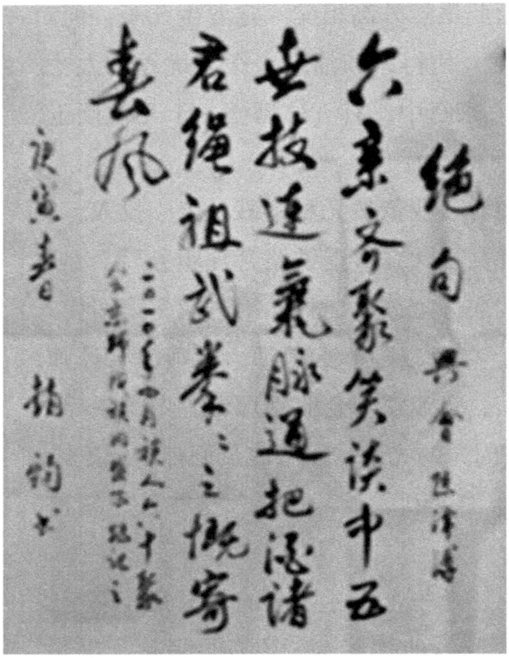

十四太公（外高祖第九女婿）作诗、五舅爷（曾祖母的表弟）书写的作品

外高祖父为六姨外曾祖母拍摄的一张京剧《御碑亭》剧照，是由外高祖母亲手打扮[①]。

就是设计师、化妆师兼胶片冲洗人，并亲自给孩子们打扮。外高祖父买了留声机后，家里积累了不少唱片。由于外高祖父母喜欢京剧，所以绝大部分唱片都是京剧唱片，包括梅兰芳、言菊朋、马连良、余叔岩等当时的京剧名角的唱片，以至于家族第二代人在上小学时就能熟练地唱各种京剧选段。后来这些兴趣技艺不断传承下来，并在各种机会中呈现。比如十三太婆、太公（十三姨外曾祖父母）是艺术工作者，十三太婆是一位芭蕾舞舞蹈家，曾参演革命现代芭蕾舞剧《红色娘子军》的首演。十三太公则是这部剧的

---

① 头饰是用黑色绒布剪成波浪状头围，上边饰以亮片和白珠子做成旦角的发型，身上穿的是外高祖父的一件深灰色绸长衫，袖子很长，在两袖口处缝上两条白手绢做成水袖；衣服的下摆折起来，腰间从外面围上一块白色绸桌布做裙子。外高祖父亲自导演，为六姨外曾祖母摆出青衣躲雨的姿势：将一件花旗袍折起搭在左臂上，右手扬在头上遮雨前行。

编导之一王希贤，他曾在苏联留学。又如大表姑外祖母苏文漪，当年是清华大学的校花，在校期间是清华舞蹈队队员，至今仍然活跃在清华大学校友舞蹈队的舞台上。

五、最喜五世天伦乐 亲系两岸情五洲

如今，李氏家族越发兴旺发达，家族已发展到第五代（我这一代），成员已有上百人之多，散布在五湖四海；而优良的家风和无限的亲情，始终凝聚着族人的心。

2010 年，家族成立了理事会，专门负责组织协调家族内的各种活动。这是一个民主有序的组织，以李氏家族第二代人为家庭单位，每个家庭推举一位代表，在理事会担任理事。理事会不定期召开会议，讨论家族重大事项。理事会讨论最多的事情，就是家族聚会。

自理事会成立后，几乎每年都要组织一次大规模的家族聚会，还有很多小范围的聚会，不胜枚举。大规模的家族聚会总是令人期盼。届时，散布在五湖四海的族人齐聚一堂，其乐融融。大聚会不是仅仅聚在一起吃顿饭，而是还有很多精彩的活动。聚会的重头戏是联欢会，这是家族成员施展才艺的舞台。每个家庭都要出节目，男女老幼齐上阵，节目精彩纷呈，有各种舞蹈、歌曲、京剧、游戏、猜谜等，还有家族成员的字画、诗作、家族相册等作品展示。其间，还会让老人们讲述家族历史、奇闻趣事；而未能参与聚会的家族成员还会通过各种方式带来远方的祝福。除了联欢会，每次大聚会还会挑选与家族成员工作和生活密切相关的地方，组织大家游览观光。这种方式既能让大家尽情畅游，又能让所有人亲历现场、感同身受地重温当年的记忆，接受家族历史的教育，增强家族的凝聚力和自豪感。除了大小聚会，还有各种家族游，从北到南，从东到西，甚至走出国门，到达大洋彼岸的美国、加拿大，与远在异国他乡的亲友们相聚。

家族聚会合影选

六、家风建设在路上 家族精神记心头

虽然家族到第四代（即母亲这一代）已经没有人姓李了，但是我们的身体里仍然流淌着李氏家族的血液，我们为此而感到自豪！如今，在多年家风传承的积淀和家族精神的凝聚下，李氏家族逐渐形成了独特的家族文化，且拥有了属于我们自己的家风、家训、logo 等独树一帜的家族象征。

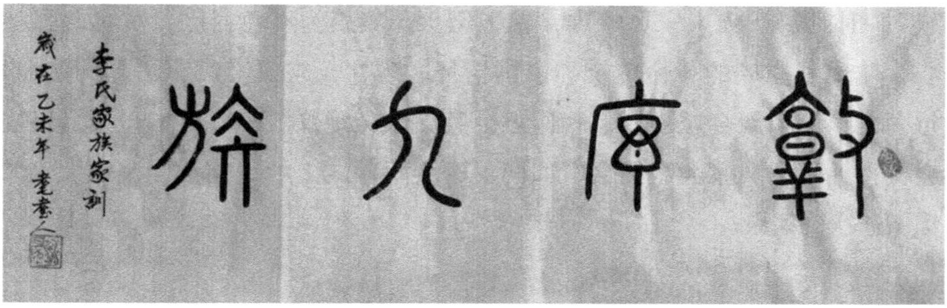

家训：敦序九族。书写者赵保田（表姨夫之祖父），2015 年赠送李氏家族。

“敦序九族”正式成为我们的家训。且经过家族理事会征集，我们的家风最终总结归纳为八句：诚实尚进，学不可已，奉先慈后，和睦宽容，有为有守，报国为民，克勤克俭，兴己济人[①]。这八句话汇聚了家族的优良传统，凸显了家族和睦、兴旺有序的家风传承。

此外，我们的家族还拥有一个老物件——天鸡车尊。该车尊铸于民国时期，青铜材质。重 500 克、高 9 厘米，前后长 8 厘米、左右宽 5 厘米。主体为鸡形，左右各有一轮，两个车轮侧面分别铸有阳文“京绥铁路通车纪念”和“民国十年七月一日”。此车尊乃 1921 年 9 月 19 日京绥铁路通车时的纪念品，为国家三级文物[②]。这是外高祖父的遗物，是他在京张铁路工作时获得的纪念品[③]，适逢京张铁路通车至归绥（即京绥铁路）。当年出席通车庆典的嘉宾都获赠了一份精美的纪念品，即这个仿古铜制“天鸡车尊”[④]。该车尊曾在“文革”期间丢失，后来被小舅太公找回，失而复得后弥足珍贵[⑤]。现在，这个车尊已经成为我们家族的族徽，同时是我们族旗的主体构成部分。

2018 年，母亲在组织第八次家族聚会时，希望能有一面属于家族自己标志的旗帜，便于在出游时起引导作用，于是邀请专门从事设计工作的小表舅进行设计。族旗以族徽天鸡车尊为主体，下缀家训篆体字“敦序九

① 引自田昊（小表姨）在天津经济广播《百姓说事》栏目的采访，2017 年 2 月 5 日。

②④ 张贝贝.《京绥铁路通车纪念物“天鸡车尊”初探》，《文物鉴定与鉴赏》，2018 年 8 月（下）。

③⑤ 李敦序（表舅外曾祖父）.《天鸡车尊失而复得记》，2012 年。

族”，时刻提醒族人家风家训，铭记历史。族旗为红色衬底，黄色凸显核心，体现了家族的革命传统和家国情怀。现在，族旗又赋予了新的使命。每一次家族大聚会尾声时，我们还会有族旗交接仪式——由本届聚会组委会交接给下一届聚会组委会，如同奥运会闭幕式上的仪式一样，令大家憧憬下一次的团聚。

族徽天鸡车尊

李氏族旗

这就是我们的家族——人才济济、各显神通，团结协作、和谐进取。前辈们平凡中彰显着忠诚的经历，是后辈们充满挚爱的记忆；家族历史，弥足珍贵；家族精神，世代传承。作为家族第五代人之一，我相信我们的家族文化能够不断传承、发扬光大！

（指导教师：耿京雯）

红色的赓续

北京师范大学附属中学·孙逸文

那段岁月，值得我们去铭记；他的精神，永垂不朽！

——题记

新春佳节到来之际，到处都洋溢着节日的喜庆和热闹。在这“总把新桃换旧符”的时候，我无意中瞥见柜子上整齐摆放着的几个被精心呵护的方形盒子。我以为它们是些精致的饰品，怀着好奇心打开了它们，只见两枚勋章安静地躺在那里，虽然没有现代首饰的华丽，但它那沉甸甸的庄重仿佛诉说着历史的沧桑。其中一枚制作得相当精致，它有八个角，上部有一颗红色的五星，在一座山上矗立着一座塔；另一枚勋章是五个角造型，

太姥爷在1957年获得的独立自由勋章和解放勋章及配套证书

天安门上也有一颗红色的五星。我小心翼翼地从盒子里取出它，问姥爷这是什么纪念章，为什么上面没有字？姥爷说："这可不是纪念章，这是勋章，说起它可大有来历哩！这是当年你太姥爷在抗日战争和解放战争中奋不顾身、出生入死所获得的，是由毛主席亲自颁发的。""太姥爷是谁？我没见过吧？"我疑惑地问。"太姥爷是你妈妈的爷爷，也就是我的父亲，你的确没见过他。"姥爷将勋章接过来，举起它。原来勋章的反面刻着字："中华人民共和国三级独立自由勋章""中华人民共和国三级解放勋章"。看着它们，姥爷的眼中饱含敬意："我来跟你讲讲九十多年前你太姥爷的峥嵘岁月吧！"

一、青年时光，坚定入党

太姥爷名颜振普，1920 年出生在江苏省淮阴地区（今淮安市）涟水县朱码乡罗赵村黄庄（颜庄），1927 年到 1934 年在老家读私塾，又读了两年高小（相当于现在小学五六年级）后，于 1936 年在扬州中学上初中。扬州中学是当时的名校，学费很高。得益于他父亲的开明、重视教育，虽然当时家境并不好，但太姥爷的父亲依旧把家里的几亩田地卖掉，凑足学费供太姥爷读书。当时，太姥爷的一位老师是中共地下党员，经常给学校的进步青年宣讲革命的道理，讲当时中华民族面临的危难。正是在这时期，太姥爷接触到中国共产党组织的教育、培养。1937 年日本开始全面侵华，国家战火纷飞。1939 年 6 月在举国危险的时候，经老师的推荐，太姥爷秘密加入了中国共产党，成为一名光荣的中国共产党党员。三个月后老师告诉太姥爷："日本人就要占领我们苏北的家乡，你

太姥爷在中华人民共和国成立初期照的第一张标准照

的学业无法继续了。党组织要求你回到家乡，组织抗日武装，反抗日本人的侵略。”自此，太姥爷便中断了学业，回到家乡，开始了他一生都在坚守的事业——为人民过上幸福生活而奋斗。

二、战争的经历，勋章的传奇

从 1939 年开始革命到新中国成立，一共 10 年的时间，太姥爷经历无数次战争，每一场战争都是出生入死、奋不顾身，留下我们永远铭记于心的传奇。

（一）抗日战争的烽火岁月

1939 年 3 月，涟水县城已被日军占领。9 月太姥爷回到家乡后，积极在家乡秘密发展党员、建立武装进行抗日斗争。在他的号召带领下，成立了涟水县第一支在共产党领导下的抗日武装力量，一共有二十多人。武器是用当地老乡的募集款从败退的国民党军队、伪军、土匪手里购买的。主要的抗日行动是打游击，经常是夜间活动，潜入日伪据点附近，对岗哨等零星敌人打冷枪、除汉奸，进行反伪化斗争。

当时，在淮海地区坚持抗日斗争的主要是地方武装，主力部队还没有到达这里。像太姥爷这样带领的地方武装力量逐步从战争中成长起来，从小到大、由弱到强，各地武装也开始联合，组成了正规的地方武装部队——淮海大队。到 1942 年淮海大队由最初的几十个人已经发展到三四千人。太姥爷先后担任过淮海大队的连队指导员、涟水县一区区中队政治指导员、涟水县大队组织干事、涟水县独立团一营教导员。

1940 年春夏期间，主力部队开始准备进入淮海地区。当时中共地委和部分领导隐蔽到太姥爷所在的颜庄一带休整，以便迎接主力部队的到来。太姥爷全力以赴保障这些领导的安全，细心安排他们的食宿，夜以继日地工作，顺利地完成了任务。

1940 年 10 月的一个晚上，太姥爷参加了由中共地委发动全县进行的抗日武装战斗，一夜之间镇压了几十个汉奸，极大地震慑了敌人，第二天建立了抗日政权，成立了涟水县委，结束了党组织在涟水县地下活动的状况。

到 1942 年底，为了粉碎日伪的大扫荡，充分发动群众，壮大抗日武装，新四军决定“化整为零”，将主力部队地方化。太姥爷所在的涟水独立团被编为四支队，于 1943 年 1 月在涟水县陈老庄正式组建，活动于淮涟区（淮阴县和涟水县）。至此太姥爷正式加入了新四军主力部队。组建的四支队支队长是钟伟（开国少将之一），下辖两个团（十团和十一团），太姥爷任十一团党总支书记。

这个时期，部队的主要任务是反扫荡，打击日伪、顽军（伪军是汪伪已投降于日军的部队，顽军是积极反共的国民党部队），粉碎“治安肃正”，同时还进行了整风运动、大练兵运动。后来部队进行了局部反攻，主要是 1944 年春的高沟和杨口战斗（合称高杨战役），四支队也成为苏北抗日根据地的主力部队之一。局部反攻攻克了日伪据点，扩大了解放区革命根据地。此后四支队经过历次整编，于 1945 年 8 月改为新四军三师十旅二十八团，太姥爷在二十八团二营担任教导员。二十八团比较著名的战斗是解放淮阴。当时二十八团在东门担任主攻任务，战斗结束后，二十八团由于对战斗的胜利起了决定性的作用，被上级授予“清江部队”光荣称号。在高杨战役中，太姥爷负了伤，大腿被子弹打穿，住了两个月院才逐渐恢复，腿部留下的半个巴掌大的疤痕跟随他一生。

（二）解放战争的峥嵘历程

日本于 1945 年 8 月 15 日宣布投降，中国人民的抗日战争胜利结束。一个月后，中央军委命令黄克诚率三师主力四个旅三个特务团全速开赴东北，以便取得先机建立稳固的东北解放区。当时开赴东北的十万部队中，三师是进入东北的主力部队。由于战略保密需要，部队的行进方向不能说。先说去山东，等进入山东后便加快了行军速度，一些基层干部、战士心里难免敲起了小鼓。部队于 10 月 12 日到达临沂，休整两天。在此期间新四军军长陈毅、山东省主席黎玉接见连以上干部，介绍了党的第七次代表大会的情况。太姥爷后来曾向我姥爷提及当时的情景。太姥爷说陈毅讲话很风趣幽默，在会场对大家说：“很多干部问我们要去哪里，我告诉你们，毛主席告诉了我。”会场里大家都竖起耳朵，都想知道毛主席究竟说了什么。陈毅接着说：“但是，我不能告诉你们！”说完便哈哈大笑，惹得全场也都笑起来。陈毅首长生动幽默的话语打开了大家的心结，坚定了部队必胜的信念。

11 月 1 日国民党军向山海关发动总攻，三师无法按原计划经山海关进入东北，便从河北玉田出发，以每日百里的速度轻装前进，最后历时近两个月，行程 1500 公里，终于完成了进军东北的任务，抵达东北锦西地区。

在东北期间，太姥爷参加了三下江南、四战四平、攻克锦州、解放沈阳等危险而又艰巨的战斗。太姥爷参加的第一场大战役就是四平保卫战。在前两年热播的电视连续剧《大决战》中，就有大量描写这场战斗场景的镜头。四平是东北战略的核心要地，1946 年 3 月解放军首占四平，随后国民党进行大举反攻。从 3 月首占到 5 月撤出，太姥爷所在的十旅负责沿中长线阻击国民党军队，掩护主力部队向北撤退，为建设和巩固后方根据地赢得了时间。《大决战》中还有一个镜头，表现了在死守四平期间战地医院的忙碌景象。当时太姥爷在前线防御，太姥姥就在战地救护所救治伤员，他们也是在这里相识相知。

1948 年，十旅二十八团整编为四野二纵五师十三团，太姥爷任五师十三团政治处主任，此时辽沈战役已拉开了攻坚的大幕。从 9 月到 11 月，在历时 52 天的辽沈战役中，太姥爷所在的十三团参加了义县攻坚、锦州攻坚、辽西会战、解放沈阳四次大规模作战，任务最艰巨，战果也最大，立下了卓著的功勋。在攻克锦州的战役中，十三团受命于拂晓前作为第一梯队构筑能容纳两个团的进攻出发阵地，并将交通壕延伸到敌人前沿 60 米处，保证主攻部队于 5 时前全部进入出发冲锋的阵地。全团指战员冒着敌人轻重机枪和炮兵的火力威胁，利用夜色在火力掩护下奋力构筑工事，经过 5 个小时艰苦卓绝的奋战，按时保质地完成了三千多米的交通壕和各种掩体工事的构筑任务，堪称奇迹！

总攻开始后，经过 31 个小时的艰苦激战，我军终于攻克了国民党坚守的锦州。此一役关闭了东北通向关内的大门，使东北之敌成为瓮中之鳖。这个时期是五师和十三团在解放战争中表现最为突出的一个时期，但也付出了巨大的牺牲，在辽沈战役的最后一天，太姥爷所在的十三团政委和团参谋长先后牺牲。

11 月 2 日沈阳解放当日，东北野战军司令员林彪、政委罗荣桓、参谋长刘亚楼专门来到五师看望指战员，太姥爷也在场，当时罗政委在讲话中夸赞道：“打锦州时你们师组织得不错，突破快，像闪电似的，我和林总在帽儿山都看到了。”林彪在帽儿山观察突破情况时对五师的勇猛顽强的战斗作风连连称赞：“好部队！好作风！”

东北解放后，太姥爷所在的二纵五师十三团，奉命改为解放军三十九军一一六师三四六团。太姥爷又随部队参加了平津战役。1949 年 1 月天津解放后，部队在北平东南的采育镇小海子休整。

1948 年辽沈战役时十三团团领导合影。（右一是太姥爷）

在这期间，也有一件很有纪念意义的事。1949 年 3 月 18 日，朱德总司令在四野政治部副主任陶铸的陪同下，在驻地接见了一一六师团以上干部，太姥爷也是被接见的人员之一。朱总司令向大家嘘寒问暖，并和在座的每位同志一一握手，询问大家的文化程度、年龄、参战经历等。当得知师团干部都很年轻时，朱总司令非常高兴，鼓励大家说：“打仗你们是四野中最好的，你们是个好部队！”此后他又冒着风沙检阅了部队，经过太姥爷面前时，太姥爷赶紧用手里的相机按下了快门，可惜站的角度受限只拍到了朱总司令的侧影。这张太姥爷亲手所拍的朱总司令检阅部队时乘敞篷车手执风镜的珍贵照片一直在家里珍藏着，太姥爷传给了姥爷，姥爷又将它传给了妈妈，这样一代一代传承着。

沈阳解放后十三团的八位团领导在沈阳故宫前合影。（右二站立者是太姥爷）

1955年解放军授军衔时，太姥爷获得国家颁发的三级独立自由勋章、三级解放勋章，为他在抗日战争、解放战争中度过的青春岁月画上圆满句号！

三、和平年代，不忘初心

由于长期作战以及艰苦生活，太姥爷劳累过度，积劳成疾，得了严重的肺结核病。他一咳就是一痰盂血，连续高烧两个月，情况十分危险，几次报了病危。后来，他休养了整整三年才基本恢复。由于身体原因，1958年太姥爷从他热爱的部队转业到江西拖拉机厂任党委书记。他满怀热情地投入到地方工业建设事业上，开辟了一片新的人生战场。江西拖拉机厂是国家第八机械工业部的重点企业，中央领导朱德、副总理谭震林等曾先后视察过该厂，该厂也为我国的农业机械化做出了自己的贡献。

1965年，太姥爷服从组织安排，调到生活条件比较艰苦的石家庄拖拉机配件厂任厂长。

石家庄拖拉机配件厂连续多年不能完成生产计划，太姥爷深知肩负着抓好生产任务的重担，渴望尽早地完成国家下达的生产任务。为此，太姥爷经常深入各个车间，与工人、技术人员交流，调研计划完不成的原因，采取多种针对性措施，强调生产计划的严肃性，对各级干部提出更严格的要求。仅仅半年多的时间，企业生产状况有了根本的好转。由于太姥爷经常深入车间班组，密切联系群众，再加上记忆力好，一年多的时间，他几乎能记住全厂几千名职工的名字。太姥爷真抓实干的工作作风和对工人们的关心爱护，让他在干部职工中享有崇高威望，以至于在他离休后多年，新进厂的工人们也都知道有一位老厂长颜振普平易近人，是真干事、干实事、带领厂子走出困境的好厂长。

改革开放后，国家开始引进外资搞合资经营。河北省也计划与西德的一个公司开展技术合作，省里决定由太姥爷带队到西德进行考察。当时中央正改革领导终身制，建立领导干部的退休机制。太姥爷当时 62 岁，知道这是自己第一次也是最后一次难得的到国外看看的机会，但是他完全从有利于工作的角度出发，认为考察设备、谈技术应由懂技术的总工程师带队去，主动放弃了这次出国考察的机会。在二十世纪八十年代初，国家刚刚改革开放，能出国看看是件很吸引人的事情。但太姥爷主动放弃了这个难得的机会，让给了更需要的人，令人敬佩！

四、为家人用爱撑起一把伞

太姥爷跟着共产党为穷苦人打下了天下，也为后代树立了正直、本分、善良、宽厚的榜样。我的姥爷兄弟姐妹四人，分别出生在湖南长沙、广西桂林和江西南昌。这些地点也留下了太姥爷一生战斗、工作的足迹，不断向南，又由南而北，足迹踏遍祖国山河。太姥爷和太姥姥相互扶持，一起撑起整个家。太姥爷、太姥姥的农村老家有十多个亲属，不管谁家遇到困难，他们总是慷慨解囊相助：供养几个侄子、侄女上大学直至参加工作，把父母去世后送到孤儿院的外甥女接到自己家抚养，直到长大成人、结婚生子。太姥爷和太姥姥就像吐丝的春蚕、燃烧的蜡炬，把他们的大量时间、全部收入、无限爱心都用于支撑、守护这个大家庭，用于关爱后代和亲友。他们在 80 多岁高龄的时候，想的更多的不是自己的身体，而是子女买房的钱缺不缺，孙辈生活幸福不幸福，曾孙辈的学习好不好。在他们爱的滋养下，姥爷兄弟姐妹四人手足情深、相互关心，四个家庭都经济无忧、事业

1967 年全家合影。（前排右一为太姥爷，右二为太姥姥）

1998 年太姥爷与太姥姥在国防大学的合影

有成。在太姥爷的影响下，姥爷、二姥爷都成为军人，尽管在“文革”时期学校教育荒废，但他们仍坚持自学，不断充实自己。二姥爷在国防大学从事马列哲学的教学，经常出现在中央电视台的镜头中，成为国内这个领域的佼佼者；姥爷博览群书，谈起中外军事历史如数家珍；妈妈热爱读书，在地铁站等候上车的空隙间，还会手捧着书看……

姥爷的深情讲述深深地打动了我，感染了我，把我带回了那段激情燃烧的岁月。我在心中暗暗立下了信念，敬意油然而生。姥爷的讲述让我了解了社会的沧桑巨变，新生活的来之不易；家族的峥嵘岁月，更让我明白了应该脚踏实地地走出自己的人生之路。我想，这就是传承的力量吧。

太姥爷是正直的人，在一生经历的各个历史时期都始终站在正义的一边；太姥爷是善良的人，善待战友、亲友和部属，原谅那些伤害过自己的人；太姥爷是忘我的人，宁肯自己省吃俭用、勤劳持家，也要让孩子们、家乡的亲戚们过得好些。太姥爷留给我们最宝贵的财富，是他高尚的精神品格，是他朴素的人生信念，是良好的家教家风对每一个家庭成员潜移默化的熏陶。这是后代用之不竭、受益无穷的财富，这样的精神让我们永远铭记，让我们永远怀念太姥爷！

在这个充满爱的大家庭里成长，受到家庭的熏陶，我何其有幸！由此，我立志做一个有学问、有能力、对社会有利、为国家出力的人，将太姥爷的精神与品格传承下去！

（指导老师：刘英、陈晶）

回乡见闻

——家史二三事

北京师范大学附属中学·王玥兮

这些故事，也许只有当我们深入了解之后，才能真正理解他们，寥寥数语背后深深地震撼，只言片语之中的艰辛、不易。当你走近他们，你才能感受到那些早已老去，甚至早已离开的生命的平淡故事，原来是那样鲜活，原来，他们也如此炽热地活在这世上！

——题记

我的老家在四川达县，离北京很远，但过年时爸爸仍选择开车回去，不知道他有什么意图？直至我们行驶到大巴山区，看到了蜿蜒盘旋的襄渝铁路，

大巴山附近线路

爸爸告诉我："我们现在看到的这条铁路，正是你奶奶参与建设的。"听到这话，我才明白爸爸这次愿意开车来的意图。回到老家后，我在好奇心的驱使下，追问奶奶。奶奶慈祥地笑了笑，慢慢打开了那尘封多年的记忆……

一、艰辛的童年

1950年，我的奶奶出生于四川省达县的一个小山村。当时奶奶家的生活很艰难。在她很小的时候，父亲就去世了，在她母亲的精心呵护下，她平安活到了十二岁。到了1962年，我国正处于"三年困难"时期，她的母亲尽心保护幼小的她，不让她饱受饥饿，不幸的是命运却将她伟大的母亲带走，从此她成为一个孤儿，只好跟她的二叔一起生活。

二、艰苦奋斗

后来她一直跟着二叔一起生活。二叔对她很好，让她又一次有了家的感觉。二叔发现她勤奋好学，便让五叔供她上学。但平静的生活并没有持续太久，在她20岁那年即1970年她就泪别叔叔走上一线。

（一）泪别叔叔上一线

"深挖洞，广积粮，不称霸。"20世纪70年代，毛主席的号召从中央传到达县，传到了广大青年的耳朵里。三线建设是20世纪60年代至70年代中国以加强国防为中心的战略大后方建设，发生的背景是中苏交恶以及美国在中国东南沿海的攻势。

1970年4月29日，奶奶背上行李赶到西外公社集合。在这里，奶奶和一群同龄人完成了一天的集训，将参加襄渝铁路的修建工作。她们被编排到十二连第一排。

第二天上午8点，奶奶在二叔的陪同下赶到省汽车队61队乘车。可是因为她从没独自出过门，便牵着二叔的手久久不愿上车。想到自己马上就要离开亲人，与奶奶同行的姑娘们心里都特别难受，哭声一片。“如果再这样下去，一定得耽误。”连副指导员杨秀珍忍住心中的离别之苦，带头唱起了歌：“社会主义好，社会主义好，社会主义人民地位高……”大伙听到歌声后止住流泪，也跟着唱起来，歌声越来越响，响彻整个车站。9 点整，车辆准时出发了，奶奶的二叔也像其他父母们一样向奶奶挥手道别……

（二）在悬崖上爬行

在当时，交通十分落后，奶奶她们要去的更是荒野之地。她们也正是在这荒野之地，从一名娇气的少女变成一名坚强战士的。

与奶奶一同去的共有 40 余名女子，年龄最小的仅 14 岁。几天后，她们一行人在第一站——陕西柯家坪的一处偏僻之地住了下来。这是奶奶第一次睡地铺，不过有的人甚至睡在农民家的牛圈里，上面仅铺着一层竹篱笆。奶奶她们被安排到柯家坪的公路边去拾干菜和稻穗。然而从公路到山林根本没有路，到处都是陡坡，到处都是刺林，危险重重。咋办？“踩些脚印子就是路。”她们决定在这片山林中用脚踩出一条路来。最后，她们历经了千辛万苦，终于从路边拾回了稻谷和干茄子、干萝卜、干南瓜片等干菜。一天下来，奶奶她们的裤子都被刺烂了，几乎每个人腿上都留下了无数的伤痕。

又经过一路的长途跋涉，她们终于抵达了目的地——陕西省巴县竹园坝。这里更是惊险之地，到处都是悬崖峭壁，随时都有可能掉下去的危险。由于交通不便，煤拉不进竹园坝，做饭烧菜就只能用干柴。于是，奶奶她们必须上山捡柴。望着陡峭的山崖，每个人的心里都砰砰乱跳，但年轻的战士们仍壮着胆儿爬了上去。

“总算上山了，可在山上找到干柴后还要往山下拖，这才是危险的事。回去时，一手拖着干柴，一手拉着草藤，屁股坐在地上，脚往下挪一步，屁股就往下滑一截……如此无数次，才能将木柴拖下山。每次拖柴下山都是往鬼门关走一遭。”奶奶对这些情景记忆犹新，“如此冒险，但每次拖回的柴总要损失一半，弄得屁股疼痛难忍。”“大巴山的石头多，脚不走，自己梭，不注意，脑壳都要梭脱。”真正体验过后，奶奶终于理解当地流传的这句话了。

（三）男人一样的女人

在竹园坝待了不久，从达县河市出发的第二排和从达县管村出发的第三排队员陆续赶到，142 名姑娘把一切工作准备完毕，整个连队正式上场。经过前段时间的磨炼，姑娘们的意志变得更坚定了。在工地上，她们风雨无阻，即使生病，也没人提出休息。用钢钎打炮眼、挥二锤、扛沙袋、抬水泥以及淘沙等等，男人干的活，女人照样干。水泥运来了，战士们头上顶着围裙，肩上搽上一袋水泥就走，为了节约沙子，姑娘们还得冒险去半山腰取沙。一双新胶鞋发下来，穿两三天就烂了，烂鞋还得继续穿上几个月。“一些竹篓、铁铲摆放在地上，前面的姑娘总是挑大，干起活来争先恐后，没有人会认为她们是从小娇生惯养的女子。”奶奶说。

当时，5000 多米长的巴山隧道正在挖掘，大量沙石被倾倒在山坡上，其中的细沙还要利用。路又很烂，姑娘们于是准备好铁锹和竹篓，见到山上刚刚倾倒完一车沙石，就一个个快速冲到山腰细沙堆处，赶快铲满篓，然后马上往回跑。当她们刚刚跑离，只见山上有一股“沙石流”泻下来，

当年与奶奶共修铁路的亲密战友

大家心里倒抽了一口冷气。“每天，每个人要冒数十次这样的险，还好没出什么事。”同时，奶奶她们还要到附近的河里淘沙。到了冬天，大雪纷飞，气温骤降，可她们仍要下河。大家脚上只穿了一双水靴，几个小时后从冰冷的河水里出来，脚都冻僵了。后来，正是因为奶奶她们的辛苦付出，让她们十二连被评为“金团标兵连”。

（四）“战士”精神支撑一生

1972 年 5 月，随着铁路前期工程的完工，奶奶她们撤离工地，回到了阔别已久的家乡。

回到家后，奶奶选择了继续学习，在学习的过程中，她同样付出了艰辛和努力，以优异的成绩从师范学校毕业了，成为人民教师。不管是生活还是工作，在修建襄渝铁路这两年里磨炼出来的战士精神始终支持着奶奶勇往直前。

现在，奶奶患上了风湿病。但她告诉我，她对现在的生活十分满足。若再给她选择的机会，她仍然会毫不犹豫地投入到襄渝铁路的建设当中去。

三、平凡一员

春节过完了，我们便驱车来到了成都。成都很繁华。因为想体验一下成都的慢生活，我们便来到了人民公园。在人民公园正门口，矗立着一道名叫“川军抗日阵亡将士”的纪念碑。看到这座纪念碑时，爸爸瞬间严肃起来，一问才知道，我天祖父[①]也是一名出川抗战的将士。

我的天祖父出生于四川省达县的一个小镇上。那时正是一个混乱的时代，我国仍处于一个半殖民地半封建的社会，国内各地军阀混战，政局动荡不安，百姓流离失所，苦不堪言。后来，他开始在小镇上从事手工业者的工作，直至淞沪会战打响……

① 祖父的曾祖父。

1937年7月7日，卢沟桥事变爆发，全国的抗战呼声高涨。在中共中央抗日民族统一战线的政策下，四川省政府主席刘湘向蒋介石和全国通电请缨抗战。四川民众更是群情激愤，纷纷请缨杀敌，我的天祖父就是其中一员，当时，烈祖父和烈祖母对于这件事很不支持，但天祖父说服了他们，最终参与到川军的队伍里。

为抗日，川军执行了蒋介石“军队国家化”的指令，接受了国民政府的整编。而一心想插手四川的蒋介石以几道军令，把刚出川的川军分了个七零八落。从此，川军子弟遍布全国的抗日战场，几乎所有的抗日大会战中，都有川军将士的身影。民族危亡之际，他们以国家利益为重，深明大义，忍辱负重，慷慨赴死，无数次与装备精良的日军进行殊死决战。根据国民政府统计，川军在抗战时期的伤亡人数约为全国抗日军队伤亡总数的1/5，居全国之冠！

川军前脚出川抗日，国民政府后脚迁都到了重庆。到国民政府还都南京，近8年时间，四川一直承载着各种超额负担。四川人民一边节衣缩食、勒紧裤带支援抗战，一边含泪把近300万子弟再送前线……

川军出川时，各界普遍认为这是当时中国“最糟糕的军队”：装备不足，缺乏弹药、给养和医疗设备。冬天在山西打仗时，士兵脚上穿的还是草鞋。然而，就是这样的军人，在抗战中进行了无数次艰苦、惨烈的奋战，为中华民族的民族独立事业做出了伟大的贡献。“决不辜负父老乡亲的期望，要洒尽热血，为国争光。”这句话可谓代表了广大川军将士们的心声。

在川军的第二十二军团中有这样一面旗帜，是北川县农民赠给儿子的一件礼物，竟是一面“死”字旗：白布旗正中写了个大大的“死”字，旗上写道：“国难当头，日寇狰狞。国家兴亡，匹夫有分。本欲服役，奈过年龄。幸吾有子，自觉请缨。赐旗一面，时刻随身。伤时拭血，死后裹身。勇往直前，勿忘本分！”

在抗战初期，不少将士立下豪言壮语。姑奶奶告诉我，天祖父曾说了这样一番话：“抗日战争是保家卫国，流血牺牲，这是我作为川军一员应尽的天职，我们川军决不会辜负父老乡亲们的期望，我会洒尽热血，勇往直前！”

抗战后期，一个和天祖父同时参军抗日的同乡受伤后回到了天祖父的镇上。他和我们家人讲述他和天祖父随部队出征的经历，他和天祖父编入了潘文华将军的23军，于1937年9月从四川万县（今重庆万州）顺江而下，于11月开赴江苏抗日前线。此时，淞沪会战已经结束，上海已经沦陷，日军正向中华民国首都南京进发，天祖父所在的23军在江苏溧水一带阻击日军。也就是在这段时间，天祖父和他的同乡失去了联系。

当天祖父出川之后，家人再也没能联系到他，像天祖父这样为抵御外侮而牺牲的无名英雄们千千万万。

今天，我们为什么能有安全感？是因为国家强大，以及英勇的人民子弟兵！子弟兵的身躯永远在我们前面，为我们挡去风雨，换来安定！

后记

奶奶和天祖父的事迹，不仅是一个普通家庭变迁的缩影，也是祖国从旧社会到新中国蜕变的见证。奶奶和天祖父在绝境中求生不息，在艰苦中披荆斩棘；他们经历了苦难，获得了成就。他们也拥有百姓的朴实无华、正直刚正、勤奋好学、勇往直前。正是因为我们这个普通家庭中有了这些乐于奉献、勤奋好学的人，对我的爸爸潜移默化，从小镇考到了北京的大学，开启了人生的新篇章，不论我们家以后怎样，我们永远会铭记奶奶和天祖父的这些经历、奉献精神等。我作为第二十四代子女，更要把这些故事和精神传承下去。

（指导老师：丁昊）

四代人的奋斗史

北京师范大学实验华夏女子中学·贺怡筝

一、曾祖父的背井离乡扎根史

曾祖父贺方洪是湖南邵阳隆回县人，贺氏宗族在那片山清水秀、人杰地灵的土地上繁衍生息[①]。听爸爸讲，曾祖父年迈时经常念叨儿时的家乡。在他的描述里，那个遥远的家乡到处是青翠的竹子、茂密的树林，清泉石上流，鸟鸣山涧中，一派乡村美景。

但在20世纪20年代，山河破碎、风雨飘摇，人民饥寒交迫、备受奴役。曾祖父在少年时就被国民政府抓了壮丁[②]，被迫离开亲人、离开故乡。战火纷飞中，曾祖父不堪困苦危恶，逃离劳工团，辗转在闽西南偏僻山村，靠打长工讨生活，流离失所，饥一顿饱一顿。跟他同时代的穷人一样，曾祖父饱经沧桑，穷困潦倒，彷徨苦闷。他多么渴望过上温饱安宁的日子啊。

---

① 据爷爷口述史，我们家族是从昌字辈昌逢公这一代，从黄金井乡罗公湾村迁到金石桥镇（旧名土桥）花园村葡萄湾的，时间可能在清朝嘉庆年间。他的长子是隆富公，据说他是一个秀才，读很多书，屡试不中，近三十岁早逝，葬在麻子冲凤形山。隆富公的二儿子是成仁公，有才相、才星、才月三个儿子，我们是成仁公的后代。成仁公葬在虎形山。他们三兄弟同住在一栋五排的木楼里，后来木楼失火，才星去了黄金井安家落户，才相和才月两兄弟没有分开，仍住在葡萄湾。才相公有方开、方洪两个儿子，方洪就是我的曾祖父。才相公过世较早，照顾方开、方洪两兄弟的重担就落在了才月公的身上。

② 据爷爷回隆回寻根谒祖时询问湖南老家亲人，曾祖父被强抓壮丁后，他叔父才月公想用钱将他赎回，但筹钱费了很大劲，等钱筹齐后去县里赎人，曾祖父那一批壮丁已经被带去邵阳了，没有赎成。曾祖父哥哥贺方开随后也被抓了壮丁，但幸运的是他后来逃回家了。两兄弟从此离别，三十年后才聚首。

湖南邵阳隆回贺氏宗祠

时代的车轮进入了20世纪50年代。“社会主义好，人民地位高。”穷得叮当响的曾祖父，在新社会翻了身，被村集体分配了房屋、田地。从此曾祖父告别了昔日的颠沛流离，扎下根来，开始安居乐业。他勤奋拼搏，学了一身技能，被招工进乡供销社①，成为令人羡慕的国家职工。他省吃俭用，靠自己的积蓄翻盖了一栋旧土楼，养活了一大家子。他起早贪黑，把家中大小事务料理得井井有条。特别是20世纪80年代包产到户后，大家庭的日子芝麻开花节节高，粮仓里总是满满的，饭桌上肉菜越来越丰富，电视

① 据爷爷回忆，曾祖父早期做过屠夫，走遍山村帮助村民杀猪，身高体壮，手艺高超。后面供销社统一把生猪屠宰纳入管理，曾祖父被招工进来，成为专门的生猪屠宰人员，待遇参照工人发放。但实际上，爷爷也负责工业品下乡、农产品收购等供销工作，是共和国早期的农村商品流通工作者。

机、冰箱等家用电器也逐步添置齐了。新旧社会冷暖两重天，曾祖父对共产党领导下的新社会、新生活充满了感恩之情。

听爸爸讲，曾祖父中年时候，挑着行李、干粮，挂着奶奶编的一长串草鞋，风餐露宿走回千里之外的故乡。背井离乡三十多年，再见熟悉的山水林田，再晤亲切的父老乡亲，他悲喜交加。他说服了家中兄弟，把老母亲从湖南接到福建赡养。他和家人倾注心血、悉心照料，可由于他妈妈年岁已高，加上水土不服、饮食不习惯等，来福建没几年就过世了。

曾祖父伤痛不已。自此之后，故乡这个词，对于曾祖父来讲，浸润着说不清的情感。他对湖南家乡的认同感，对家族传承的坚守，超出了所有人的想象。

首先是口音的倔强。曾祖父拒绝更改口音，并且在他最疼爱的孙子（即我爸爸）出生后，坚持教湖南话。他要把湖南人的灵魂赋予到新的生命之中，让它延续下去。在闽南话的语言环境里，湖南话教育不幸走向失败，曾祖父只收获了失望和惆怅。

其次是口味的顽强。曾祖父坚持在老家屋后种辣椒，尽管整个村庄就他一个人吃得津津有味。青色和红色的辣椒挂满枝头，煞是好看。少不更事，我爸爸看到曾祖父吧唧吧唧吃得开心，便以为是人间美味，偷摘了几颗，学着用酱油泡着，放入嘴巴，开心大嚼，唇舌当即肿起。后来，曾祖父经常拿出辣椒诱惑我爸爸，只要吃一颗，就能立即获得一毛钱的奖励，但畏惧感总是占上风，直到现在爸爸吃辣椒还是不行。

再次是家族的传承。曾祖父抗拒“去湖南化”的努力，集中体现在去世前所编纂的族谱中。他文化水平并不高，却能借助词典，在80多岁高龄、身患重病的情况下，写出了自传体族谱。曾祖父名字有个“方”字，而我的伯父和爸爸名字中都有“达”字，他们从小以为是曾祖父随意取名。直到我小学六年级，老师布置写姓氏来源的作业，我在网上查到了隆回贺氏族谱“世祚永昌隆，成才方显达，德泽培基本”，其中达字辈是贺氏第五十八代。当我把这个消息告诉爸爸时，他先是震惊，然后黯然神伤，想来他是怀念曾祖父了。

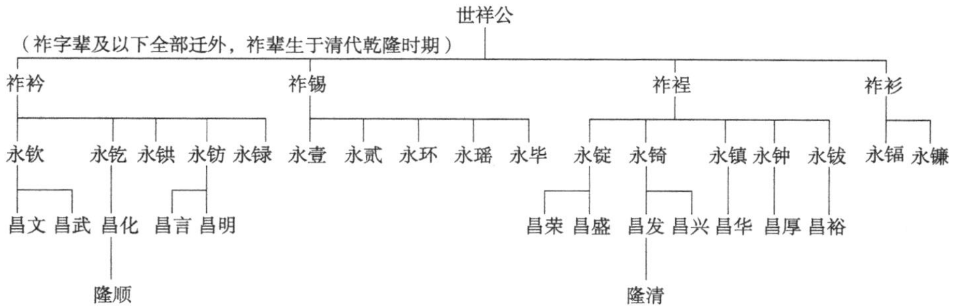

字辈：**贵言日文廷，奇宗良宪守大，世祚永昌隆，成才方显达。**

祖籍地 今句：湖南省邵阳市隆回县黄金井乡。

隆回贺氏字辈

邵阳隆回县自此便成了老家人魂牵梦萦的家族起源地。寻根永远是刻在中国人基因里的本能。2023年国庆节，也就是曾祖父逝世30周年之际，老家人组织起来，从祖国四面八方出发，或自驾，或乘坐火车，浩浩荡荡汇合于隆回探亲寻根，终于圆了曾祖父的夙愿。

族人到隆回寻根谒祖

二、爷爷的工农结合创业史

爷爷出生于农业社会主义改造如火如荼的 1955 年。他一出生就自动成为光荣的合作社社员，打上了社会主义烙印。爷爷童年时代遭遇三年自然灾害，家里粮食不够吃，青黄不接时只能吃难以消化但能填饱肚子的山蕉根，造成营养不良。爷爷在逆境中刻苦学习，先后成为光荣的小学生、初中生，乃至镇中学的首届高中毕业生。

曾祖父是非常有魄力的，只要自己孩子能读书，就尽最大努力供他们上学。这个传统被家族继承下来了，但爷爷的命运不怎么好。当时，实行高中毕业生经推荐上工农兵大学的政策。曾祖父因其外来人的身份，尽管作为曾经的长工没有任何私有财产，却被村里人一致推认为唯一的“富农”，就此断送了爷爷上大学的机会。时代大潮翻涌，个人只能随波逐流。高中毕业后的爷爷只好回到农村，因文化程度最高，被推选为生产小队记工分员。

爷爷奶奶 2023 年在岳麓书院观光

爷爷原本以为自己就此一生务农。没想到时来运转。当时全国响应“农业学大寨”的号召，掀起农田水利建设的热潮。老家县里革委会组织全县青年组成突击队，在九龙江支流上改河道、修堤坝，以改善农田灌溉。爷爷因为其文凭高被抽调到会战前线，经短期速成培训，成为青年突击队两名推土机手之一。改天换地的庄严使命驱动下，年轻人有使不完的劲。爷爷他们没日没夜地干，提前半年完成了全部工程任务，受到县里隆重表彰，物质奖励是电影票一张。爷爷和那个同事因为太累了，在县电影院酣然大睡了一晚上，看了啥电影都记不住。

因在青年突击队中表现优异，爷爷被破格招工到县水泥厂矿区，成为国有企业的一名机修工。在新的岗位上，爷爷虚心向老师傅学习。他有高中知识基础，工作勤奋，加上脑袋瓜还可以、动手能力强，可谓“一看就懂、一学就会”。他学会后，老师傅就含泪退休了，由此，爷爷迅速成为矿区的唯一技术骨干。在当时的技术条件下，经常得下矿井的技术骨干是极高危岗位，爷爷经历过多次事故险情，但还好总是有惊无险。现在爷爷经常自嘲“命大”，但也为在矿井下受伤的同事感到惋惜。

二十世纪九十年代之后，社会主义市场经济开始全面发展。由于种种原因水泥厂作为县里最好的国有企业，慢慢地连工资发放都开始出现困难了。爷爷敏锐地察觉了时代的浪潮，觉得领“死工资”终究有领不了的一天，闯市场、搞创业才是出路。于是他写了一张停薪留职申请，在同事诧异的目光下，毅然回家办乡镇企业。

当然，由于市场的变化和技术的落后，爷爷和其他人合办的乡镇企业发展并不是太顺利。最终他选择回家自己单干，成为个体工商户。他凭借自己的技术能力挣到了钱，供两个孩子——也就是我的伯父和爸爸——一路从幼儿园上到了博士。可以说，孩子们的成长是爷爷一辈子奋斗的“作品”。由此，爷爷的梦想也基本实现了。

三、爸爸的离乡进城奋斗史

爸爸出生在党的十一届三中全会之后的1980年。他赶上了好的时代，国家在农村推行包产到户，家里粮食够吃、温饱有保障。跟上代人不一样，他没有饿肚子的经历。沐浴在改革开放的春风中，爸爸的童年无忧无虑，快乐健康成长。由于爷爷在厂矿上班，工作稳定，工资待遇也还可以，小时候家中就有村里第一台黑白电视机、第一辆摩托车。坐在摩托车后面在村里转圈兜风，这着实让伯伯、爸爸他们高兴了一番。

国家非常重视农村教育。听爸爸讲，那时候村子里就有军地合办的幼儿园，而且办学质量还不错。当地驻军部队是骑兵连，每天都派炊事员骑马来送牛奶、豆浆、馒头、包子，给军地合办的幼儿园小朋友加餐。受益于军民鱼水情，在那个时代，爸爸就提前享受了现代儿童营养餐福利。

爸爸上的溪南初级小学是典型的“一校一师”学校。整个学校只有一名老师和十几个小孩。说是有两个年级两个班，其实就是同一个教室里的两个组，左边是一年级，右边是二年级。仅有的那名女教师，语文、数学、历史、地理、音乐、美术什么科目都教。下课后，孩子们就要帮老师干农活，养猪喂鸡，除草捉虫，晾晒稻谷等。别看他们年纪小，一般的农家活那可个个是能手。爸爸说，这是那个时代农村小学特有的“素质教育”。别看是偏僻村庄里的简陋学校，他们这批小孩学习非常刻苦，每次全镇统考，他们的成绩都高过其他学校孩子。

三年级后，爸爸就转到镇里面的和溪中心小学、和溪中学上学了。那边的学习条件比村里的初小要好很多，同时也有游戏机等“诱惑”了。爸爸边玩边学习，可能是头脑灵光，居然成绩不错，提前录取到南靖县第一中学，那可是本县“最高学府”。他们那一届学生 300 多名，只有 16 个人考上县一中。当时务工经商氛围浓，大部分人初中毕业就去沿海地区打工创业了，现在不少已经成为小有成就的企业家。

县城对农村孩子而言，就是梦想中的“大城市”。那时候老家交通条件没有现在好，县城离村里八十公里，辗转坐车要三个小时才能到。爸爸在县一中读高中，学习成绩仍然一如既往名列前茅。尽管家境相对一般，爸爸还是从食宿费里省出钱来，到新华书店买书，周末骑车穷游，三年高中转遍全县。据他自己讲，该学学、该玩玩，没有像别的同学那样秉烛夜读、勤奋刻苦。这话也许是某种“凡尔赛”吧。

1998年，爸爸以优异成绩考上了中国人民大学。前一年，伯父也以全县第二名考上了北京师范大学，后来还到香港浸会大学留学深造。和曾祖父一样，相隔70年，第三代人再次“背井离乡”，远离亲人。所不同的是，他们是在改革开放、和平发展的时代背景中，发挥了自己的聪明才智，获取了在首都继续学习深造、提升自己、改变命运的机会。他们在大学里面见证了澳门回归祖国、中国加入世贸组织等一系列历史性事件。这些重大事件也深刻影响了他们的人生选择。

爸爸考上大学后在村头的榕树下留影

现在伯父和爸爸都在各自工作岗位上做出了成绩，都在大城市里安了家，甚至都曾作为外交官或访问学者在异国他乡工作生活过。伯伯在香港浸会大学读博士、做博士后研究，后面在麻省理工学院做访问学者；伯母北大博士毕业之后在香港理工大学做博士后研究；爸爸博士毕业后在中国驻印度使馆常驻一个任期；妈妈在英国伯明翰大学攻读硕士学位。他们是全面国际化的一代。他们这代人离乡进城，出国看世界，过上了前几代人难以想象的生活。他们感激这个时代慷慨提供的良好机遇，并正在继续为现代化建设添砖加瓦。从曾祖父到爷爷，再到伯伯、爸爸，几代人为梦想而努力拼搏，铸就了一段可歌可泣的家族奋斗史。我想，这就是中华民族伟大复兴中国梦的一个微观缩影吧。

小时候的我与爸爸合影

奋斗无止境。如今，时代的接力棒传到了我们这一代的手中。新时代赋予我们更良好的机遇，注入更澎湃的动力，也昭示着更美好的未来。我将如何用心、用力、用情跑好这一棒呢？我相信，家族故事正在新时代得到续写。

（指导老师：冯梦璐）

初 心

北京师范大学实验华夏女子中学 · 李锦程

家史是家庭的历史，也是国史的缩影。从姥姥的祖辈，到她自己，始终在国家发展的长河里激流勇进，跟随着新时代的脚步不断前行。

一、焚身终不悔 常是向光明

姥姥的老家在河南省商丘市宁陵县。她的爷爷，也就是我的祖太姥爷，原名吕培咸，字宜园，1907 年 3 月出身于书香门第，11 岁时就以优异成绩

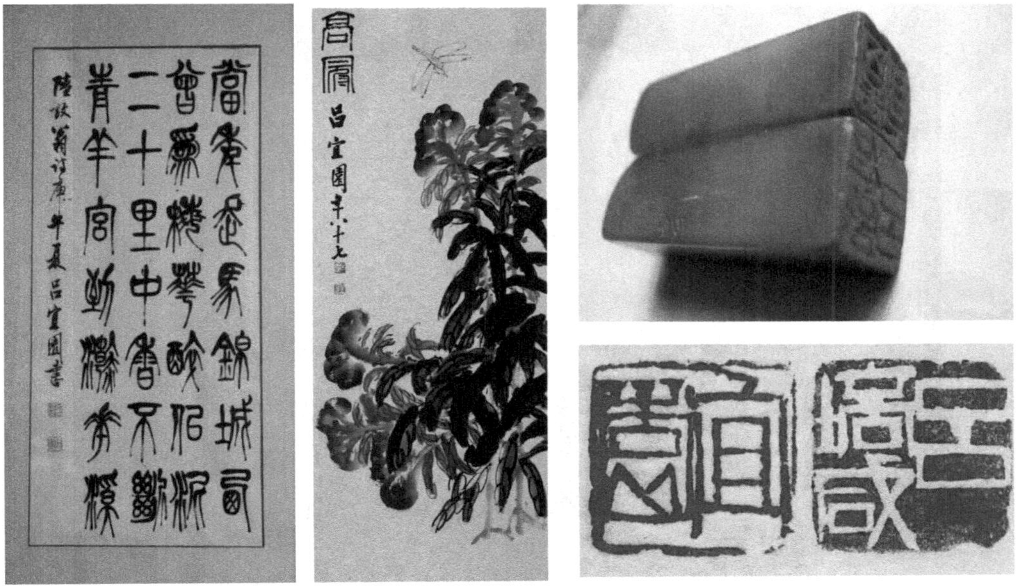

祖太姥爷吕宜园的书画作品和齐白石亲手所刻的两枚印章

考进“北有清华，南有预校”（河南留学欧美预备学校，简称“预校”，今河南大学前身）之称的河南留学欧美预备学校英文科。祖太姥爷多才多艺，工诗词、善书画、精英语、痴戏剧、喜体育，被誉为“豫东才子”。当代国学大师张中行曾赞他：“雅颂追工部，真行继率更。”在姥姥的印象中，祖太姥爷瘦瘦的，个子不高，每天总是在房间里写写画画。酷爱艺术的他，抗战胜利后曾随齐白石大师学习绘画，其两枚字名印章宜园、吕培咸便是齐白石亲手所刻。

对于自己的过去，祖太姥爷并不多谈，姥姥还是从父母口中和媒体的报道中窥得一二的。1924 年，祖太姥爷参加了共产党领导的“青年协社”。1925 年 1 月，参加了中国共产主义青年团。1926 年 3 月，参加了中国共产党，是宁陵县历史上第一位共产党员。从当年的照片中可以看出，祖太

1926 年 7 月，河大校友恭送诸学长赴英美留学纪念合影。
（后排左一为祖太姥爷吕宜园）

姥爷意气风发、目光坚定。1928 年 7 月，祖太姥爷在开封开展革命活动时被国民党当局逮捕入狱，入狱时仅带了一本《词源》。被关押两年多的时间内，他一边与敌人做斗争，一边学习，写下《狱中咏扑灯蛾》一诗："粉翅一双轻，翻飞乱绕灯。焚身终不悔，常是向光明。"一语双关，借诗明志。

1931 年震惊中外的"九一八"事变发生后，宁陵县城高等小学师生立即行动起来，纷纷走上街头，大唱抗日救亡歌曲，书写抗日标语，进行集会演讲、抗日宣传，查禁日货，掀起了自五卅运动后又一次抵制日货行动。当时在宁陵任教的祖太姥爷出面，请河南著名豫剧演员陈素真率团来宁陵义演 6 天，为前线抗日将士募捐寒衣。[①] 自 1938 年 5 月 29 日日本侵略者占领宁陵后，嗜血成性，采取野蛮的法西斯手段，对我无辜同胞实行"三光"政策，烧杀掳掠，奸淫妇女，无恶不作。[②] 沦陷期间，日伪政府屡次胁迫祖太姥爷出任宁陵县伪县长，但他坚辞不就。为避免日军对周边乡邻造成更大危害，他在开明人士建议下，携眷属辗转到洛阳一深山中教学。途中，年幼的次子在贫病交加中死亡，他挥泪写下《过新黄河》："敌粟伤心未忍尝，西来故国任流亡。纵教饿死终不悔，到处青山是首阳。"[③]

1943 年，祖太姥爷投笔从戎，做了河南留学欧美预备学校同学侯镜如（时任第九十二军军长）军部中校秘书。抗战胜利后，他随军接收北平（今北京）。北平和平解放后，他回到故乡宁陵县初级中学教书。不久，便被调往商丘一高（原商丘师范学校前身）任教。1958 年他被错划为"右派"，遣回原籍自谋出路 20 余年。直到 1980 年，年逾七旬的他才"右派"摘帽，任

① 马学庆.《才子人生 百年宜园——追忆"豫东才子"、宁陵县第一位共产党员吕宜园的传奇人生》,《京九晚报》, 2007 年 12 月 21 日。

② 李军祥.《【八年抗战 商丘记忆】日军在宁陵县的滔天罪行：点天灯》,《商丘日报》2015 年 8 月 6 日。

③ 侯国胜、高会鹏、丁新举.《"红色才子"吕宜园：初心不改的宁陵县第一位共产党员》,《商丘日报》2021 年 5 月 13 日。

西河高中（现宁陵高中）顾问，主要负责辅导英语和语文教学，一直工作到年近 90 岁才离开学校。2001 年病逝于郑州，享年 94 岁。

祖太姥爷一生经历了一系列重大历史事件，历尽坎坷，初心不改。90 岁大寿那年，他挥毫写下“岂能尽如人意，但求无愧我心”，这正是一个共产党员的人生独白。他将爱国的血脉赓续后人、将知识的种子播撒校园，他的松柏气节和凛凛风骨是家史中最宝贵的财富。

二、扎根新生活 妙手著文章

我的太姥爷吕忠爽生于 1926 年，1951 年从北京大学中文系毕业，成为新华社河南分社的一名记者。从太姥爷的名字就可以看出父辈对他的期望——忠于祖国、正直爽朗。太姥爷和他的父亲一样，也是一位才子，经历过抗战时期的颠沛流离，他分外珍惜当下的幸福生活，凭借手中的笔，将新社会日新月异的变化记录下来、传播出去。

20 世纪 50 年代，邓颖超视察河南，太姥爷作为记者，一路跟随报道。当时跟着父亲去采访的我的姥姥，还被邓奶奶拉住了小手，留下珍贵的合影。多次受到党和国家领导人亲切接见的劳模，“农村党支部书记的榜样”史来贺，当年带领群众把河南省新乡市刘庄村建设成了闻名全国、富裕文明的社会主义新农村。太姥爷去采访时，他让太姥爷上车一起聊，由此诞生了一篇精彩的独家专访。后来，太姥爷担任《中国乡镇企业报》驻河南记者站站长，他关注的目光又投向了乡镇企业的发展，他撰写的关于河南乡镇企业践行党的方针政策的跟踪报道，一经发表就引起强烈反响，被多家央媒转载。

除了时政报道，太姥爷还负责文体报道，从乌克兰歌舞团、越南歌舞团等国外艺术团体的访华演出，到郭兰英、常香玉等艺术名家的精彩表演，太姥爷见证了中外文化交流绽放的友谊之花、见证了文化繁荣发展结出的丰硕之果。

20 世纪 50 年代，太姥爷吕忠爽（左一）采访外国友人时的合影，
图中的小姑娘是我的姥姥。

太姥爷去世的时候 91 岁，他一生笔耕不辍，撰写了《俏皮话与歇后语》等书稿，获得过中央电视台举办的春节楹联大赛一等奖。他用钢笔书写人间百态，用镜头记录社会万象，他对祖国的深情、对学问的求索影响了一代又一代的后辈。

三、军营显身手 学习无止境

我的姥姥名叫吕进，生于 1950 年。人如其名，她的一生都在积极进取。12 岁那年，河南省戏曲学校到郑州招生，刚刚小学毕业的姥姥瞒着父母，和几个同学去考试，凭借着端庄大气的外貌和落落大方的气质，被招生老师一眼相中，热情地邀请她唱上一段。初生牛犊不怕虎的姥姥又唱又跳，天生的好嗓子让招生老师欣喜不已。没多久，一纸录取通知书寄到了家。太姥姥坚决不同意女儿去当“戏子”，领着姥姥去学校找领导要求退学。校长带着太姥姥和姥姥参观校园，告诉她们河南省戏曲学校是文化部的重点中专艺术院校，不是旧社会的戏班，耐心地给太姥姥做思想工作。最终，太姥爷拍板放行，他让姥姥记住：只要努力学习，不管做什么都能闯出一番天地。

到了戏校，姥姥发现和那些从小就接受专业训练的同学相比，自己还差得很远。于是，她开始加倍用功，每天天不亮就跑到湖边吊嗓子，寒冬腊月也不休息。一张嘴，凛冽的寒风灌个透心凉，赶紧先跑上两圈，等身上暖和了再接着唱；练功时总是主动找苦吃，一遍遍地压腿、下腰，哪怕疼得直冒冷汗，也仍然咬着牙让同学压得再狠一些；夜晚躺在床上还在学习，心里默唱白天学的选段，揣摩人物的内心感受，唱到兴起处忍不住坐起身来，双手悄悄地比画动作……就这样，姥姥冬练三九、夏练三伏，成为那一届毕业生中的佼佼者。

毕业后，本来要去省剧团的姥姥，赶上了“文化大革命”“斗批改”（斗争、批判、改革的简称）运动，剧团不再招收新的毕业生。于是，她就和同学一起进入工厂接受工人阶级再教育。刚好这个时候普及样板戏，部队会演需要艺术人才。姥姥被空军某部看中，特招入伍，成为某师文艺宣传队的台柱子。她身兼演员、导演、报幕员、电影放映员等数职，塑造出京剧《红灯记》里的李奶奶、《沙家浜》里的阿庆嫂等一系列深受军民喜爱的舞台形象。姥姥所在的部队连续三年荣获武汉空军会演第一名，姥姥本人也得到了武汉空军政治部的通令嘉奖。姥姥在部队 9 年，光荣地加入了中国共产党，还和宣传队的搭档——京剧《红灯记》里饰演李玉和的我的姥爷，结成了革命伴侣。

从部队转业后，姥姥进入河南人民广播电台，成为一名戏曲编辑和主持人。她采访过常香玉、马金凤、孙毓敏等数位戏曲名家，采制的广播节

20世纪70年代，姥姥吕进（右一）给部队驻地的老乡放映电影，老大爷主动为她撑伞挡雨。这张反映军民鱼水情的照片当时被刊登在《解放军报》。

20世纪70年代，姥姥（右一）吕进和姥爷（中）程宝林一起演出京剧《红灯记》，姥姥饰演李奶奶，姥爷饰演李玉和。

目屡获全国大奖。工作的同时，姥姥也没有停下学习的脚步，她报考了北京广播学院新闻专业，并顺利完成学业，年近五十还从零开始学日语，通过考试，拿下了正高级职称。

如今，姥姥已经年过七旬，学习的重点也转到了生活中的新事物。她学会了“全民 K 歌”，热衷于和天南海北的歌友网上嗨唱，甚至还吸引来了外国歌迷；她学会了在淘宝和拼多多上买东西，不仅能淘到物美价廉的物品，还能自己搞定退换货；她学会了滴滴打车，战友聚会的时候再也不怕路途遥远、交通不便；她学会了网上缴费，足不出户就能缴纳水电费、供暖费……姥姥总说：现在的生活在她小时候是不敢想象的，这样的好日子，不能碌碌无为，一定要活到老、学到老，才能不负这个伟大的时代。

这就是我的三位长辈，这就是我的家史故事，以红色为筋骨，以求知为热血，以奋进为底色，将个人志向与民族振兴紧紧结合，将个人价值与国家需要紧密对接。家史是营养、是财富、是传承，它激励着我不忘初心、勇敢向前，在实现中华民族伟大复兴的赛道上奋勇争先，为祖国更加美好的明天贡献青春力量！

（指导教师：王燕）

家国剪影

北京市三帆中学裕中校区·马天承

《杨氏家影》

我从小就喜欢听历史故事，常被故事中的王侯将相、英雄美人所感动。我升入初中后，接触到了历史课。老师告诉我，历史是由古往今来一个个普通人，即人民群众创造的。他的话让我慢慢感悟到了历史的本质，也不由得浮想联翩：假如从我自己开始向前追溯，必然有一代代延续不断的血脉传承，那么我的每一代祖先都是谁？他们在夏商时期叫什么有趣的名字？在春秋战国时是哪一国的人？在秦汉大一统中以何谋生？又是怎样熬过魏晋南北朝的社会大动荡？但这样的思考终究是天马行空，我可没有时空穿梭机，能回到过去一探真相。

前不久，近90岁高龄的六太姥爷（我姥姥的六叔）去世了，他是姥姥的父辈中最小的一个，他的离去，意味着那一代人就此湮灭在了时光的长河中。姥姥得知后沉默良久，妈妈捧出六太姥爷编纂的一部家族回忆录，名曰《杨氏家影》。杨家没有族谱，这部回忆录只是凭着六太姥爷和其他几位太姥爷、太姥姥的后人，从记忆、口传、老照片中拼凑所得，聊以纪念和传承。我轻轻翻开这本凝结着无数鲜活身影的书，通读满篇饱含着情感和信念的文字，感动莫名，突然感觉它就是一架时空穿梭机，把我带去了并不遥远的过去，让我成为这个家族的这一小段历史的见证者。

一、西坝杨氏

杨氏家族是我的太姥爷（我姥姥的父亲）的家族，居于江苏淮阴西坝古镇（今属于淮安市淮阴区）。西坝成名于清康熙十九年（1680），因地处黄河、淮河、运河交汇处，治河名臣靳辅为治理水患、畅通漕运，在此修筑东、中、西三座减水坝，故此得名。到了道光十一年（1831），两江总督陶澍实行盐政改革，选择了运河边上的西坝作为淮北食盐集散中心，盐商岸贩纷纷投资于此，赁地租房，设场建栈，带动西坝经济繁盛近百年，让它有“苏北小上海”之称。直至民国十四年（1925），陇海铁路运河至海州段竣工，海盐自此不再经运河转运，西坝逐渐步入萧条。

杨氏家族可考的历史，目前仅限于一个来自安徽蚌埠的青年和西坝当地姑娘结婚繁衍而来，再往上皆无可考。杨家是小门小户，人丁不旺，直到太姥爷这第三代，人口才多了一些。太姥爷杨国柱是家中长子，下面有四弟一妹。随着西坝的衰败和人口流出，家里经营的茶馆、杂货店等小生意已经十分冷清，全靠在乡下请人代种的 25 亩土地产出的粮食维持生计。家境困难，偏偏吃饭的嘴又多，万幸的是他们的父母十分开明，省吃俭用也要供孩子们上学。虽受乱世影响，每个孩子的学业程度不同，但最差的也能读报、写信、算账，算是那个年代少有的文化人。

二、烽火家人

（一）乱世恋歌

20 世纪 30 年代初，苏北爆发了严重的黑热病疫情。病人面黄肌瘦、肝脾肿大，发烧、贫血，死亡率高达 70% ～ 90%，患者不下 10 万人，且多是贫苦百姓，无钱医治，只能听天由命。疫情延续几年都没有得到有效控制。22 岁的杨国柱看着家乡如同炼狱般的景象，想着被病魔夺去生命的亲朋好友，心如刀绞。恰逢江苏省医政学院黑热病防治班招生，他毅然确定了自己的人生志向：做一名医生，为同胞解除病痛。

经过医政学院一年的培训，这些速成的初级医疗人员组成了淮阴区黑热病防治队，分成 10 个分队驻扎各地。杨国柱随队来到疫情重灾区宿迁洋河，驻扎在挂千顷牌（拥有超过千顷土地的巨富人家，官府赐牌匾以示褒荣）的大地主罗家院内。当时医学界初步摸索出治疗黑热病的科学方法，加之防治队对贫民减半收费和罗家出资救济，当地防治效果十分显著，患者死亡率降至 4%。杨国柱每天忙碌不停，医术熟练，温言细语，慢慢成为分队中的主力。而他的一举一动也都落在一个人的眼里，那就是罗家小姐罗来贞，也就是我的太姥姥。

16 岁的罗来贞着实是当地的出名人物。因为母亲死得早，她被地主老爹宠上了天。被逼着裹小脚时，她大闹着剪碎了裹脚布，老爹心疼地摆摆手："随她去吧，大不了招个上门女婿。"她在私塾逃学、挨戒尺时，老爹无奈地挥挥手："随她去吧，女子无才便是德。"罗来贞天天给杨国柱送好吃的，但碍于家境贫富悬殊，杨国柱不敢有任何回应。这反而让罗来贞认为，这个高大帅气又有本事的青年，看不上她这个土气的丫头。一天，罗来贞灵机一动，"咔嚓"一下剪了自己油光水滑的长辫子，对着镜子细细修成洋学堂女学生的齐耳短发，兴奋地跑去给他看，不料被门槛绊了个大马趴。杨国柱一边给她包扎血糊糊的额头，一边听着她委屈地诉说，叹了口气，她活泼热情的身影终于还是走进了他心里。

但好景不长，七七事变之后，防治队被撤，杨国柱被编进江苏地方保安部队任军医，去了淮东。罗家得知罗来贞跟穷小子私订终身，强烈反对。执拗的罗来贞干脆与家里断绝关系，裹了自己的细软，连夜一个人私奔了。不曾出过远门的大小姐只身流落在兵荒马乱的世道上，两眼一抹黑，但心中那真挚的爱情火焰熔化了恐惧，她扮成寻常村姑，以"寻兄"的名义，靠着问路、步行、搭乘军车，辗转数百里，终于找到了部队驻地，跟杨国柱结了婚。婚后的生活清贫艰苦，她却一生无怨无悔。

杨国柱与罗来贞

（二）负重前行

1939年，日军占领淮阴。杨国柱离开部队，举家逃难到西坝乡下，开了个小诊所谋生。这时，他凭着对医学的热爱，已经从单一病种的防疫人员自学成为内、外、妇、幼都能胜任的全科医生。虽然医生受人尊敬，但日子也不好过。一方面，人民穷苦，诊金微薄，还经常东躲西藏躲避日军扫荡，收入难以保证；另一方面，杨国柱拖家带口，父母年迈多病，孩子嗷嗷待哺，还要供弟妹读书。幸有罗来贞私奔时带出的为数不多的财物，才得以艰难度日。虽然熬到抗战胜利，但时局仍然动荡，百姓的日子看不到一丝希望。眼睁睁地看着自己的三胞胎儿子活活饿死，后又有一个过继给他人的儿子也没逃过夭折的命运，杨国柱终于向命运妥协了。他受朋友之邀，进入国民党军队某卫生连当连长，家属随军，先后辗转无锡、松江和上海居住。

杨国柱的志向只在治病救人，也知道国民党政府昏庸腐败，不愿与军队和政治沾边。但长兄如父的责任，让他只能生生扛着一大家子人的生计。为了家人不会再饿死，只能为五斗米折腰。但他这两次进入国民党军队的时间都很短暂，都只做挽救生命的工作，绝不欺压百姓。1948年底，淮阴解放，百姓终于盼来了曙光，杨国柱果断离开国民党军队，回到西坝重操旧业，下乡行医。1953 年，他父母陆续去世，年纪最小的六弟也参军入伍，家里再无负担。杨国柱接受了在北京工作定居的五妹的帮助，带着妻儿离开了杨氏三代人安身立命的家乡西坝，迁居北京，到清河毛纺厂卫生所当医生。

1948 年国民党败退台湾之时，以优厚待遇为诱饵，在上海大肆招募学生军，14 岁的六弟杨国樑（即《杨氏家影》的编纂者）禁不住诱惑，想报名参军。一生温文尔雅的杨国柱少见地发了脾气，疾言厉色地说："我当军医是为了养家糊口，实属无奈，你难道真想去给国民党打仗卖命？你二哥、四哥离家多年，杳无音信，你三哥又病死了，这个家还需要你来撑门立户，你的任务就是好好读书，怎么能远赴台湾？"杨国柱的一番教导挽救了六弟的命运。杨国樑自此定下心来，考取了淮安师范学校，于 1949 年分配到解放军华东军区第三野战军机要干部学校，真正踏上了军旅生涯，从军 46 年，先后从事技术革新、政治宣传、干部教育等文职工作，退休时是正师职。杨国樑对于这个比自己大 20 岁的大哥，更多像父子之情，是大哥养活了他、教育了他，引领他走上正确的道路，才得以对家族和国家都有所贡献。

大哥一家人。后排左起：家骏、家驹、家疆；前排左二家玉，右一罗曼。

三、浴血青春

（一）风雨追随

杨国柱的二弟杨国权是杨氏家族里第一个离家闯荡的人。他毕业于淮阴农校，1935 年进入江苏省稻作试验场工作，有了微薄的收入来缓解家里的窘迫。1937 年日军占领上海，他坐立难安，深感时局艰危。经过艰难取舍，辞掉工作，离开家乡，北上临汾，进入山西民族革命大学。民大是共产党与阎锡山合办的，阎锡山任校长，教授多为共产党人和进步学者，汇聚了全国各地热血青年 5000 多人。校内抗日救亡和统一战线的思潮浓厚，毛泽东的著作也在校内广为流传。杨国权在校学习期间心潮澎湃，感觉找到了此生为之奋斗的方向。

1938 年，日军进犯临汾，阎锡山带着军队和民大师生向黄河边撤退。撤退途中频遭日军进攻，民大师生对于惶惶前路产生了极大疑虑。有人请命与日军死战，有人希望与八路军合兵一处，但都遭到阎锡山拒绝。阎锡山也一路排挤教授中的革命人士，到达黄河渡口时，教授们已流散大半。学生们这才明白，阎锡山创办民大并非真心联共抗日，而是为自己培养新生力量。此刻的黄河渡口只有零星渡船，集结的万余人只能绝望等待，天空淫雨霏霏，眼前浊浪滔滔，耳边炮声隆隆。饥寒交迫中，不知谁唱起《松花江上》，继而千人附和。杨国权泪流满面，空有一腔报国志，但已身陷绝境，何处是出路？等待两天后，有教授决定带部分学生沿河北上另寻渡口，杨国权也自告奋勇参加。行至平渡关，终于望见河对岸驻扎的八路军连队。八路军调来船只，将学生们全部渡了过去。学生们问带队教授民大向何处去，教授回答："我们奉命去宜川，向南一天路程；而自此北上是延安，两天路程。"学生们异口同声喊出了延安。杨国权终于痛哭失声，不再是因为迷惑彷徨，而是那个心向往之的地方为他点亮了一盏明灯。

杨国权在延安抗大学习期间入了党，随后在晋察冀边区抗敌报社（人民日报社前身）工作 9 年，新中国成立后在华北局财经工委、中央书记处第四办公室、中央监委办公厅、西北局研究室、中央书记处研究室等单位工作，离休时为正局级。他离休后特意去了 44 年前的那个黄河渡口，巨浪轰鸣中，朦胧视线里，似乎有一个从伏地痛哭到挺直腰杆、遥望北方的青年身影。

杨国权在青岛疗养院

20 世纪 50 年代初杨国权的全家福

（二）投笔从戎

杨国柱的四弟杨国栋是杨氏家族里唯一带兵打过仗的。抗日战争全面爆发后，杨家兄弟的表舅夏如爱（共产党高级干部、新中国成立后曾任湖南省副省长）变卖家产，组建起淮阴县抗日游击队，并建立苏北抗日根据地。中华民族面临着亡国灭种的危险，21 岁的杨国栋觉得自己无法安心在高中读书，受表舅抗日救亡思想的激励和英雄举动的感召，他毅然辍学参加游击队，由于身单力薄且有文化，便担任了连队文书。

一次战斗中，游击队被日军截击，情势万分危急。看着身边战友或死或伤，这个连鸡都没杀过的文弱书生勇猛上前，与日军展开肉搏，对拼刺刀。游击队侥幸脱险后，战友们开始对杨国栋另眼相看，不久后他当上了连队指导员。1944 年，游击队改编到黄克诚领导的新四军第三师；1945 年，开赴东北，改编为东北抗日联军第二纵队；1949 年，整编为解放军第 39 军，他担任 39 军 117 师营教导员。那些年，杨国栋一直在营连带兵打仗，足迹遍布南北，参加了三下江南、四保临江以及辽沈、平津等主要战役。枪林弹雨之中，他甚至顾不上与家里联系，唯有 1945 年第一次解放淮阴时，邻居告诉杨家，看见杨家老四举着盒子炮带兵冲进淮阴县城大北门，家里这才知道他还活着。

朝鲜战争爆发后，杨国栋加入志愿军，跨过鸭绿江，投入到抗美援朝的惨烈战斗中。由于美军掌握制空权，志愿军后勤补给十分困难。他所在的部队在零下 40 摄氏度的严寒里，爬冰卧雪，一把炒面一把雪，英勇地对敌发起五次进攻，把敌人赶回三八线以南。长年的战争生涯和朝鲜的恶劣环境损害了杨国栋本就单薄的身体，抗美援朝回国后，他越发体弱多病，只能在沈阳军区做文职。文武双全的杨国栋身体虽不好，脑子却清晰。到机关工作后，他勤奋好学，思考钻研，分析问题透彻，提炼观点准确，文字简洁流畅，成为 39 军三支“笔杆子”之一。

南下途中的杨国栋

在沈阳的杨国栋

四、时代洪流

（一）女拖拉机手

我的姥姥杨家玉是杨国柱迁至北京后出生的孩子，因为前面全是男孩，中年得女的杨国柱把她视为家里的宝玉，故名家玉。虽然家境普通，杨家玉却没吃过什么苦。父母兄长十分爱护她，以至于十来岁时，她还是天真爱玩，缺乏生活自理能力。

“文化大革命”开始后，时代的车轮碾碎了童年的清梦。1969 年，15 岁的杨家玉跟同学一起北上包头，进入刚刚成立的内蒙古生产建设兵团。下车后，所有知青都傻了眼：哪有风吹草低见牛羊，只有随风满地石乱走，荒凉的大地上连正经的军营都没有，只有一排排茅草屋。女知青们相拥而泣，男知青们沉默不语。不知为何，杨家玉却突然有了种初生牛犊不怕虎的劲头，放下行囊，拿起工具招呼大家：“我们要住自己盖的房子！”或许是杨家血脉中的坚韧和倔强萌发了她，又或许是一旦离了家，被迫长大了。知青们一起抬石头，打土坯，挖沟渠，把在城市中未曾见过的重体力活儿全都干了一遍。杨家玉更是身先士卒，干得热火朝天，大冬天率先跳下冻结的化粪池去破冰，一镐头下去就溅了一脸污秽，众人相顾，都哈哈大笑。这种天为被、地为床的革命乐观主义精神支撑着知青们在艰苦的条件中坚持下来，房子盖好了，庄稼种上了，还养起了马。其间写信回家，别的女知青不免诉苦抹泪，杨家玉却开心地大谈见闻，从不让父母担心。

1973 年，杨家玉调到海南军区后勤生产基地工作，换了个差别更大的环境，甚至语言上也有障碍，但她仍然无所畏惧。生产基地有不同工种，在问到她想做什么工作时，由于受新中国第一位女拖拉机手的宣传感染，她毫不犹豫地说要开拖拉机，这样她就被分配到女兵稀少的机械队。经过勤学苦练，她终于成为技术最好的拖拉机手，当地驻扎的连队抢着请她去帮忙耕种，一时间名声大噪。她还凭借自己的特长，参加海南军区的游泳比赛，给生产基地夺得了名次。

虽然杨家玉并没有取得过多大成绩，但时代的历练成就了她敢闯敢干、自立好强的性格。现在岁数大了，她还是一样风风火火，一直都是亲朋好友中干事的带头人、主心骨。

英姿飒爽的杨家玉（左，中；右，前）

（二）最美逆行者

我的表舅杨晓欧（杨国柱的孙子）是唯一一个传承了杨国柱医生事业的子孙。他并非知名医学院毕业，却通过自己的不懈努力取得了多项医生执业资格，成为北京东城区某社区医院的全科主任医师、业务骨干。

2020 年初，新冠疫情暴发，武汉封城，杨晓欧毅然报名参加了国家卫健委的防疫专家组，奔赴武汉支援，留下逆行的背影。他并非在医院里救死扶伤，而是深入疫情严重的社区走访调查，摸清人口情况、卫生环境、物流渠道，因地制宜地制定出正确的防疫措施，指导一个又一个社区切断了疫情传播途径，缩短了病人转运流程，优化了物资配送方式。面面俱到、事无巨细的工作，让他每天只有四五个小时的休息时间，他的辛勤工作和勇敢担当，帮助当地的人们科学抗疫，为医护人员减轻了压力。武汉解封后，他没有马上回家和家人团聚，又坚持留守了一个月，细致排查隐患，做好收尾工作。之后的两年里，全国各地陆续有集中的疫情暴发，他奔走于大江南北，赢得了一个个没有硝烟的战役，间接地拯救了无数生命。但这期间，他错过了女儿中考的关键时期，也无暇顾及先后患重病的父母，每提起这些，他都沉默不语。

由于在日常工作中的踏实肯干和在疫情期间的出色表现，杨晓欧获得了 2022 年首都劳动奖章、第八届“首都十大健康卫士”提名、2023 年全国五一劳动奖章，参加了 2022 年北京冬奥会的火炬传递。上级领导想让他担任社区医院负责人、转到管理岗位工作，但被他婉拒，他说自己的志向只在于医学，帮助病人解除病痛是他最为快乐的事。这句话，正如他的爷爷当年选择从医的目的一样，朴实无华，却光芒万丈。

杨晓欧的荣誉证书

杨晓欧被选为冬奥会火炬手

杨氏家族中取得成就的人还有很多，平凡生活的更多，但每个人都在特定的历史背景中，用独有的方式创造着自身的价值，见证着国家的发展。《杨氏家影》如千万个家族的家史一样，让我们记忆，让我们感悟，让我们传承。

（指导老师：王强）

家史千年颂，家风万代传

北京师范大学附属中学·孟岄溪

家史是一代又一代人努力拼搏的印记，家史是一代又一代人智慧的结晶。吾辈生当盛世，生在他们用双手建设的社会，更应了解家史，不忘家史，传颂家史。

一、家族往事

（一）家族起源

我的祖籍是山东省菏泽市单县，我们是孟子家族的一员。家族的始祖便是战国时期的鲁国人孟子。孟子，姬姓，孟氏，名轲，字子舆，与孔子并称“孔孟”，鲁国邹人（现山东省邹城市）。战国时期儒家思想代表人物之一，中国古代思想家、哲学家、政治家、教育家。

后来，孟子的后人们又给每一辈的人赐字。我的爷爷是庆字辈，爸爸是繁字辈，我是孟子的第75代子孙，是祥字辈。每个辈分的字都有不同的寓意。比如说“祥”字，就是希望这一辈的人生活吉祥如意，为人宽和友善。

（二）乡间生活

据奶奶回忆，她和爷爷的祖祖辈辈，世世代代都生活在山东菏泽单县的农村，世世代代都是农民。其中，有的人一辈子也没有走出这个小乡村，去看看外面的世界。他们只能面朝黄土背朝天，收成好不好，只能靠天时。

二、奋勇斗争几十年　妇女顶起半边天

（一）支援解放军

“乡亲们别怕，解放军同志们一定能与蒋介石那帮人对抗到底！”这是我的太奶奶程福祥女士在解放战争期间对全村乡亲说的。当时战况紧急，粮食供应不足，解放军的后勤部队急需保障。以我太奶奶为首的一批人主动站了出来，开始号召村民们为解放军送粮食。

虽身处一个消息闭塞的小山村，但太奶奶依然知道共产党和解放军，也知道国民党是一群野心狼，只会压榨人民。而共产党就不一样了，会把人民放在心上。可好多人一开始并不相信她，都害怕遭到敌人报复。我的太奶奶并没有放弃，她身先士卒，带领自己的家人给解放军送粮。之后她给一些村民们介绍了共产党和解放军，告诉乡亲们解放军都是好人，和国民党打仗就要解放山东。要是解放了呀，村民们都能过上好日子，大家都有福了。

太奶奶从小就是当地大地主家的仆人，在工作的时候吃尽了苦头。她还从小裹着小脚，干活的时候就更费劲了。旧社会的黑暗让她意识到不得不帮助共产党获得胜利。这样以后的女孩子就不会像她那样了，人民也能站起来了，再也不用受大地主的剥削了。

村民们在她的号召下开始为解放军送粮。终于，在 1949 年 6 月，山东省全境解放，战争也逐渐平息。我想这其中一定有我太奶奶出的一份力。

（二）光荣入党

1949 年 10 月 1 日是一个令全国人民都欢喜沸腾的日子。鲜艳的五星红旗在天安门前冉冉升起，从此中华民族站起来了，东方升起了一轮朝气蓬勃的朝阳。在距北京千里之外的山东，太奶奶激动地告诉村民：“中华人民共和国成立了，我们的好日子就要到来了。”她眼里闪着激动的泪花，心中对共产党的崇拜之情也油然而生。

50年代初，她加入了共产党，成了村子里第一批加入共产党的人。自此她带着共产党对党员的要求，带着村民对她的期望，与时俱进，成立了村子里的妇联会，担任了妇女主任，带领村民进行生产建设。

在平常，她在妇女协会教村里的那些妇女们绣花、养蚕、织布。如果上级派来任务，她首先就会召集妇女们开会，然后给每一个人公布特定的任务。她对村子里的妇女们非常了解，知道每一个人的特长、每一个人的家庭情况。据我奶奶回忆，村子里不管出现了什么矛盾，只要妇女的权益受到侵犯，她都会挺身而出保护那些妇女。

在妇联会中她勤勤恳恳地工作，一心为群众，忠于党、忠于祖国，受到广泛好评。

太奶奶程福祥

（三）精神相传

“华夏由来多俊贤，女英能顶半边天。”太奶奶这种忠于党和人民、鞠躬尽瘁的精神无论在过去还是现在，都是值得学习的。

太奶奶也将这种精神传承给了她的子女。我的爷爷就是她几个子女中最具有这种精神的代表性人物。

三、光荣入伍当步兵　带领改革全村兴

（一）应征入伍

1973 年 12 月的某一天。冬日的清晨，寂静而神秘，仿佛整个世界都被一层薄薄的雪精心装扮。朝阳初升，天空渐渐泛起一抹淡淡的金黄，与大地上的白雪相映成趣，构成了一幅美丽的画卷。这一幕，我想，是我爷爷永远不会忘记的。

收拾完行李，他便开始踏上去部队的路。乡亲们早早就等在家门口，目送他离开。

“儿子，”我太奶奶挤开人群，朝着远去的儿子喊，“不要忘记是党将你养大，你一定要好好工作，报答党和人民！”她的声音在寂静的小村庄里传响，仔细听还能听到阵阵回声。爷爷顿时觉得提着的箱子很重，不仅有他对家的思念，更有父老乡亲对他的期望。

（二）部队生活

20 世纪 70 年代初，中国的边疆形势紧张，当时的热血男儿们无一不梦想着去当兵报效祖国，我的爷爷也是如此。他从小被我太奶奶教育要报答党和人民对他的哺育，我想这些就是他一心参军的原因吧。

我爷爷在某部队当步兵。部队的生活无疑是艰苦的，无论严寒或酷暑，他无时无刻不在操场上进行训练。数不清的汗水和努力，铸就了他坚忍的意志。

与此同时爷爷也没有忘记他母亲给予他的嘱托。在部队，他主动关心身边的战友，乐于助人。进入部队不久还当上了班长，获得嘉奖。“刻苦努力，平易近人”便是战友对他的评价。

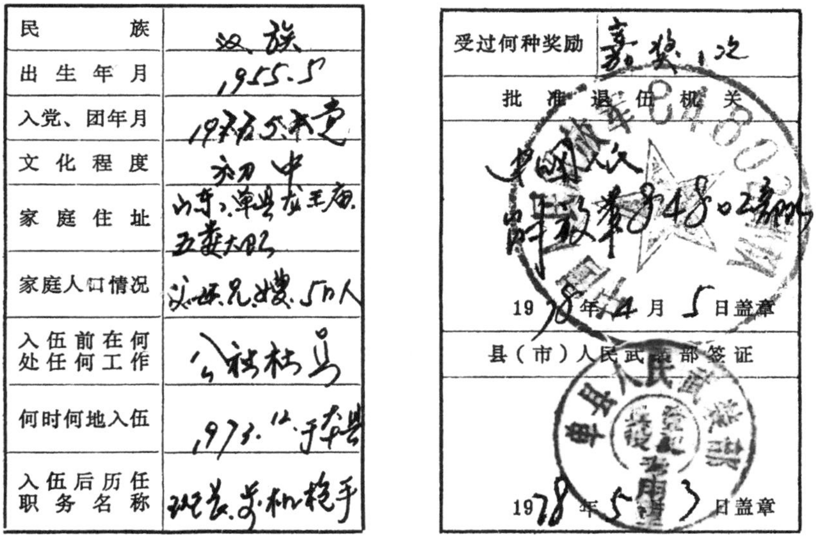

民族	汉族
出生年月	1955.5
入党、团年月	1975年5月入党
文化程度	初中
家庭住址	[illegible]
家庭人口情况	父母兄嫂 5口人
入伍前在何处任何工作	公社社员
何时何地入伍	1973.12.于单县
入伍后历任职务名称	班长、机枪手

受过何种奖励	嘉奖1次
批准退伍机关	
中国人民解放军84802部队 1978年4月5日盖章	
县（市）人民武装部签证	
1978年5月3日盖章	

嘉奖证书

（三）回村发展

五年的部队生活磨砺了他的强健体魄和顽强意志。从部队回来后，他当上了村里的大队干部。恰逢改革开放，为了顺应时代的发展、社会的变化，他带领全村男女实行土地承包责任制。实行土地承包责任制之后，产量大幅度增长，村民也越来越富了。大家在他的带领下，终于实现了粮食丰收，填饱了肚子。此外，他还鼓励农户改种一些经济作物，增收增产。

当时的人们常常能看到，一个皮肤黝黑的农民挽着裤脚，在田间穿梭。在种自家田地的同时，还经常到别人家的田里转，给其他人提供种植建议。他就是我的爷爷。

当他发现村里严重缺水时，就组织村民开凿水井，引水灌溉，愣是将山东一个小乡村里的不毛之地浇灌成了富饶之乡。从此人们摆脱了靠天吃饭、听天由命的生活。

1978 年之后的每一年夏天，每每经过村里的农田，便能看见沉甸甸的麦穗在阳光的照耀下闪烁着金色的光辉。秋天，兴许能瞧见几亩棉花地。

清风拂过，在金色的阳光下，棉花轻轻地摇曳，如同白色的云朵在田野中翩翩起舞，给人一种宁静与和谐的感觉。

（四）平凡坚韧

螺丝钉精神，在我爷爷身上能得到很好的体现。他积极投身于为人民服务中，身上充满了敬业和担当，使我的家乡更加和谐美丽。

四、旧时苦读终不悔　今夕折桂耀门楣

（一）一身书生气

与农村其他小孩儿不同，我爸爸从小不喜欢摸鱼捉虾，不喜欢斗鸡。在别的小孩儿眼里，他就是一个彻头彻尾的书呆子。或许是受到了我爷爷的影响，他从小的梦想便是长大报效祖国，报效人民。只不过他选择和爷爷不同的方式——读书。

全家福

改革开放之后，社会发生了巨大的变化，中国需要科研、经济、政治方面的人才。邓小平爷爷提出科教兴国策略，恢复了高考。那时人们都说，学好数理化，走遍天下都不怕。正因如此，他选择了读书这条路，报效祖国的梦想便在此刻生根发芽。

如果你穿越到20世纪90年代，或许你能在村头遇见一个小孩儿。他长得不算高，从头到脚穿的都是一身朴素的衣服。唯独与其他小孩儿不同的是他手里总会拿着一本书。可能是从镇里借的，也可能是学校里的老师借他读的。总之你能看见他坐在村口的石头上，一坐就是好几个小时，有时候甚至忘了吃午饭。

老家的墙上贴满了他上学期间得的奖状。爷爷奶奶也以他为骄傲，鼓励儿子好好学习。

就这样，他确实用行动证明了读书也能读出一条出路。千禧年他参加了全国高考，最终以658分的成绩考上了中国矿业大学，他也是村子里出来的第一个大学生。

（二）投身测绘

经过了四年的大学生活，他对大地测量产生了浓厚的兴趣。大学期间，他学习成绩优异，各方面都积极要求进步，光荣地加入了中国共产党。读完了大学，他又到中国测绘科学研究院攻读硕士，其间参与多项国家级基础测绘项目研究。

工作后，他参与了国家援助的伊朗德黑兰市地铁一号线的建设。德黑兰地铁一号线是伊朗的第一条地铁线。德黑兰市位于高原地区，缺少地质测量基础资料，施工建设难度很大。爸爸作为单位的年轻骨干，积极响应号召，第一时间参与这一国际工程建设。他抛家舍业，远离家乡和祖国，而又信心百倍，精神抖擞。他带领技术团队，克服水土不服、沟通不畅、理念不同等一个又一个难题，进行技术创新，圆满完成组织交给他的任务，获得中伊两国的高度赞誉。而后，他又参与国家体育场鸟巢建设和国内多个城市地铁的建设，为新世纪祖国基础设施建设添砖加瓦，发光发热。

测绘这个行业其实并不热门，可我爸爸还是选择了这个艰苦行业。如他所说，干一行爱一行，他对这份行业的热爱已经超乎了别人，并发表论文 20 余篇，获得 10 余项国家、省部级奖项。

（三）为人民服务

因为家庭原因，在我出生后爸爸便当了一名公务员。后来他又被北京市选拔到自然资源部挂职锻炼，提升自身业务水平。

在这个岗位上他也尽职尽责，全心全意帮助每一个人和企业，便民利企，优化营商环境，向世界最高水平对标对表，打造北京模式。他也像我的太奶奶和我的爷爷那样：对党忠诚，有信仰，有担当。因此，他多次被评为优秀共产党员，获得嘉奖和三等功。

五、家史永牢记　家风永流传

家族里的每个人的事迹都顺应了当时社会的变化和历史的潮流。我家的家史虽然简单，却充满了勤俭、友善、努力、认真、一心为公、无私奉献的精神。每个人的事迹都顺应了当时社会的变化和历史的潮流。

家族精神，薪火相传。一个家族的繁荣与传承，离不开家风的熏陶。在今后的人生中，我一定会继承我太奶奶、爷爷和父亲的精神，我想这便是一种家风的传承。

（指导老师：丁旲）

忠厚传家　诗书继世

——枫桥宅埠陈氏家史

北京市三帆中学 · 王子昱

我的家乡位于浙江省绍兴市诸暨市枫桥镇。我的家族有着深厚的历史和文化传统。母亲的祖辈都生活在这片历史悠远、热忱奔放的土地上，我在这里出生，作为这个家族的子孙，我倍感幸福与自豪。

众所周知，绍兴是国家历史文化名城，拥有约 9 000 年的悠久历史。从新石器时代中期的小黄山文化开始，经历了越国古都的建立，至今已有2500 多年的建城史。绍兴以其丰富的历史文化遗产而闻名，如书法名作《兰亭集序》以及鲁迅先生笔下的百草园、三味书屋等，吸引了无数游客前来探寻其厚重的历史韵味和浪漫的人文景观。

诸暨市同样历史悠久，人文荟萃。它是越国的故地，西施的故里，因禹召集众诸侯汇聚于此地而得名。诸暨人历来重视“耕读传家”，文化积淀深厚，名人辈出，先后孕育了物理学家赵忠尧等 15 位“两院”院士和 150 多位将军。

枫桥镇境内风景名胜古迹众多，有被列入《中国名胜词典》、风光旖旎的小天竺，有建于宋朝的东化成寺塔，有原基于枫溪江溪间平陆而造的神奇建筑枫桥大庙，等等。

我的家族——枫桥宅埠陈氏，见证整个枫桥发展的缩影。枫桥陈家之所以叫“宅埠”，叫“船舫基”，当年必定是在水道边。十里枫堤，溪上枫桥，枫桥镇陈家社区就坐落在枫溪江畔，为宅埠陈氏族人的聚集地。

一、家族底蕴

枫桥镇的陈家是当地一个有着悠久历史的家族，历史可以追溯到800多年前。始祖为南宋时的翰林学士、知名学者陈寿，他是当时著名的理学家杨时（龟山先生）的弟子，也是皇室教授陈燧的儿子。他因得罪秦桧被贬官，后以疾辞官至岳家枫桥隐居，觅得梯山之阳、枫溪江畔之宝地，起名“宅埠”。梯山原名“阮家山”，是南朝宋后期横征暴敛、大收贿赂的佞臣阮佃夫家族旧址。按理，在阮家旧址上卜居，是颇不吉利的。但在陈寿看来，阮佃夫恰好是立身行事的鲜活反面案例，这片土地可时刻警醒自己并教育子孙后裔：人活在世，积财不如积德，储财不如储书。宅埠陈氏，也称为枫溪陈氏，是越中地区的望族，以科举成就显赫而闻名。家族曾经创下“一门十进士”的辉煌纪录，这在绍兴的科举史上是绝无仅有的。陈氏家族在历史上经历了多次变迁，包括元朝时期由于科举制度对汉人和南人的歧视，家族成员较少有机会登进士第。但尽管如此，陈氏家族依然在当地社会和文化生活中占有重要地位。陈氏族人以德修身，清慎笃行，涌现出不少忠勇诚直、勤慎廉明的先贤人物：有坚守气节、冒死忠谏的陈赏，清廉刚正、政绩卓然的陈性学，彰善惩恶、兴学禁赌的陈遹声，剿匪有功、殉职贵州的陈毓书等等。“只留清气满乾坤”梅花屋主王冕之母、创高古奇骇画风的一代绘画宗师陈洪绶也出自这里。

陈氏宗谱

目前陈氏家族有4000多人口，225名党员，分为进农、化农、勤农、新农4个自然村。这个“农”，按家谱原本应该为“龙”，是那个“农业第一”的年代改为“农”的。我的外公告诉我，他的老家化农，过去肯定叫“化龙”，村口枫溪江上有一座桥，就叫“化龙桥”。不管是“农”还是“龙”，在村民心中则分明升腾起一股“龙腾凤翔”的激情，发出了“四龙共舞”的强音“陈家十番”表演。

“陈家十番”属丝竹锣鼓中的文十番，由18人组成，打击乐器有云锣（九音锣）、檀板、小锣、彭鼓、撞铃、木鱼，吹奏乐器有横笛两支、洞箫、笙两支、段管，弦乐器有二胡、四弦胡、坠胡、琵琶、三弦、双磬，也有提琴、铙、钹、月琴等乐器调换使用。每年的重要节日都会在村里进行表演，18位乐师边缓步行进，边轮番演奏，若干精壮汉子高举“彩棚”同步跟进，整个社区，充满祥和欢乐的气氛。“陈家十番”表演很好地体现了“孝悌传家”理念。

二、家族祠堂

宅埠陈氏有3个祠堂，陈家最早的祠堂叫“萃涣堂”，建于万历年间，当初由福八房秩七的后裔建造，后来福八房的子孙便在萃涣堂里祭祀福八公。这个“福八公”是谁呢？就是陈策。一世祖陈寿至四世祖单丁相传，六世祖福字辈，福一至福十，福八公即陈策，曾任稽山书院山长。九世维字辈，维七房出陈洪绶（十六世）。陈遹声系维十三房（二十二世），因高祖元文公而称“元文房”。福八公陈策，字汉臣，先后以韩性和许白云为师。绍兴路总管泰不华十分赏识他，荐他为稽山书院山长。后张士诚踞绍兴，福八公辞归，至大干溪为张氏部将所获，逼他任伪官，终不屈而遇害。这件事让福一房的子孙很不爽，心想：既然你们认为“祠堂是你们福八房的子孙造的，自然要祭祀福八公”，那么，“我们福一房的子孙自己造祠堂祭祀福一公”。于是，“萃涣堂”成了福八房的祠堂，而福一房则另建祠堂“敦伦堂”。这就是宅埠陈氏家史上的“析祠分谱”事件。这样做，影响很不好。过了 80 多年，终于有一个宅埠陈氏贤达站了出来，他就是陈遹声的祖父、福八房的裔孙陈殿荣。他认为前辈“分崩离析”的状况，不合礼仪，不合道义，不合情谊，所以，“必须合起来”！

话说陈殿荣请了与“敦伦堂”陈家有姻亲关系的楼家、骆家贤达做“和事佬”，千方百计做工作，把宅埠陈氏“一分为二”的僵局扭转了过来。在此基础上，合建了“萃伦堂”。

清雍正年间所建陈氏敦伦堂

现在，“敦伦堂”尚在，而“萃涣堂”和“萃伦堂”则因为办学校等原因而不复存在。从弘扬枫桥文化的角度看，如果能够恢复“萃涣堂”和“萃伦堂”，让“萃涣堂”重放异彩，善莫大焉。

关于最早的祠堂叫“萃涣堂”，还有一个传为美谈的故事。“萃涣”两个字，是朱熹来枫桥时为陈家题写的，独缺一个“堂”字，陈洪绶便担当起补这个“堂”字的重任来。据说他临摹朱熹 3 年，终于补上“堂”字，补得天衣无缝。如果“萃涣堂”恢复，这个美好的故事便也将得到延续了。

三、家风家训

家族的长久兴旺离不开良好家风的代代相传。宅埠陈氏现有《陈氏祖训》《陈氏家训》以及《陈氏家规二十条》。家规家训涵盖读书、做人、交友、持家、做官等多个方面，凝结着“忠厚传家、诗书继世”的治家之道，其中更是对子孙注重德行操守提出了专门的要求。宅埠陈氏“德行”这一家训，还得从祖上择地安家的故事说起。根据宗谱记载，宅埠陈氏始迁祖陈寿在阮家旧址上卜居，不认为不吉利。在他看来，阮佃夫恰好是立身行事的反面案例，这片土地可时刻警醒自己并教育子孙后裔：人活在世，积财不如积德，储财不如储书。以德立身，以廉正身，在严谨家规家训的教诲下，宅埠陈氏在此安居乐业，顺风顺水，瓜瓞绵延。800余年来，家族人文蔚起，簪缨相继，贤能辈出，曾创下“一门十进士”的科举传奇。说起陈家的家风，近现代不得不提陈遹声。陈遹声字毓骏，又字蓉曙，号骏公，又号畸园老人。早年师从俞樾（曲园），清光绪十二年（1886）中进士，曾任松江知府。光绪三十三年（1907），授川东兵备道，治渝两年，政绩卓著，朝廷授予头品顶戴二品衔以示嘉许，曾蒙慈禧召见。他的墓地牌坊有他的自撰联“经筵侍讲，蜀道巡方”。八个字，写了他平生最为得意的两件事：一是曾任翰林庶吉士、蒙慈禧召见廷对，二是治蜀。陈遹声致仕后在家乡枫桥镇上兴建了畸园，收藏古籍和名人字画多达30万卷，其中孤本珍品很多，可惜一部分毁于抗战期间。中华人民共和国成立后，畸园被政府作为封建官僚地主私产没收，辟为粮站、仓库、猪场，现在连遗迹也几不可考了。陈遹声1920年去世，陈遹声自撰联也很有气势：“一生所欠惟死国，凡事未尝肯倚人。”这一年，陈遹声的儿子陈季侃恰好就任甘肃省省长。他的故居“履素堂”这个陈家台门中，右面正屋出了陈遹声、陈季侃，左面正屋出了国民革命军59师师长陈时骥。陈时骥是保定黄埔军校毕业生，在第四次“围剿”战役中因负伤而被俘，担任红军大学军事教员，可惜的是红军长征前被秘密处置。

履素堂

历史是一面镜子，可以映照现实、远观未来，从中得到启迪。在历史的长河中，宅埠陈氏后人以古为鉴，不忘先祖择居故事，秉承家规家训，德育子孙后代。

老人以陈氏家规家训教导学童

如今，宅埠陈氏宗祠经修缮后被改建为村文化礼堂，并开辟专区建成清廉家风馆。馆中不仅原汁原味地展示着陈氏家规家训，还以图文并茂的形式，生动讲述了先贤清正为官、廉洁奉公的故事。依托农村文化礼堂，社区坚持每年常态化开展以弘扬清廉家风为主题的系列活动。以陈洪绶之号成立的老莲书画社、致力传承家规家训的暑期公益课堂、由村民创作并布展的“莲·廉”根雕艺术展纷纷进驻礼堂，亦动亦静，无不在引导陈氏后人向上向善、崇孝重廉。

四、美好愿望

春节期间，我到枫桥镇中里面的朱熹讲经处参观。枫桥文教昌盛，被誉为有“中州之风”。朱熹曾三次来到枫桥访友、讲学。淳熙九年（1182），朱熹以提举浙东常平盐事来诸暨，抵枫桥，与杨文修谈名理，宿义安精舍。庆元四年（1198）朱熹再次来到枫桥，讲学于精舍，后去天台。庆元六年（1200）枫桥镇风山北坡建东岳行宫，朱熹来枫桥访黄必先。这一年朱熹去世，枫桥人改东岳行宫为紫阳宫，以纪念朱熹（朱熹号紫阳先生）。枫桥镇中立有“紫阳宫”石碑，不管“紫阳宫”石碑是否为原物，但总归是个象征性符号，能够唤起人们的文化记忆。

枫桥宅埠陈氏值得重建的古建筑还有很多，比如永枫庵。枫溪三江口，正好门对牛头山（塔山）。明代万历年间，陈洪绶的祖父陈性学在此建永枫庵，山顶有永枫塔，与紫薇山上建于北宋元祐七年（1092）的东化成寺塔遥遥相对。整个枫桥呈船型，两座塔，一座是船首的桅杆，一座是船尾的桅杆，在风水上很有讲究。现在，东化成寺塔依然高高耸立，而永枫塔则已经不见了。陈洪绶和永枫庵很有因缘，曾在此读书，也常和寺院住持大先和尚诗书唱和。陈洪绶有不少诗作是写永枫庵的，如《宿永枫庵赠大先山住持》如：

佛屋为家归必登，幢幢无焰祖师灯。

戒衣著相披居士，粥饭行深属老僧。
殿上松花金色界，厨中黎雪玉壶冰。
随君举示吾能会，掀到禅床便不能。

又如《偶书七绝》：

牛头山上息微劳，领得先生白苎袍。
钟鼓寂然烟月白，烧残红烛听松涛。

另有《永枫庵小集点韵》《梦道闇祉叔过予永枫庵纪事》等。

永枫塔因为乡人盗窃塔砖而于清代乾隆年间倒塌，永枫庵解放初尚存，有庵基 7 间，三进，后亦毁。此处前临枫江，后瞻泌湖，风景极佳，且与“迂一公”墓地隔江相望。若能建成一处纪念陈洪绶的文化设施，应是非常美妙的事情。

宅埠陈氏既有发掘和传承枫桥传统文化的重要意义，还探寻在传承传统文化的过程中弘扬“枫桥经验”的新路子。“迂一公”陈寿先生开创枫桥文风，并使得枫桥成为理学传播的摇篮，这丰厚的文脉，为“枫桥经验”的孕育奠定了坚实的文化基因。作为后人，我希望有生之年能够为宅埠陈氏做点力所能及的事情，让家风代代传承！

（指导老师：原婧）

观天知家小，鉴史识人贤

北京师范大学实验华夏女子中学 · 张奕辰

我的爷爷叫张实业，字振兴。爷爷经常给我讲家史、家风的故事，“观天知家小、鉴史识人贤”这是他经常讲的一句话，教育我人要有大格局、大胸怀，要有远见，要多读历史，了解过往，知道自己从哪儿来、往哪儿去；要以史为鉴，知道历代兴衰更替的规律；以人为鉴，可以明白自身的得失，更好地面对未来。爷爷温暖而深沉的叙述，仿佛打开了一扇通往过去的门。他口中的家史，则是一部充满奋斗与传承的史诗，记录着祖辈们辛勤耕耘、艰苦创业的经历，也诉说着家族在风雨中坚守信仰、传承美德的故事。而家风，则是家族的灵魂，是爷爷口中那些质朴而深刻的教诲，如“诚信为本，勤劳致富”“尊老爱幼，和睦相处”。这些家风，如同明灯，照亮了我们前行的道路，也塑造了我们的人格品质。每当听到这些故事，我都深感家族的厚重与伟大，也更加珍惜这些宝贵的家族文化。

一、源远流长，根深叶茂

爷爷说，每个人的生命都源于祖先的恩赐，祖先是我们的根，是我们的源泉。他们经历了无数的风雨和沧桑，为我们创造了今天的生活条件和环境。他们不断地奋斗和牺牲，为我们铺就了通向未来的道路。因此，我们不能忘记祖先的恩情，更不能忘记自己的根。在中国文化中，家族是社会的基本单位，而祖宗则是家族的象征。通过纪念祖宗、传承家风，人们能够强化家族意识，增强家族凝聚力。这种家族认同感有助于形成稳定的社会结构，这也是中华文明绵延五千年的重要基础，是有别于其他文明的重要特征。近年来，清明祭祖活动越来越得到大家的认可，就充分说明了这一点。

张姓是历史最悠久的姓氏之一，留下了一篇篇浓墨重彩、灿烂辉煌而又沧桑厚重的历史华章，其起源据说与弓箭有着密切的关系。今天，后裔过亿的张姓已遍布广袤而古老的神州大地，乃至世界各地，成为中国的第三大姓氏。根据张氏家谱的记载，我们这一支起源于河北清河，后因战乱频发、朝代更迭，祖辈们不断迁徙，其中一支最后来到了江西省武宁县坪源大队，自宋代以来，就定居于此，已经有上千年的历史了。[①]

张氏家谱封面及武宁县坪源村张氏宗祠供奉的祖宗牌位

二、道阻且长，行则将至

爷爷说，他是 1941 年生人。出生时家境贫寒，母亲早逝，与父亲相依

① 摘自家谱《紫鹿张氏大成宗谱（卷七）》。

为命。他在乡亲们的帮助下历经艰辛，得以长大，还读完了小学，有了初步文化。十五岁的时候，他的父亲也不幸离世了，从此他开始一个人单独生活，自食其力。到 1958 年的时候，乡里开始搞人民公社，爷爷加入了大集体，以村民小组为单位成立了大食堂，爷爷跟随大家一起同吃同劳动。虽然年纪小，但他干活积极主动，勤奋肯干，从不偷懒，大家都很喜欢他。1959 年，在党组织的关怀下，安排他当乡村邮递员。他每天徒步往返三十里，从坪源镇送到最偏远的朱山大队，当天送完回来再参加半天集体劳动，每月工资五元钱。虽然工资低，但他干得有滋有味，得到了当时公社、邮电所及朱山大队的表扬，邮电所给他发了奖状。这是他人生第一次受到嘉奖，让他终生难忘。

后来因为他工作表现好，什么事都肯学肯做，干活从不推诿，能吃苦耐劳，组织上、同事们对他的工作都非常满意，又送他到九江农学院读了中专。可惜的是，当时因国家处于三年困难时期，这个原计划读三年的班改为提前一年结业，国家不负责分配，只承认中专学历，发结业证书，回属地安排工作。在家待业了几个月后，他被安排到乡税务所工作，后来又调到乡里信用社工作。因为工作需要，他又到多个乡镇工作，其中 1976、1977 两年被县委抽调下放到石门乡九条大队兼职党支部书记。这是一个贫困落后的大队，乡亲们常年吃不饱、穿不暖，每到青黄不接的时候都要出去逃荒。在他的带领下，很快就解决了温饱问题，大队连续两年被评为全县红旗单位，1977 年 3 月作为出席江西省第三次农业学大寨先进单位，事迹材料印发全省各生产大队学习。我问他是怎么做到的，他说要“实事求是、勇于创新、敢于担责”。当时，他感觉原有的机制没法调动当地老百姓的积极性，就偷偷地带着当地乡亲们试点了“包产到户”。这在当时是要冒很大风险的，也是走在全国前列的。后来，国家渐渐在全国推行了“联产承包责任制”，大大解放了农村生产力。几十年过去了，当地乡亲们见到他还是非常尊敬、感谢。每每说起这些，他脸上总是充满了自豪感，也深深地感染了我。改革开放后，家里的条件也像大多数家庭一样，日渐好转，爷爷带着全家搬到了县城。我的大伯第一个考上了大学——江西大学，后面我姑姑考上了江西财经大学，爸爸考上了南昌大学，后来再到中科院读研。他们继承了良好的家风，通过自身的努力，考上了大学，改变了命运，从事自己所喜欢的工作。爷爷奶奶倍感欣慰，没有辜负祖先的期望，同时爷爷经常提到要感谢新中国，感谢中国共产党，是党的政策好，把以前想都不敢想的事逐一变成了现实。爷爷于 1998 年退休①。

《我的路与家》，张实业写于 2011 年。

《静思笃行》，张实业写于 2023 年。

"像珍惜生命一样珍惜每一份工作。"爷爷说："在我四十年的工作生涯中，不论工资高低、难度多大，都要尽一切力量把它做好。总要比别人做得更好才觉得满意，总想做出个样子给自己看、给家人看。四十年来我当过邮递员、通讯员、会计员、出纳员、信贷员，农村财会辅导员、信用社主任、营业所主任，还当过两年村干部，直到退休。不论在哪个地方工

① 摘自笔者爷爷张实业的回忆录《我的路与家》《静思笃行》。

作，都取得了组织、领导和当地群众的好评。所负责的农村信用社工作，六年有五年被评为先进单位；在营业所工作十九年，多次被评为先进单位。七七年十月二十二日，我当选全县村级先进代表，参加全省首届瞻仰毛主席遗容活动，专列火车赴北京，副省长带队，全省共计 500 人。”①

爷爷说，几十年的工作生涯虽然没有什么大的业绩，但自己觉得把工作做好了，比什么都重要，问心无愧，知足常乐，实现了自己的人生价值。

三、注重家风，代代相传

几十年来，爷爷奶奶除了对事业非常用心外，同时也注重家风家教建设。爷爷说：“家和万事兴。家长非常重要，上要孝敬父母与长辈，下要关爱妻子、儿女，这就要求自己做到以身作则。身教重于言传，影响一家人树正气、走正道，遵纪守法，勤劳俭朴，爱岗敬业，奋发向上。”爷爷和奶奶有着共同的价值观，宁可苦自己也不可苦家里老人和孩子们。我爷爷的父母走得早，奶奶的父母长期和全家生活在一起，爷爷奶奶对他们一直很孝敬，子女看在眼里、记在心里，为全家留下了深刻的印象。爷爷奶奶虽然上学不多，但平时注意学习，活到老、学到老，到七八十岁的时候学会了用手机发信息、购物等新科技，爷爷还写了《我的路与家》《静思笃行》，记录了他的人生经历和感悟，也是我们家史的重要见证。

爷爷总结了十条家风：“遵纪守法行事，诚实守信做人，与人相处为善，相互理解包容，不做亏心之事，勿拿不义之财，心胸开阔豁达，知足常乐感恩，勤奋成就梦想，清廉一生平安。”② 这十条也成为爸爸妈妈做人做事的准则，爷爷奶奶鼓励我们要多做好事，多增加正能量，要积极努力，奋发有为，实现更好的人生价值，尽自己所能，为家庭、为社会、为国家多做贡献。

---

① 采访记录，采访时间：2024 年 2 月 12 日，受访者：张实业（本文作者祖父）。

② 摘录自张实业的《一封家书》。

四、见微知著，发扬光大

“家是最小国，国是千万家。”家史是家族的历史，通过爷爷的故事，记录着我们家一步步走过来的历史，也是千千万万个家庭的缩影。见微知著，从我们家这个小家，也可看到近百年来在中国共产党的领导下，整个国家发生的翻天覆地的变化，让我对中华民族从站起来、富起来，到强起来有了更深刻的认识。

历史的接力棒到了我们这一代，国家的发展日新月异，国际地位不断提升，这离不开每一代人的共同努力和奉献。同时也要意识到，要实现国家的繁荣富强不可能是一帆风顺的，必然面临各种风险和挑战。作为新时代的少年，我们不仅要继承和发扬中华民族的优良传统，也要继承和发扬家族的优良传统和文化。我们要深入了解家族的历史和文化，从中汲取智慧和力量，同时不断学习新知识，掌握新技能，为国家的现代化建设贡献自己的力量。

（指导老师：冯梦璐）

一个共产党员的人生

北京师范大学南湖附属学校・高屹

“历史是一面镜子，它照亮现实，也照亮未来。”今天，我想和大家分享一下我爷爷的故事，一个共产党员普通的人生。

我的爷爷今年71岁了，已是古稀之年。自我记事以来，爷爷给我的印象总是笑眯眯的，话不多。从我上学以来，不管春夏秋冬、风吹雨打，爷爷总是最早到校门口接我。爷爷平时都不会批评我，也不会大声和我说话。但是，一旦我考试成绩不理想，爷爷总会“尖锐”地指出来，批评我说：“现在不好好学习，长大了怎么为祖国做贡献。”这也许就是一名老共产党员对党的朴实无华的真挚情感吧。

一、人生轨迹

1954年12月，我的爷爷出生于浙江湖州一个普通的农民家庭，在家中排行老三。那时候，中华人民共和国成立不久，物资匮乏，1959年到1961年又碰到了三年困难时期，遭遇旱灾、洪涝、霜冻……爷爷就是在缺衣少粮的艰苦环境下度过了他的童年。“那时候家里实在是养不活啊，我弟弟就在那个时候被爸妈送人了”……年少的经历养成了爷爷一辈子勤俭节约的生活习惯。再过了几年，生活条件稍微好转。过年的时候，偶尔饭桌上会有小半碗肉，但也仅限于过年、待客。爷爷回忆道：“有一次，我看到桌上有肉，刚想伸出筷子夹，你曾祖母就在桌子下踢我的裤腿，提醒我这肉是要给客人吃的。”爷爷总是微笑地说，我们现在的生活在他小的时候是想都不敢想的，那个时候能够吃饱穿暖就是最大的幸福，“现在的生活来之不易啊，你现在每天都能吃到肉，要珍惜现在的美好生活！”

1972 年，爷爷 18 岁了，响应祖国号召前去参军。一谈到部队的生活，爷爷的眼里总是闪耀着光芒。在新兵连训练一个月后，爷爷就被挑选去武汉空军后勤部队汽校学习，153 个新兵中只选了 5 人，次月他就光荣地成为共青团员。学习半年后，爷爷回到武汉空军地勤部队。因为驾驶技术一流，爷爷担任了驾驶班班长，带领驾驶班成员出色地完成了一次又一次运输任务，他自己也担任了首长的司机。1976 年，因为表现优秀，爷爷光荣地加

爷爷的 18 岁，在武汉空军地勤部队期间

喜报

高金祥 同志 在一九七五年安全行车 中成绩显著 荣立三等功。

特此报喜

中国人民解放军八[illegible]部队

一九七五年十二月卅一日

爷爷荣立三等功喜报和证书

入了中国共产党。爷爷的工作是被认可的，他在部队期间荣获三等功两次、嘉奖等10余次。部队日复一日、年复一年的操练也练就了爷爷强健的体魄。他如今70多岁，每天坚持锻炼，早晨5点多就起床为家里人准备可口的早餐。

爷爷做村干部期间照片

1979年，爷爷退伍了。他再次响应党的号召，“从哪里来，到哪里去”，回到家乡，扎根农村、扎根基层，担任村支部委员，分管村里的房建、治安、协调等工作。爷爷做协调工作是有一套的，村里的人都很信任他，他也很乐意做起村里的“老娘舅”。村里万一有矛盾了也都会找爷爷。爷爷年年获得镇里颁发的优秀治保主任称号。那个时候，改革开放的春风也吹到到村里。爷爷说，原来买什么东西都要凭票，粮票、布票、油票，而且能买到的东西非常少，全部是计划供应。他从部队回来后，发现街上卖东西的多了，创业迎来了好时机……于是他结合村里的实际，提议创办村酒厂。在他的大力倡导下，酒厂建起来了，爷爷担任了首任厂长，出产的黄酒、竹叶青酒等在周边名气蛮大，爷爷带领全村人富起来了……过了几年，家家都买黑白电视机了，年底的时候一家人能够热热闹闹地看春节联欢晚会了……

1983年，爷爷到了镇上化学厂工作，还是做他的老本行——司机。但是，他做的工作远远超过一个司机该做的。印象中，只要身边的人有需要，爷爷总是会随叫随到，得到了领导和同事的一致肯定。除了工作外，爷爷仍不忘努力搞好生产，为国家多生产粮食，主动完成收公粮任务。妈妈回忆，在收割季节，上班前、下班后总能看到爷爷忙碌在农田上的身影。有一次，爷爷下班后带着妈妈去收割稻子。年幼的妈妈困了，爷爷把她放在稻草堆里睡觉，等晚上8点左右妈妈醒来被周边一片漆黑吓哭的时候，爷爷还在干活……村上有位老人心疼了，主动提出来让妈妈跟着她。所以，自此以后，妈妈童年的很多时间是“寄养”在那位老人家里的。

现在，爷爷已经退休了。但是他退休不褪色，离岗不离党，坚持交党费，坚持参加党组织活动。每天看《新闻联播》《海峡两岸》，了解时事政治。

二、家庭教育

因为家里没钱，爷爷在小学就辍学了，但是他并没有终止学习。尤其是进入部队以后，他坚持提升自己，努力学习。听他的老战友说，经常能看到爷爷拿着《新华字典》自学，退伍的时候写一般的材料都不成问题了。另外，爷爷的案头总是放着一本《毛主席语录》。讲起党史，爷爷更是滔滔不绝。

那个时代是晚婚年代，法定婚龄是男的要 28 岁，女的要 25 岁。爷爷和奶奶同龄，1980 年，爷爷、奶奶结婚了，不久妈妈出生了。虽然家里的环境还不是特别好，但是爷爷总说“再穷不能穷孩子，再穷不能穷教育”。妈妈在同龄人中是幸福的，她有着比别人多很多的课外书和学习用品。听妈妈说，她并不是一直都是尖子生。中考的时候，仅仅是考到区里的重点学校。在得知消息时，爷爷抿着几分钟嘴，但马上回过头和妈妈说，“以后考试的时候一定不要害怕。一个人只要用心，没有什么事做不好。古人还说呢：‘世上无难事，只怕有心人。’我相信你能把自己该做的事情做好。”“我支持你”……在爷爷的期望、信任、鼓励和支持下，妈妈的学习成绩突飞猛进，高考的时候超过一本线，后来又攻读了硕士、博士。爷爷的以身作则、循循善诱也培养了妈妈自立自强、努力拼搏的性格。2003 年，在大三期间，妈妈光荣地成为一名学生共产党员。爷爷可开心了，逢人就讲：“我们家都是党

妈妈的博士毕业照

员，都有着红色基因。”爱国的情怀就这样在我们家庭的血液中永不停歇地流淌着……

在这样的家庭里成长，从小我就有了要好好学习、报效祖国的内在动力。多年来，我一直奋发图强、全面发展、尊重师长、团结同学，学习成绩名列前茅，有着强烈的集体意识和班级荣誉感，认真完成老师布置的任务，积极参加各项活动。每年获评三好学生，入选嘉兴市英才计划。前些日子，我被吸纳为入团积极分子。爷爷知道后，开心地说：“我们家小宝入团了，好啊……”

爷爷身上最大的闪光点就是他的勤劳、质朴。他的一生奋斗不息、努力工作；艰苦朴素、反对浪费。退休后，他还在家里空地上种瓜果蔬菜。妈妈老是劝他不要种了，多休息休息，他总是说：“这也是在锻炼身体。”他总是戴着那副老花镜，跟着抖音、微信小视频学习，研究怎么种菜产量、质量更高……爷爷还经常把劳动成果分享给小区其他住户，那口感啊，经常被点赞。

结语

爷爷的人生，是一名普通共产党员的人生，普通得不能再普通。但他是千千万万努力拼搏的人的真实写照。爷爷的一生深深地刻在我的记忆中，引发了我的感悟和思考，给予了我前进的智慧和力量，我定将让这红色的基因代代相传。

家史记忆的精神寄托

北京师范大学南湖附属学校·沈可心

家史能让人领悟到人生的真谛。每一个故事、每一个人物，都是生动鲜活的教材。家史让我明白了要勇敢面对生活中的挑战与困难，要坚定信念勇往直前；家史让我也学会了珍惜亲情、友情，用一颗感恩的心去对待身边的人和事。

一、引子：受惠于太爷爷吴静芝

天凝镇古称“凝溪”，地处嘉善县西北部，历史文化底蕴浓厚，资源丰富。天凝作为一个江南小镇，其形成历史有五六百年，所以古迹繁多。其中天宁寺规模宏大，后遭战乱被毁。我的太奶奶是信佛之人，经常步行几十里前往烧香拜佛，机缘巧合认识行医的吴医师。

吴医师，原名吴静芝，我的太爷爷，也就是爸爸的干爷爷，就是浙江嘉善天凝人，是杨庙、七星一带有名的老中医，也是我们家族的引路人。他生于1925年12月，幼秉庭训，师承父业。1947年11月参加全国高等学校入学考试，后在天凝镇开业行医。

1949年我爷爷沈阿观出生，小时候生活比较苦，经历了1959～1961年三年困难时期，没吃的，就吃喂猪的米糠。因为家中兄弟姐妹多，爷爷又是长子，连稀饭都喝不上，营养严重不良，后来就出现了胃痛、胃出血等毛病，经常去天凝镇拜佛、看中医，结识了年轻有为的吴静芝先生，并认他为干爹。从此两家往来不断，结下了深厚情谊。

1952年，吴静芝组织天凝镇中西医联合诊所，造福一方。那时我太奶奶经常带着乡下的菜蛋前往拜访。诊治一些小毛病，吴静芝都是不问诊费，热情帮助。多年后他调入嘉善县第一人民医院，首次开设内科。爷爷胃病不断发作，都是吴静芝开方医治的。在干爹精心照顾下，爷爷身体好了很多。干爹的善良智慧对爷爷影响很大，爷爷也开始读书识字。当时家里条件实在不行，读到四年级爷爷就辍学了，虽大体认识一些字，可在当时已不算文盲了。爷爷成年后，居住地芦花村还选举他为小队长。

1974年，“文革”还没有结束，姑姑出生，生下来时哭声都没有，差一点就救不活了。小县城医疗技术薄弱，吴静芝医生给我爷爷他们联系了上海儿童医院。爷爷马不停蹄带孩子坐绿皮火车去上海抢救，挽回了姑姑性命，但落下了小儿麻痹症后遗症，让老人们心里愧疚很多年。爷爷回忆说，如果放在现在，肯定不会这样的。

七年后，爸爸出生，据说爸爸还是芦花村第一个剖腹产出生的婴儿。当时在嘉兴妇幼保健医院出生，据爷爷回忆医疗水平和环境明显比姑姑出生时提高了很多，看着都安心。在吴静芝爷爷的动员下，吸取姑姑出生的教训，奶奶半信半疑中选择了剖腹产。虽然在手术前还蛮担心的，但爸爸生龙活虎地出生后，爷爷高兴坏了，连吃了四大碗白米饭，到现在爷爷还记忆犹新。这次提到爸爸出生的时候，爷爷脸上还洋溢着浓浓的爱意和自豪的笑容。再后来，爷爷一家子凡事有个头疼脑热的，都去老中医吴医师那儿寻医问诊，吴医师简直就是爷爷家的“家庭医生”。德高望重的老中医也是高寿的，我小时候还经常看到他退休后帮人开方子的样子。痛心的是2022年吴医生因病不幸去世。生前，他还编辑了一本自传《凝远医话》。

1925年到2022年，跨越了近一个世纪的时间，太爷爷用他的一生，传承了中医精髓，也书写了一部仁心家史。在这段历史长河中，太爷爷经历了无数的风雨和挑战，坚守着中医的信仰，用自己的医术和仁心，为无数患者带去了希望和温暖。他的医术不仅仅是一种技能，更是一种对生命的敬畏和尊重。在医学的道路上，他不仅注重医术的提升，更关注患者的心理健康和人文关怀。用自己的言行，诠释了什么是真正的医者仁心。

人物简介

吴静芝 男 1925年12月出生于嘉善县天凝镇中医家庭，幼秉庭训，师承父业，1947年月11月参加全国高等考试，中医师考试及格后在嘉善县天凝镇社会开业行医，1952年4月组织天凝区中西医联合诊所任主任，1956年2月兼任血防天凝中心站副站长。1956年10月进入全民卫生机构天凝卫生所为中医师，1957年10月调入嘉善县第一人民医院，首次开设中医内科，后晋升副主任中医师兼门诊部副主任。1989年被浙江省中医管理局列入浙江省中医名人录。1991年1月退休，继续返聘担任中医内科专家门诊至2005年4月结束，1996年评为嘉兴市名中医，2018年，浙江省文化厅评为浙江省第五批非物质文化遗产代表性项目“吴氏中医内科”传承人。

吴静芝是第1–3届嘉兴市人大代表，中国农工民主党基层组织第1–3届主任委员，1999年被评为十佳优秀嘉善人，受到中共嘉善县委宣传部的表彰。

《凝远医话》

二、芦花村致富带头人：爷爷吴阿观

1981年爸爸出生时，改革春风吹到了芦花村。村里此时已经实行联产承包责任制了，爷爷也承包了村里10亩左右土地，当时水稻种两季，暑假时天热还要“双抢”，赶在立秋前插秧。那时大多靠手工劳作，至今爷爷家还保存着这些农具，当年真是特别辛苦。

爷爷的农具——铁锹

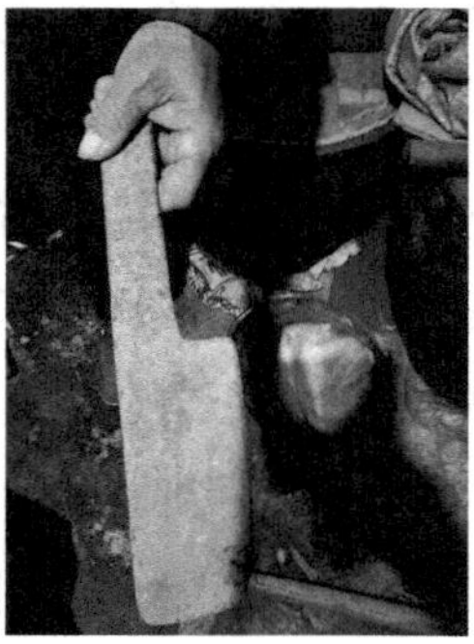

爷爷做水泥工的瓦刀

爷爷奶奶干活时戴的斗笠

爷爷种田的经验很丰富，爱钻研，根据二十四节气耕种，收成比其他农户要高。因而，周围的农户都来请教爷爷，爷爷都是毫无保留，逐渐在村里名望很高。当了小队长后，他还组织村民一起搞起了大棚蔬菜、经济类作物种植，比如南湖菱。

嘉兴菱历史悠久，马家浜出土的菱距今已六七千年了。爷爷为了生计，每年都会种菱、采菱、卖菱。种菱，爷爷说沿用先人们选种、留种的系统选育法，在每年留种时，严格“留优、去劣、去杂”。芦花村村民们几百年来留种就是这个方法。爷爷爱思考，勤动手，每年都以九月中旬至十月上旬发育最好的菱作菱种。采菱一般是奶奶的活儿，天未明就坐菱桶中，划桨，采菱至太阳出来，露水未晞，就拿去菜场卖。奶奶一般从 8 月到 10 月，设摊在宣公桥，手里拿着称，对着火车站走下来的乘客叫卖“新鲜南湖菱要哦”。奶奶说因为新鲜、货好、便宜，经常挺好卖的。小学时我和爸爸还跟她去过一次市场卖，所以印象深刻。

农闲时捕鱼的网

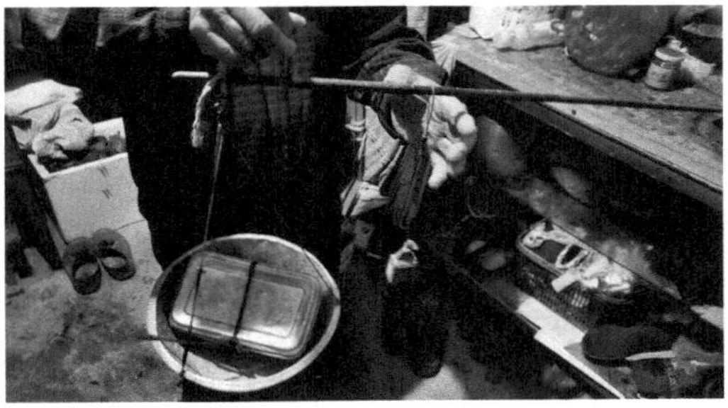

爷爷卖菜、卖菱用的秤

奶奶浇水用的铁壶

说到此处，爷爷还自豪地说，他还是当地有名的养猪大户。一开始不允许养，后来政策好了，每年养好几头猪，过年期间杀一头，芦花村村民们都来买，一头猪肉都不够分的。爷爷看看都是自己生产队的人，有时候都是半买半送，还经常在自家门口、姐姐家小店旁交流养猪心得，后来芦花村几乎家家都养起了猪、鸡、鸭等，大家日子渐渐红火起来。

靠着勤劳智慧，国家政策好，爷爷一家人从温饱走向了小康。爷爷担心姑姑以后的生活，在大家帮助下，姑姑在爷爷家门口开了一家便利店，每天都有很多人来小店门口唠嗑、买东西。爷爷奶奶很好客，还帮助姑姑批发小百货，生意越来越红火。特别是每年过年的时候，会小赚一笔。有了些积蓄后，姑姑给自己买了养老金，办了市民卡，养老问题都解决了，爷爷奶奶都很欣慰，感谢国家社会保障制度的不断完善。现在姑姑快领退休金了，据说每个月会有四五千元。

盖房一间，家穷三年。爷爷回忆，那时，家庭条件很差，一套宅院就能掏空家底：工人的伙食几乎消耗尽省吃俭用攒下来的口粮，工钱要很多年才能结清……第一套老宅院，三间正房完工后断断续续地施工、修葺，

爷爷家门口的大场地（2010 年前）

爷爷和父母克勤克俭，又加盖了一间西屋，建了棚子、栏，齐整了石头院墙，算是有了一套像模像样的方正宅院。

这套老宅院古朴陈旧，今天虽已空置，但它装着的是爸爸满满的记忆。儿时的爸爸就一直栖居在这里，留下了几多欢声笑语，留下了几多美好回忆。姑姑和爸爸均在老宅院长大。全家以农为本，生活清苦，奶奶就在院子里栽了石榴、葡萄，院西种了香椿，院中栽了枣树，南墙内外种了榆树、槐树。又在墙角平整处种上了黄瓜、茄子、韭菜、豆角；墙头填土，栽上了辣椒；院中拉起草绳，挂满了丝瓜、苦瓜和佛手，就连棚子上也爬满了葫芦……靠着奶奶的勤劳，清苦的农家有了清香的椿芽、馨香的槐花，吃到了甜美的时令果蔬。

最难忘的是夏日麦黄时节的夜晚，宁静的乡村，昏黄的油灯，蛙声阵阵，清风气爽。人们酷暑里劳作了一天，浑身疲惫，祥和温馨却弥漫在葡萄架下。就着新月繁星，一家人安享熬茄子、调黄瓜虽简单却又馨香的晚餐。饭间，胳膊晒伤的灼痛、手掌血泡的生疼、脸颊汗浸的火辣、腰肢的酸胀不时袭来。尤其在“双抢”的日子，全靠手工镰刀割水稻，自是浑身疲惫，忍不住喊苦。这时候，爷爷就会教育爸爸，要想摆脱穷苦日子，就要好好学习考出去！正是父母的现身说法，激励着爸爸奋发有为，从老宅院走了出去。

自从爸爸读完大学开始工作后，爷爷奶奶的农田耕作就有些力不从心。爷爷就想着拆迁搬新家，原来承包的土地，也参与了土地流转，自己拿了拆迁款。现在芦花村村民都经历拆迁，邻居们搬到了新建小区三家浜采芹苑，过上了城里人的生活。爷爷家还是经常很多人来串门，大家聊聊周围趣闻轶事，日子很是清闲。

三、技术能手爸爸：沈其荣　中学老师妈妈：柯海虹

在培养教育子女方面，爷爷一直牢记干爹吴静芝的理念，让孩子接受教育多读书；爸爸自小就读书认真，小学就读于七星小学。

七星小学旧址

七星中学旧址

南湖国际七星学校（中小学合并）

那时上学要带着板凳去，我爸爸小学低、中年级用的小凳子，至今爷爷奶奶还在用，老一辈对于老物件感情深厚，奶奶还一直念叨，以前的家具是纯手工做的，但牢靠结实。这些家具体现了家族的传承和对传统的尊重，也见证了家族的成长和变迁。它们不仅仅是物品，更是家族记忆和情感的载体。沿用这些家具，既是对过去的怀念，也是对家族传统的延续。爸爸就是在这样的环境下成长起来，也养成勤俭节约的良好品德。

爸爸小学用的凳子

在1990年前后的浙江农村，小学生的生活学习状况有着独特的色彩。那是一个充满田野气息和纯真童年的时代。生活方面，爸爸住在朴素而温馨的农家小院中，爸爸说没有统一的校服，衣着简单大方，常常是奶奶缝制的衣物，虽不华丽，但干净整洁。后来爷爷利用手上闲钱给奶奶买了台缝纫机，奶奶保留至今。

课余时间，农村小学生们的生活也充满了乐趣。爸爸小时候会在田野里奔跑嬉戏，捉蝴蝶、摘野果，享受大自然的恩赐。还会帮助家里干一些

爸爸曾经蒸饭的饭盒

奶奶的缝纫机

奶奶的腌菜缸、盛菜籽油的壶

农活，如割草、喂猪等，体验劳动的艰辛与快乐。在那个年代，农村小学生的生活虽然不如城市孩子那样丰富多彩，但能用自己的方式感受着生活的美好，用努力和汗水书写着属于自己的故事。

学习方面，爸爸就读的七星小学条件简陋，教室由旧房屋改造而成，后来升入高年级就不用搬板凳，学校提供了崭新的桌椅板凳。

爸爸初中毕业时选择职业生涯，爷爷听了干爹的话，让爸爸考杭州商学院（今浙江工商大学）。爸爸很刻苦，住在城里亲戚的车库里，勤奋努力好几个月，最终考了浙江省第三名，如愿考上了商学院。后来毕业当了职业学校的老师，经过多年努力还获得了嘉兴良匠、技术能手等荣誉称号。

妈妈是来自安徽的外地姑娘，因为人才引进来到嘉兴，认识了爸爸，组成了一个小家。自从有了我，就定居在市里了。爸爸妈妈认识也是一段传奇。爸爸是职业高中的老师，去妈妈学校招生认识了妈妈，后来由于工作上的交流多了，渐生好感，最终结合在一起。结婚时，父母双方的校长是证婚人，大家可高兴了，宴席上有些客人都喝多了。

祖国变化日新月异，家乡变化更是翻天覆地。回忆过往，爸爸妈妈都感慨万千。爸爸回忆，最大变化属芦花村土地流转的“两分两换”“十改联动”“两新”等工程。2008 年 4 月，省委、省政府站在战略和全局的高度，将嘉兴市列为三大省级综合配套改革试点之一，实施开展省统筹城乡综合配套改革试点，启动实施了以优化土地使用制度为核心的“十改联动”，2010年又启动了现代新市镇和城乡一体新社区（简称“两新”工程）建设。目前，具有划时代意义的市统筹城乡综合配套改革正在有序推进，正有力地推动着市新型城市化和农业农村现代化的进程，全市的农村正发生着深刻的变化。在这样的政策推动下，爸爸作为嘉兴市技术能手，经常到七星镇各拆迁小区的礼堂里上课，传授职业技术，提高村民们的技术水平，推动村民就业，我想这也是回报家乡的养育之恩。

四、15岁的我：沈可心的记忆

2009年10月10日我呱呱坠地，成了一家人的小甜心。

爷爷和我

爸爸和我

我刚出生时，我们家住在清河小区80平的老小区里，用爸爸的话说这里是市区、房价贵，买小点方便搞卫生。2012年我们换了一套135平的大房子，特别舒适，我也有了书房和自己的大卧室。爸爸又说，这才是家应该有的样子，够大，嘻嘻。我也跟爸爸说，将来我还要住更大的房子呢，我来买，你们来住，爸爸高兴坏了。

伴随住房的改善，我们家出行也越来越便利。读小学时，多数我都是坐着电瓶车或骑自行车去上学，还记得经常把书包放在妈妈爸爸车上，我跟在后面跑步回家，妈妈美其名曰锻炼身体。倒也的确有些用处，我的体育成绩还真一直不错。后来爸爸买摩托车啦，我就坐爸爸的车，感觉风驰电掣好快啊。现在妈妈为了更好地照顾我，考了驾照，用汽车接送我上下学。

现在我是一名初中生了，了解了四代人的生活变迁，从 1925 年至今，如同一部波澜壮阔的史诗，记录着家族的起伏与传承。作为青少年，我在深入了解这段历史后，不禁深有感慨。

首先，我深刻体会到了家族的力量。无论时代如何变迁，家族始终是我们最坚实的后盾。每一代人都在为家族的繁荣与兴旺而努力拼搏，他们的奋斗与付出，为我们这一代创造了更好的生活条件。这种家族凝聚力让我深感自豪，也让我更加珍惜与家人的相处时光。

其次，我意识到历史对于我们的影响是深远的。家族的变迁与时代的发展紧密相连，从祖辈们的艰苦创业，到父辈们的辛勤耕耘，再到我们这一代的成长与追求，都是历史长河中的一部分。我们身上承载着家族的期望与责任，也肩负着传承家族精神的重任。因此，我们要时刻保持对历史的敬畏之心，珍惜当下的幸福生活，为家族的未来继续努力。

最后，我想说的是，写家史不仅是对过去的回顾，更是对未来的期许。我们要将家族的精神传承下去，让后人也能够感受到家族的温暖与力量。同时，我们也要不断努力、积极进取，为家族的繁荣与发展贡献自己的力量。

（指导老师：柯海虹）

铭记过往，照亮未来

北京师范大学实验华夏女子中学 · 翁清妍

我们家族的历史可以追溯到北宋。据族谱记载，第一代始祖端十公，原系四川成都府成都县西岸人，因避金兵之乱，迁居到浙江温州曹村。

曹村，三面环山，地灵人杰，自古文风鼎盛、人才辈出，历史上两百年间一共出过 82 位进士。曹村历来以耕养读，以读馈耕，“耕读”二字集中概括了曹村的历史人文底蕴，也被誉为“中国耕读第一镇”。

一、家族前贤，铭记岁月

（一）前贤纪事

第一代始祖端十公，名诏，字大行，以端厚的品德和卓越的学识而被世人称颂。他在丙子年（1036）举人科考中高中，丁丑年（1049）又成为进士。他晚年官至北平布政司参政，在大观年间（1107—1110）初次被授予光禄寺卿。无论赴任何地，他总是秉持“清、慎、勤”三字座右铭，勤勉尽责，恪守清廉，致力于振兴士风和改善政务。在他的努力下，地方强横收敛，不敢私自越权。经过二十余年的辛勤工作，他请求退休归乡，闭门谢客，以耕读自娱，最终享年七十四岁。

三世祖名敏，字文如，宣和己亥年（1119）二月十二日（农历）卯时出生。文如公自幼才华横溢，文辞优美，于绍兴丁巳年（1137）中泮宫试，继而在己未年（1139）科举中荣列举人，后于戊辰年（1148）高中进士。初任广东知县，后升任礼部尚书。他历经风雨仕途，最终获赐老还乡田，享有二十载的恬淡生活。在退隐期间，他常吟咏诗句，道出他对自然之美和岁月静好的感慨，如他曾言：“天上归来云满巅，圣恩宽我养余年。龟鱼有主春欢洽，鸥鹭无情日往还。四景风清兼月色，三冬雪白更梅妍。身虽闲适林泉下，一念常悬霄汉边。”他官至正二品，月支俸米六十二石，享年九十四岁，卒于嘉定。

五世祖，名金，字弘安，号应龙，他以其金声玉振、文武双全的才华闻名。容貌魁梧，眉宇间透露着紫芝般的非凡气质和雄杰风采。年仅十八岁即应举人选，深得朝廷内外的欢心和重视。虽然受到恩宠，但他始终律己以道，行为有恒，因才获补缺，广受文武官员的敬慕。到了端平乙未年（1235）七月，他历任六部尚书、五军都督、五府同知、宗人府三司、太保和左右都御史等职。庚申年，担任给事中，奏请任命为驸马都尉。这年七月二十六日，他在天门早观时，见到保官人五府同知郭礼等，被赐金印，官至从一品，月支俸米七十四石，并置田千顷。

族谱

宗祠

三十世祖，名俊，字宏恭，别号作谦。他自幼勤奋读书，及至壮年虽考场不得意，未能获取功名，继而遭遇父丧，承担起家业重任。为尽国民义务，他舍弃了学术追求，捐献财物入国子监，虽从此远离文学，但其禀性温和宽厚，举止从容，严于律己，宽以待人，注重伦理道德，和睦亲族，尊敬祖先宗亲，言行审慎，崇尚仁义，乐善好施。每逢岁时更替，他总是关心扶持亲朋好友，并常怀编纂族谱、修建宗祠之心愿。遗憾的是，其寿命不永，谱祠工作即将完成前一个月不幸去世，享年仅四十四岁。去世当日，乡亲们闻讯无不痛惜涕泣。临终之际，他吟咏绝命诗云：“幼失萱庭壮失椿，一生德薄不堪陈。书场枉读十年赋，场屋徒劳数载神。儿女未婚先丧命，谱祠将就只留魂。四条大事都无见，长使英雄泪两分。”平时他曾咏枫木诗：“巨枫数树蔽红轮，偶向溪流垂钓纶，严氏富春留史迹，太公当日隐渭滨。”又曾咏大坟诗：“数代先祖共一坵，佳城坍壤已重修，莫嫌此地无生气，世泽还凭祖德休。”

（二）爷爷的坚韧岁月——从苦难中绽放的生命之花

在历史的长河中，我的爷爷犹如一颗顽强生长的种子，在艰难岁月里破土而出，以无比坚韧的精神挺过了生活的风暴，孕育出一片生机盎然的人生绿洲。

爷爷诞生于烽火连天的解放前，那时家里的日子虽算得上宽裕，却因体弱而未能承袭他父亲那伟岸的身躯。命运的车轮在他尚且年少时陡转直下，随着他父亲的离世，家庭失去了顶梁柱，家境不可避免地走向衰落。母亲和哥哥成了他最坚实的依靠，他们三人携手共度生活的风雨。

新中国成立初期，国家面临严峻考验，农业生产和工业结构遭遇前所未有的挑战，自然灾害频发，使得原本就不富裕的家庭更是雪上加霜。然而，正是在这样的困境之中，爷爷展现出了超乎常人的毅力和智慧。

记得爷爷曾讲述过一段关于长途跋涉贩卖黄鱼的经历。那些清晨，天边泛起微光之时，爷爷便已踏上从家乡到百里之外海边的艰辛之路。他背着沉甸甸的竹篓，里面装满了新鲜打捞的黄鱼，希望以此换取一家糊口的粮食。有时，他会在烈日下奔走一天，汗水浸透了衣衫，只为能在黄昏之前将这些海味带回村里。遗憾的是，并非每次都能顺利售罄，有时鱼货会因为路途遥远而变质，但即便如此，爷爷并未因此而气馁，反而视此为生活赠予的一课，教会他在逆境中寻找新的生存之道。

另一个故事则是关于爷爷兜售老鼠药的日子。在那个粮食匮乏的年代，鼠害横行，爷爷敏锐地捕捉到了这一市场需求，于是他开始自制鼠药，挨家挨户推销。尽管这份工作既辛苦又充满了未知的风险，但他坚信每一次努力都可能转化为家中的灯火与暖食。这个过程中，爷爷学会了如何与人沟通交流，怎样面对拒绝与挫败，更是在实践中锻炼出了应对生活变化的能力。

爷爷的童年和少年时光，宛如一部生动的历史教科书，记录着那个特殊时期的艰难与困苦，也见证了一个人从磨砺中崛起的成长历程。他以实际行动向我们诠释了什么是逆境中的坚守与乐观，他的故事化作激励后辈前行的力量，让我们明白，即使在最困厄的背景下，只要心中有信念，脚下有行动，生活总会绽放出希望的光芒。

二、未来之光，闪耀前路

勤耕书海，筑梦北大——记父亲求学之路的坚韧与辉煌

20 世纪 80 年代初，随着改革开放的春风吹遍神州大地，社会面貌焕然一新，人们对知识的渴望愈发炽热。在这样的时代背景下，我的父亲，一位出身于普通农家的青年，怀揣着对知识的向往和对未来的憧憬，开始了他艰辛而坚定的学习之旅。

父亲自幼便展现出了与众不同的聪慧才智和刻苦精神。在简陋的乡村小学里，他的身影总是最早出现在晨光熹微的教室里，最晚离开在灯火阑珊的夜色中。课本被翻得破旧泛黄，字迹工整的笔记密密麻麻，那是他辛勤耕耘的见证，也是他对知识如饥似渴的写照。不论春夏秋冬，无论寒暑交替，父亲始终坚守“读书改变命运”的信念，用行动诠释着“一分耕耘，一分收获”的真谛。

每逢夜晚，当万家灯火渐次熄灭，父亲依然借着昏黄的灯光，孜孜不倦地研读各类书籍，废寝忘食。他的勤奋不仅体现在学业上，更体现在对

人生目标的执着追求上。他深知，只有通过不断学习，才能拓宽视野，提升自我，进而实现人生的跨越。

父亲在北大求学时的照片

岁月不负有心人，经过无数个日夜的苦读与拼搏，父亲终于在高考的战场上脱颖而出，以优异的成绩叩开了中国最高学府——北京大学的大门。那一刻，不仅是他个人理想的实现，更是家庭荣耀的象征，更是那个时代无数普通学子通过自身努力改变命运的鲜活例证。

回顾父亲走过的这段求学之路，他的勤奋、坚韧与执着深深烙印在我的心中，成为我人生路上的一盏明灯。这不仅仅是一个关于父亲如何考上北京大学的故事，更是一部生动诠释了“知识改变命运，奋斗成就未来”这一真理的励志传奇。

三、维系凝聚力，启迪未来

今天，我们的家族已然壮大成为一个分布广泛的群体，家族成员活跃在社会各领域，包括但不限于医生、教师、工程师等行业。尽管每个成员都在各自的生活中独立奋斗，但家族的紧密联系与深厚凝聚力从未削减。

对于我们的家族而言，记载与传承家史具有重大的意义。通过对先辈事迹的探寻与尊崇，我们愈发珍视由他们塑造的家庭价值观念与悠久传统。家族历史如同明灯，为我们照亮前行的道路，赋予我们无尽的力量与智慧。我们矢志不渝地持续记录和传播家族的历史，将这份满载记忆的故事传承给下一代。寄望他们能秉承并光大家族的传统美德和价值观念，共同为家族未来的繁荣发展贡献力量。我们坚信，唯有坚持传承与创新，我们的家族方能永续繁盛，世代昌隆。

继承革命传统　争取更大光荣

——记革命烈士朱鸿

北京师范大学实验中学·李西涵

2024年春节，我回到了家乡瑞金，按照惯例给红军林的革命先烈们恭恭敬敬地磕头拜年。春节时到红军林给革命烈士拜年是瑞金人的传统。听老一辈的人说，当年红军长征的时候，有十几万红军都是来自瑞金、于都、兴国等地方。乡亲们舍不得自己的亲人踏上前途未卜的征途，不知道战士们出征之后能否再见面，于是每一位出征的战士就亲手在家乡的村口栽下一棵树，与亲人约定，如果革命胜利了，自己还没有回来，那就把这棵树当成自己祭拜，这就是红军林[①]的由来。我一直相信，红军林里面一定有一棵树，属于我的高外祖父——革命烈士朱鸿。

一、红色首都瑞金城

我的家乡瑞金是闻名中外的红色故都，是共和国摇篮，是中央红军长征出发地之一，是中央苏区临时驻地，也是中华苏维埃共和国中央政府诞生地。瑞金地处赣东南边陲武夷山脉西麓，与福建省长汀县相邻，据老人们讲，因为“掘地得金，金为瑞”，故名瑞金。20世纪30年代初，瑞金曾经是中华苏维埃共和国首都，当时改为瑞京，是共和国的政治、军事中心，故称为红都瑞京。

毛泽东主席等老一辈无产阶级革命家在瑞金坚持革命斗争5年零8个

① 引用于朱鸿烈士孙女朱瑞华采访，采访时间：2024年2月5日。

月，红军从井冈山到瑞金时，仅有3600人，后来在瑞金发展到13万人，五次反“围剿”斗争，打败敌军近百万人。在当时，哪里有战斗，哪里就有瑞金人；只要扩大红军，就有瑞金子弟投军。瑞金在苏区时有24万人口，其中有11.3万人参加了红军，5万多人为革命捐躯。有名有姓的瑞金籍革命烈士有17166人，我的高外祖父朱鸿就是其中一员。

二、满门英烈铸忠魂

听长辈们讲，我的玄外祖父名叫朱多福，为人善良，节俭勤奋，乐于助人。他心灵手巧，除农耕外，还经营了家庭作坊，生产销售鞭炮，家境生活还不错。玄外祖父有四子四女，他常常教导自己的子女要善待乡亲，帮助穷苦人家。在他的教育下，四个儿子相继参加了革命。其中长子就是朱鸿；次子叫朱于都子，红一军团战士，1933年参加革命，1934年参加长征，新中国成立后被追认为革命烈士；三子叫朱长发子，红一军团战士，1933年参加革命，1934年参加长征，新中国成立后被追认为革命烈士；四子朱生发，红军长征离开瑞金后在家乡坚持斗争，后被国民党还乡团杀害。

老一辈的爷爷奶奶们讲，这就是当时瑞金典型的革命家庭，父母送儿上战场，妻子送夫干革命。高外祖父朱鸿四个兄弟，放弃了优越的家庭环境，毅然投身革命，相继献出了生命。他们为穷苦的老百姓打江山，谋出路，我们都以他们这样的祖先为荣。

三、从小好学立志向

我的高外祖父朱鸿，小名李生保，1894年出生于瑞金北郊上田辽谢屋。他是家中长子，玄外祖父母对他寄予厚望，精心培养。虽然家庭并不十分富裕，还是挤出钱财让高外祖父读了私塾。听爷爷们讲，高外祖父朱鸿天生聪明，勤奋好学，在私塾学习十分刻苦，很快就在同窗中脱颖而出，私塾的先生也是对他称赞有加。他在私塾毕业后，先生看他勤奋好学，于是就动员玄外祖父让他继续去更高等级的学校求学。玄外祖父咬咬牙答应了，把高外祖父送到了私立北关学校。朱鸿发奋读书，顺利从北关学校毕业，成为整个瑞金城当时学历最高的人。[①]

高外祖父朱鸿有了文化之后，立志为家乡做贡献。他光明磊落，耿直正义，爱憎分明，疾恶如仇，爱打抱不平。因为他识字有文化，在乡亲们中间很有威信，经常帮助乡亲们解决纠纷。1925年秋，高外祖父朱鸿接触到了马克思主义思想，受到共产党革命思想的熏陶，立志参加革命、改造世界。

高外祖父朱鸿是一个行动力很强的人，他决定参加革命之后，就变卖了家中全部财产，购置了枪支，组织了贫农团，打土豪救济困难群众。当时瑞金有一个地主，横行霸道，欺压百姓，在当地民愤极大。这个地主害怕农民革命，就花钱请了当地的地痞流氓，组织了自己的武装，并且修建了九堡土围子。这个碉堡地势险要，易守难攻，许多起义队伍尝试打这个据点都打不下来。见到自己的碉堡固若金汤，这个地主气焰更加嚣张，带着他的武装到处耀武扬威。听说了这个地主的劣迹之后，高外祖父朱鸿带着队伍决心打下这个碉堡。据长辈讲[②]，高外祖父打仗有文化，肯动脑子，在经过周密侦查后，他利用夜晚做掩护，带领乡亲们奇袭九堡土围子，仅用一天一夜就打下了这个坚固的碉堡，活捉了这个地主。打下碉堡后，他把地主的财物拿出来，无偿分给了穷苦的乡亲们。一开始乡亲们害怕地主，不敢收，高外祖父朱鸿为了打击地主的嚣张气焰，想了一个办法，他把地主的轿子搬出来，让地主和他的走狗们抬着轿子在瑞金城里游街。乡亲们看着往日里威风八面的地主老财抬着轿子游街，都欢欣鼓舞，终于站出来打土豪分田地，跟着闹革命。据说当时的国民党瑞金县警察局长叫欧阳光，对高外祖父朱鸿恨之入骨，多次想要抓住他，好几次都是乡亲们发现情况后发出信号，让敌人扑了个空。老百姓看见这个无能的警察局长都哈哈大

① 朱秉发.《足迹》，南昌：江西人民出版社，2007年，第10页。

② 引用于朱鸿烈士孙女朱瑞华采访，采访时间：2024年2月5日。

笑，欧阳光却无可奈何。

当时在瑞金县城，听到李生保（朱鸿小名）这个名字，敌人胆战心惊，人民则欢欣鼓舞。当地的老百姓都说，李生保有文化，胆子大，心又细，有指挥才干又身先士卒，打仗很勇敢，冲锋陷阵，给人留下了很深的印象。

四、参加红军立战功

1930 年 4 月 29 日，高外祖父朱鸿与杨文斗、杨世沂一起组织了武阳螺石玗排子脑[①]的暴动，并取得了成功。这时的起义部队已经不是打土豪分田地的地方革命武装了，而是成了武装反对国民党反动统治的革命军队。4 月 30 日，高外祖父朱鸿的起义部队与安治、九堡、仰山等暴动队伍联合行动，攻克瑞金县城，这是红都瑞金历史上第一次被革命武装攻克。

同年 5 月，全县工农武装统一组成中国工农红军第二十四纵队，杨文斗任参谋长兼第一支队队长，高外祖父朱鸿因为表现突出，战绩辉煌，被任命为第三支队队长，并随纵队转战江西、福建等地，屡立战功。

1930 年 11 月，反动武装重新占领瑞金县城，高外祖父朱鸿并没有放弃革命理想，他和朱开铨等几百名战友结伴，离开瑞金到宁都小布找红军，结果找到了毛泽东。毛主席接见了他们，并向他们赠送了几百条枪。在毛主席的鼓舞下，他们又回到瑞金，继续从事革命斗争。[②]

1933 年，高外祖父朱鸿率领所部赤卫军加入红军，任红一军团某营营长，为扩大红军和组建瑞金模范师等工作立下汗马功劳。1934 年 10 月，为牵制敌人，掩护红军战略转移，高外祖父朱鸿在宁都县黄坡小布作战时英勇牺牲，年仅 40 岁。

新中国成立后，高外祖父朱鸿被追认为革命烈士。他的战友朱开铨回到瑞金，到我们家。1955 年，陈毅元帅重返瑞金，专门询问高外祖父朱鸿

---

① 武阳螺石玗排子脑的暴动是瑞金革命历史上一次较大规模的武装暴动，暴动取得胜利后，鼓舞和呼应了瑞金各地的武装斗争，为解放瑞金县城，建立红色政权奠定了基础。

② 朱开铨.《六十六年之革命生涯》，南昌：江西人民出版社，1993 年，第 15 页。

的后代，到我们家看望了我的玄外祖母、曾外祖父、外祖母。

我舅公还查阅了相关记录，中华人民共和国民政部 1983 年 10 月 1 日，赣烈宗第 125506 号记载如下：“朱鸿，男，出生于 1894 年，瑞金县人，红一军团营长，1932 年参加中国共产党，1934 年在黄坡因战牺牲。”[①] 我曾经去过瑞金革命烈士纪念馆，这里陈列了 100 多名瑞金籍红军烈士的生平事迹，高外祖父朱鸿也陈列其中并由后人树立了铜像。

五、传承革命好家风

高外祖父朱鸿牺牲后，我的曾外祖父朱耀均[②] 作为朱鸿烈士的后代，吃尽了苦头。1934 年 10 月 10 日，中央机关在瑞金市云石山梅岗发布突围出发的第 5 号命令。当日下午 5 时，由苏区首脑机关组成的第一、第二纵队开始了举世闻名的红军二万五千里长征。国民党反动派重新占领了瑞金，当地的红军家庭是受害的重点，当地红军骨干的亲属更是重点迫害对象。面对白色恐怖，我家的先辈们不忘革命家风，没有屈服在反动派的屠刀下，而是进行了坚决的斗争。国民党反动派组织了还乡团，认为朱鸿是“共匪头子”，要对我们家实行斩草除根，烧掉了我们家的房子，抢尽了家中的财产。玄外祖母和刚满周岁的曾叔公被抓去坐牢，曾叔公在狱中被国民党兵用刺刀活活刺死，高外祖父朱鸿最小的弟弟朱生发被国民党反动派抓住活活打死，玄外祖母和曾外祖母在狱中受尽酷刑，压杠子、坐老虎凳等刑罚都受过。

国民党反动派还企图抓住曾外祖父朱耀均，斩草除根。当时曾外祖父朱耀均年仅 9 岁，机灵地躲在邻居的稻草堆里，敌人在稻草堆里乱刺一通，

① 瑞金革命烈士纪念馆人物介绍里记载是：“朱鸿（1894—1934），瑞金县象湖镇上田辽谢屋人，1930 年参与组织武阳暴动，1931 年参加赤卫军，1932 年组织赤卫军和贫农团与土豪团匪做斗争，后编入杨文斗部任第三支队支队长。1933 年率所部赤卫军加入红军，任红一军团某营营长，1934 年 10 月在黄坡小布突围作战时英勇牺牲。”

② 引用于朱鸿烈士孙女朱瑞华采访，采访时间：2024 年 2 月 5 日。

他勇敢地一言不发，没有被刺中。乡亲们没有被国民党反动派的白色恐怖吓倒，勇敢地站出来保护了我们的家人。为了防止国民党反动派再来，当天晚上由本村村民刘克会带路，把曾外祖父朱耀均送到岗下的玄姑奶奶家。结果消息走漏，国民党反动派又追杀到岗下，机灵的玄姑奶奶把曾外祖父朱耀均藏在了一个大棉柜里面，上面铺上了草席和棉被，这才幸免于难，那个棉柜至今还在。

后记

时至今日，长辈们常常说，我们家和国民党反动派有不共戴天的血海深仇，一定要发扬革命传统，争取更大光荣。高外祖父朱鸿闹革命是为了穷苦百姓翻身得解放，在白色恐怖的年代，也是穷苦百姓保护了我们家的先辈们，一定要记得大家的恩情，做一个知恩图报、爱憎分明、光明磊落的人。通过高外祖父朱鸿相关事迹的整理与了解，我也决心像高外祖父那样，好好学习文化知识，继承和发扬革命好家风，做一个正直上进的人。

我的家族追忆

北京师范大学附属中学 · 赵序宜

我对缔造我生命的父辈、祖辈和先人们顶礼膜拜！

——题记

一

这是一片神圣的土地。在那里，有广袤无垠的平原，有蜿蜒曲折的大江，也有银装素裹的山峰。高粱、大豆哺育着一代又一代东北儿女，白山黑水滋润着每一寸充满生机的沃土。我家族的血脉便诞生于此。

我的籍贯是辽宁省东港市。东港市原名东沟县、安东县，秦时属辽东郡[①]，西汉时属西安平县和武次县，唐时归安东都护府，辽初隶东平郡，金为婆速路，元时属婆娑府路，明时为宣城卫暨镇江堡地，清光绪二年设置安东县。[②] 1965年安东市更名为丹东市，安东县更名为东沟县，1993年撤销东沟县，建立东港市，归丹东市辖至今[③]。

我是满族人，满族是十六世纪末十七世纪初以女真人为主体而形成的。女真先世称肃慎、挹娄、勿吉、靺鞨。[④] 满族有悠久的历史和灿烂的文化，有尊敬老人、注重友情、讲究信义、不欺弱小、仗义疏财的民族性格。[⑤] 奶

① 白寿彝.《中国通史》第四卷上册，上海：上海人民出版社，2004年。

② 安东县志. 民国二十年（1931）安东铅印本。

③ 袁辉.《安东地名在历史演绎中释放光彩》,《中国地名》2013年第1期。

④ 白寿彝.《中国通史》第七卷上册，上海：上海人民出版社，2004年。

⑤ 王涛.《满族的语言文字》,《内蒙古社会科学》1982年第1期。

奶告诉我："满族是以游牧、渔猎、采摘为生的民族，满洲是民族的自称，满文出现较晚，记传家谱的传统也较晚。""穿旗袍、浆被单、做黄豆大酱、积酸菜、白煮猪肉、玩嘎啦哈（羊拐子）……这些都是满族的传统和习俗。""爷爷辈把爸爸叫'玛玛（mà）'、把妈妈叫'讷讷（nè）'。"这些声音仿佛深藏在我的记忆深处，虽然它曾在时代的洪流中变得若隐若现，但当这段民族基因被唤醒时，依旧响在耳边，勾起了我对家族血脉的追忆。

姓氏是一个家族的文化符号。我查找到了这样一段文字："肇祖猛特木姓爱新觉罗氏。后取意为'金''肇'。'赵'姓显祖塔石之后裔皆为宗室金姓。东沟大孤山镇金姓，始祖督师南关，连战连捷，由于私收降女为妻，被清帝定罪处斩，父大臣保他征战有功，被贬配辽东。乘船过海，隐居大孤山下，后散居在东沟金大岭、三道洼等地。兴祖福满、景祖觉昌安之后裔皆为肇氏，后取同音字'赵'。"[1]让我对我的姓氏有了初步的了解，也是我追寻家史记忆的起点。

我的太奶赵书堂

我的高祖父赵荣

① 百度文库：满族旗人姓氏，heeps://wenku.baidu.com/view/caa0285e6429647d27284b73f242336c1fb930d1.

二

我爷爷祖上在安东县沙坨子（现东港市龙王庙镇沙坨子村），是当地殷实的大户，家族有不少土地。我所能看到的老祖尊容，是三姑奶奶传给我伯父的我高祖父的老照片。奶奶说，我的高祖父名荣，人称“赵福老爷”。我的曾祖父名永昌，曾祖母姓赵名书堂，有三子四女。大爷爷赵连和，二爷爷赵连印，爷爷赵连义是家中三子。爷爷出生于 1932 年，那年东北三省全部沦陷，伪满洲国建立。日本通过这一傀儡政权，在中国东北实行了 14 年之久的殖民统治，使东北同胞饱受了亡国奴的痛苦滋味。奶奶出生于 1936 年，至今还清楚地记得小时候伪满洲国日本殖民教育的情景：日本人强迫中国小学生们学日语，见到老师要用日语问候，每天上课前都要对着东方唱效忠日本天皇、歌颂满洲国的歌。

日本不仅实行企图灭绝中华文化的殖民教育，而且对东北的统治也极其野蛮。据奶奶讲，当年，日本兵每个月定期来老百姓家检查卫生，带着白手套往门框上摸，要是看到白手套上沾上了灰，主人家就要挨一个大耳光，很多百姓家连老太太都挨了打。当时品质最上等的粮食、木材、桑蚕等农副产品资源都要交给日本人，被日本掠去了。如果哪家东西交不上来，日本兵就给那家主人灌凉水，甚至辣椒水。

三

奶奶祖上在安东县西上坡（现东港市小甸子镇西上坡村），奶奶说自己是康德三年生人。但我始终不知“康德”为何。通过查书我才了解，原来“康德”是伪满洲国皇帝溥仪在位时的年号，康德三年就是 1936 年。那年实属不平凡，红一、红二、红四方面军胜利会师，还发生了推动国共再次合作团结抗日的“西安事变”。讲到康德四年时，奶奶神情还带着几分惊恐，这一年的夏天，村前的大洋河发生了百年不遇的特大洪水，村庄冲毁、房屋倒塌、人畜淹死。当时根本没人管。奶奶被家人放在木盆里漂在水上，直到洪水退却，才幸免于难。

谈到共产党，奶奶的脸上洋溢着喜悦的神情。她说，后来共产党的部队来了，他们和那些野蛮的日本兵不同，都很守纪律，帮老百姓家扫院子，天天晚上组织开会。奶奶还记得有个扎着腰带的年轻女干部，在大会上演讲慷慨陈词，打动人心，成为奶奶的偶像，也让奶奶顿时醒悟“女孩子也一样可以有出息”，在心中萌发了一定要好好读书的种子。

听奶奶讲，我们老赵家人都善读书、会学习。当年老家的学校，考试后都会将成绩排名张贴在大红榜上，每次位居榜首的都是老赵家人。爷爷酷爱读书，儿时因家中偶遇困境，初中没念几天就去考高中，结果一考就考上大孤山中学并顺利毕业。在当时，这已经算是很高的学历了。高中毕业后，爷爷找到了一份专业性很强的技术工作——工程测量。奶奶也跟随爷爷走出了农村。

四

20 世纪 50 年代到 60 年代是新中国社会主义建设初期，也正是爷爷、奶奶的青壮年时期。奶奶告诉我，在那个年代，爷爷作为冶金建设单位的职工，哪里需要就到哪里去，往往是干完一项工程就奔赴另一个建设工地。按时间先后，黑龙江省齐齐哈尔市（建设北满钢厂）、河南省洛阳市（建设洛阳铜厂，大姑出生地）、安徽省铜陵市（建设铜陵有色金属冶炼厂）、上海市（建设上海钢厂）、山东省枣庄市（建设枣庄铁厂，伯父出生地）、淄博市（建设山东铝厂，二姑出生地）、陕西省宝鸡市（建设宝鸡有色金属加工厂）、铜川市（建设西北耐火材料厂，爸爸出生地），都留下了爷爷工作的足迹，真可谓是南征北战。爷爷做的是测量工作，这是工程建设的先行军，开始住的都是临时搭建的工棚，有时两户人家仅一席相隔，晚上还时常会有蛇光顾，这情景不禁令我毛骨悚然。直到 1975 年，爷爷奶奶一家人才定居陕西省汉中市勉县九冶基地，建设汉江钢铁厂。我的二姑父（曾任九冶公司总经理）告诉我，九冶公司历史可追溯到 1953 年，曾参与北京人民大会堂、三峡工程、首钢和首钢搬迁等国家重大建设项目。听到这些，让我对爷爷肃然起敬，也引起了我的好奇心。

我通过史料查阅了爷爷工作的第一站北满钢厂的历史。1950 年 2 月中苏两国签订《中苏友好同盟互助条约》和 156 项重点工程援建协定，北满钢厂是唯一的新型特殊钢厂项目。

1954 年 4 月北满钢厂俄文翻译班毕业合影（四排右一是我爷爷，时年 22 岁，二排右六、左八是苏联专家）

经由全国各路精英组成的建设大军三年半的紧张建设，北满钢厂一期工程于 1957 年 11 月竣工投产。新中国从此有了自己的特钢，被周恩来总理亲切地称为祖国的"掌上明珠"，[①] 为我国第一门重型火炮、第一辆重型坦克、第一艘核潜艇、第一架歼击机、第一颗人造地球卫星、第一艘万吨远洋巨轮提供了关键性合金钢材。而我的爷爷就是当时北满钢铁建设公司测量科的一员，这真是让我感到自豪。看着 1957 年北满钢厂剪彩仪式盛况等一张张老照片，我不禁心潮澎湃、浮想联翩。正是祖辈们头顶青天、脚踏

① 何强，林萌萌.《齐齐哈尔"一五"时期工业建设研究》，《齐齐哈尔大学学报》（哲学社会科学版），2016 年第 12 期。

荒原、艰苦创业打下的坚实基础，才让我们过上现在的幸福生活。爷爷那一代人是新中国的建设者，我们不仅要永远记住他们，更要继承老一辈艰苦奋斗的光荣传统，努力学习，掌握本领，报效祖国，为实现中华民族第二个百年奋斗目标贡献力量。

1955 年 6 月北满钢铁建设公司干训班测量科二期结业合影（前排右六是我爷爷）

五

爷爷奶奶有两子二女，他们非常重视对孩子们的教育。据伯父回忆，当年奶奶被聘为单位家属扫盲班教员，就把还没上学的伯父带去认字、写字。伯父上小学时，正赶上“文革”，学校学工、学农、学军，经常停课。爷爷每天给伯父布置家庭作业，做几道数学题、写几篇字，爷爷下班后检查。晚上还经常辅导伯父学习，一笔一画写字、一字一句作文、一步一步算题的情景，伯父至今还记忆犹新。爷爷和奶奶多次教导伯父：你身体弱、个头小，工地上的体力活根本干不动，要好好学习，将来好干个动笔杆子的工作。伯父牢记教导，在那个动乱的年代，没有随波逐流，而是顶住各种诱惑和干扰努力学习。1978 年，伯父考入汉中师范学院（现陕西理工大学）数学系，毕业后分配在陕西省重点中学勉县一中任教，30 岁即获得“全国优秀教师”荣誉称号，后在勉县教育体育局当了十二年党组书记、局长。

1978 年春节全家福

同志：

被评为一九九一年

全国优秀教师

中华人民共和国
国家教育委员会

中华人民共和国
人事部

一九九一年九月
第 [illegible] 号

伯父的“全国优秀教师”证书

我大姑 1975 年从勉县定军中学高中毕业，响应知识青年上山下乡号召，在勉县天堰公社幸福大队插队，接受贫下中农再教育。每年秋收后大姑都会把从队里分到的红薯、玉米等用手推车推回家，使得家中靠定量供应的食粮富富有余。刚下乡时，大队干部曾告诉大姑，由于家庭出身问题，你要做好最后一个返城的心理准备。但后来大姑参加招工考试，在同批知青中第一个考上，成为九冶电焊工人。她还通过技术技能高标准考核，被选派到四川德阳东方电机厂，参与了大亚湾核电站发电机组的焊接工作。

我二姑从小品学兼优，初中时参加陕西省少先队夏令营写的获奖作文《捉蒋亭下捉蒋贼》在《陕西少年》期刊上发表。她十八岁考上西安医科大学临床医学专业（现西安交通大学），毕业后，先当医生，后到河南省郑州市高新开发区疾病控制中心任业务主任。

我的父亲赵振宇，高中毕业考入湖南大学电气系，毕业后分配在北京中国电工设备总公司水电工程部工作，现任华北电力大学教授。父亲说他当年的理想就是：“沿着长安街去上班。”

爷爷奶奶与时俱进的教育理念和几十年如一日的呕心沥血，不仅将子女的命运和国家建设紧密联系在了一起，也深深地影响着我们孙辈。我的堂兄赵启龙也是爷爷奶奶一手带大的，2010 年本科毕业于南开大学，2016 年从香港大学博士毕业后加入中国科学院深圳先进技术研究院，从事生物材料和组织工程研究。

六

赵家有勤俭的家风，爷爷奶奶更是勤劳持家，以俭养德。奶奶有句口头禅："吃不穷，穿不穷，不会计划就受穷。"虽然爷爷奶奶很多年只有几十元的月收入，但过日子仔细，精打细算、消费有度、细水长流。给孩子买衣服、买鞋都是要买大一点的，做裤子也多窝点儿边，说是小孩长个儿快，这样可以穿得时间长一些。诸如此类的勤俭行为在生活中比比皆是。我记得当初去勉县时，奶奶曾拿着一个还在用的柳条儿编成的笆篓告诉我："这是当年我爷爷的爷爷用过的。"细细算来，已传承了六代，该有二百多年的历史了！奶奶家还有不少老物件，如上海"飞人牌"缝纫机、"三五牌"座钟，南京"熊猫牌"收音机，这些都是二十世纪五六十年代口碑最好的大牌。

奶奶家的笆篓（上左），飞人牌缝纫机（上右）、
熊猫牌收音机（下左）、三五牌座钟（下右）

奶奶告诉我，1959 年，爷爷单位要从上海转战到山东。离开上海前，别人家都是买一些吃的、穿的，爷爷和奶奶一合计买了台缝纫机。奶奶学会了裁衣、做衣。每年过年，大人孩子都能穿一身奶奶新做的暖和棉衣、漂亮合体的外套，令许多人家羡慕。奶奶还用它给单位同事、周边乡亲缝补、做衣，时常能收到谷物、薯粮、布料之类的酬谢。现在看到这台缝纫机，绿色的台面有几处已被磨光，可想而知，当年奶奶用它做了多少衣服啊。

爷爷奶奶勤俭节约的美德一直传承到了爸爸这一代，勤俭节约、倡导绿色低碳生活，已经成为我们家的自觉行动。

七

“做好人、行善事”是赵家的祖训，爷爷奶奶奉行一生，并坚信“祖上积德行善，福荫后世子孙”。爷爷奶奶言传身教给儿女的最朴素的道理莫过于老实做人、认真做事。

伯父告诉我，他参加工作不久的一个冬天，班上一学生突发疾病。他和几名同学在校门口拦了一辆车，将病人送到了县医院。当学生确诊为白喉需要住院时，伯父劝陪同的学生赶紧回校，并到家里跟爷爷奶奶说明情况后，拿上棉大衣到医院陪护学生。第二天一早，爷爷端着奶奶买的豆浆和油条来到病房，告诉伯父说：“误了农时影响一季，误了学时影响一生。你赶快回学校上课，这孩子我和你妈来照顾。”伯父上完四节课再次赶到医院时，说奶奶还给孩子送来午饭，一直等到家长来到，他们才离开医院。

爸爸告诉我，爷爷留给单位同事最深刻的印象就是一个大老实人，不仅说老实话，而且做老实事。爷爷把这样的性格传给了儿女，做事即做人，言行合一，做本分的人，对己严、与人善。

老实加严格就是认真，爷爷骨子里便是一个特别认真的人。爷爷从事测量工作，特别爱钻研，得到一部测量专业书籍，就会如饥似渴认真学习，重要的内容还抄记在笔记本上。伯父小时候就看到爷爷有好多记满了东西的笔记本，字迹都是工工整整的。工作中，爷爷更是仔细认真，测量数据反复演算，从不失之毫厘。这种认真的态度也体现在对子女的要求上。伯父说，他小时候做作业如有一个字写错，就要被爷爷撕了要求重写，可见要求之严格。爸爸也继承了爷爷认真的个性，无论是备课还是写学术论文都字斟句酌，教学受到学生的喜欢，多次被评为“华北电力大学最受学生欢迎的教师”，连年入选中国高被引学者榜单、全球前 2% 顶尖科学家榜单。但如今爸爸对我已经大大放松了要求，我应该多多自觉、自省、自励、自强。

爷爷的荣誉证书

爸爸说他以前常常听爷爷哼唱儿时的一首歌：“努力呦，努力呦，不怕前面有风潮；努力呦，努力呦，不怕路途远。大风大浪不动摇……目的必达到。”爷爷做野外测量常常要走很长的路，工作起来像长征，爷爷就像这歌里的船工，背着纤不停地拉，如歌中所唱“目的必达到”。我应当向先辈学习，严于律己、宽以待人，努力做到“勤、诚、俭、让”，继承家传、弘扬家风。

家族追忆采访中，我被深深地感染着。悠悠岁月，往事如烟，听故事的人成了讲故事的人，讲故事的人成了故事里的人……我的父辈、祖辈和先人们留给我们什么？其实他们把生命中最重要的基本元素传给我们——那就是基因和血脉，正是基因使得花落还开、水流不断，正是血脉使得手足相亲、薪火相传。

我对缔造我生命的父辈、祖辈和先人们顶礼膜拜！

被珍藏的历史与光辉的未来

北京师范大学南湖附属学校 · 何嘉

发现家中"秘密"

每年春节将至，爸爸妈妈总会送给我们新年礼物。今年妈妈让我兄弟俩自己在家中"探宝"。弟弟一头就扎进储藏间"挖掘"梦寐以求的礼物，我却一脸茫然，静静地站在原地！突然，我想起了一个难以丢舍的念头：家里好像有一个爸爸一直不给我们看的盒子，也不知道盒子里面装着什么样的宝贝？好奇心驱使着我的双腿走进了爸妈的卧室……打开盒子的一瞬间，映入我眼帘的是一张陈旧的纸张，已经暗红的印记失去了光泽，但冥冥中我感觉到了这个盒子的沉重。这张陈旧的纸张从右至左有几个大字"恤金给与令"。内容更让我瞠目结舌："国民政府军事委员会卹亡给与令三号字……"，落款居然是我认为卑鄙反共的历史人物蒋中正。

探究人物故事

看着这张历史印记浓重的纸张，我想知道这是怎样一位抗日英雄人物。但又疑虑重重：他和我们家是怎样的关系？

首先我搜索了关于主人公的简介和生平事迹，然后怀着忐忑不安的心情向父亲询问了这段历史……

父亲首先责备了我未经允许擅动重要物品，然后语重心长地讲述了他所知道的过往……

因为父母工作繁忙，父亲从小就和爷爷奶奶一起生活。从小顽皮好动的父亲经常在家里到处“探秘”，家里的角角落落只要探寻到的地方，父亲就会一探究竟。太奶奶常说他：“家里有个老鼠洞也会让你翻三遍。”就是因为父亲的顽皮好奇，发现了太奶奶的秘密！太奶奶一直珍藏着一个小盒子，小盒子是木质的，表面的油漆已经失去了光泽，甚至边边角角已经露出了木头的本色。但是太奶奶视为珍宝，只有逢年过节或者搬家的时候才能让这个小木盒子“露露脸”。这当然是父亲执着向往的探秘宝藏，但太奶奶多次严厉警告，让父亲离小盒子远点，否则“棒子炖肉”不客气。受到这样严厉的警告，父亲自然也敬而远之。直到 1988 年，太奶奶得知前一年台湾地区同意居民互通了，才将这个秘密的盒子拿出来，召集家人商讨大事！原来，盒子里有她和自己家人的重要信息，还有自己哥哥抗日牺牲的历史见证，更有她相见思念已久亲人的相见佐证之一。

1992 版《固镇县志》

薛凤翥生前照

太奶奶一家是安徽省灵璧县人（今安徽省固镇），兄妹四人。大哥薛凤翥大她 5 岁，1916 年出生。她是老二薛凤琴，三妹是薛凤英，四妹还没取名字就夭折了。由于父亲早逝，三个孩子都是母亲一手拉扯大的。在那个年代虽然家里有几亩田地，但是一个农村妇女带着三个孩子一起生活还是非常艰辛的，虽然当时家境并不富裕，但是太奶奶的母亲还是省吃俭用将家中唯一的男孩送进了学堂，由此可见太奶奶的母亲是一位有远见且非常开明的人，这在旧社会是非常难得的。据说太奶奶的哥哥学习优异，一直都是第一名，他自己更是了解母亲含辛茹苦养大他们不易，发愤图强的同时也经常去干一些零工补贴家用。他经过自己的不懈努力，于民国二十二年（1933）高小毕业后，考入了省立第五中学。中学就读时期，由于成绩好，他更是被免除学费和食宿费用。民国二十四年（1935）的"一二·九"运动，激发了他的爱国热情。次年，他考入国民政府空军部队飞行大队，经过严格训练后，任四大队二中队轰炸机飞行员。后随队移驻重庆，于民国三十二年（1943）升任中尉小队长。

这一年，日本帝国主义企图打通"大陆交通线"，以解脱在太平洋战争中的困难局面，遂调集大批侵略军向我国中南地区进犯，又派军舰窜入长江上游予以配合。国民政府空军总部为保卫"陪都"的安全，决定轰炸湖北老河口江面上的数艘日舰，薛凤翥小队光荣地接受了这一艰巨任务。薛凤翥率队飞往老河口上空，而装备精良、空防火力很强的日舰却无任何准备。中国空军的一颗颗重磅炸弹投向日舰，刹那间，日舰有的沉没，有的在浓烟烈火中急剧颠簸。任务完成了，薛凤翥命令机队准备返航。但他还想拍摄日舰残骸的历史性照片，就驾机在高空盘旋。当浓烟稀薄、能隐约看清日舰轮廓时，他就驾机俯冲拍照。

岂料，日舰上侥幸活命的高射炮手向他开炮，命中要害，飞机仅勉强冲起，便堕毁于附近山林中。薛凤翥壮烈牺牲，牺牲后留下了遗孀马琴仙和遗腹子薛昆明。

抗日战争胜利后，国民政府中央军事委员会于民国三十四年（1945）10月追赠薛凤翥为上尉飞行员，并向其父母、妻儿颁发了《恤金给与令》。1945年，马琴仙改嫁给薛凤翥的同学，空军官校11期轰炸科毕业的冯步海，薛昆明也改名为冯以张。新中国成立前太奶奶的嫂子、侄儿和冯步海共同举家跟随国民党军队去了台湾，此后杳无音讯。

“文革”时期为了不泄露这段家史，更生怕被红卫兵抄家，太奶奶将手头的文献进行了缜密的藏匿。幸亏没有被发现，直到现在两岸互通，她才敢将这些东西和心中隐藏多年的秘密向家人讲述。经过全家动员和不懈努力，两年后我们终于联系到了身在台中市的“薛昆明”。由于各种原因，直到太奶奶离开我们，她也没能完成见到亲人的心愿，其实她就想替自己的哥哥看看他的孩子……

恤金

多年过去，爸爸在网络上了解到冯以张（薛昆明）自己回忆其母亲当时见前夫未归时的心情：“当时我生父是第四大队 22 中队飞行员，飞机摔下去的地方是日本占领区。当时报失踪，四大队的太太们哄我妈妈说游击队已经去营救了，过一阵子会回来。半年后才正式发丧，公布死亡。”而马琴仙再婚后仍需面对相同的情境，每当冯步海飞行出任务时，她都带着小孩在战情室听飞行报告，等到电话回报说冯步海的飞机降落了，她才回家。飞机还没落地，她不敢回家。冯以张（薛昆明）说：“因为她受过一次创痛，不希望再发生相同的事；那时有一种说法，飞得越好，牺牲越早。因为飞得好，你的长官队长有重要任务的时候一定挑你，我的生父就是个例子。”

了解这段历史

当我看到这个抚恤令，一开始只是觉得揭秘了一个爸爸坚守的秘密，但是每当我想起这件事就不知不觉地想去探究那段历史，那段让全体国民刻骨铭心，让鲜血染红中华大地，让民族蒙尘的历史！通过这件事，我不光是知道了家庭的“秘密”，更让我感受到了日本侵略我中华的罪行！

当我们在铭记历史中笃定前行时，尤须凝聚万众一心的奋斗伟力。面对极其野蛮残暴的日本侵略者，中国人民凝聚了同侵略者血战到底的空前斗志，坚定了抗日救国的必胜信念。“四万万人齐蹈厉，同心同德一戎衣。”正是在党的领导下，中华儿女同仇敌忾，视死如归，用生命和鲜血打败了日本侵略者。也正是亿万人民团结奋斗，我们攻克了一个又一个难关、不断从胜利走向新的胜利。今天，中华民族伟大复兴曙光在前，但前进道路上少不了风高浪急，甚至惊涛骇浪。只要保有“越是艰险越向前”的英雄气概，激发“敢教日月换新天”的昂扬斗志，依靠顽强斗争打开事业发展新天地，我们就一定能把发展进步的命运牢牢掌握在自己手中，一步一个脚印地把民族复兴的伟大梦想变为现实。

时代的印记

1958 年开始闹饥荒。粮食供应由每月 30 斤减至 24 斤，其中还要搭配一些霉烂的泥豆、山芋干或者萝卜青菜。1960 年是三年自然灾害最严重的一年。

那年爷爷虚龄 6 岁，一家三口。白天太奶奶和太爷爷去生产队干活，吃食堂大锅饭，爷爷每餐到大食堂只能打一小碗能照见人影的稀饭，每天饿得肚子呱呱叫。奶奶有时会在村友的带领下到野外挖野菜、寻草根。爷爷曾对我说，柳树叶、洋槐树叶、杨树叶都是充饥的好食料。最好吃的是榆树叶，又滑又甜。榆树叶采光了，又开始剥树皮，甚至连柚树皮都剥来充饥，吃下去伤了肠胃。在饥饿的威逼下，太奶奶太爷爷产生了带儿逃荒的念头。1960 年 10 月中旬的一天晚上，太爷爷锁上大门，全家人悄悄溜出了村子，向着黑龙江省佳木斯市摸索前进……最终，他们在此地安家生活。

爷爷奶奶最早的家

继承光荣传统

爷爷奶奶这一代，沿着老一辈的步伐，扎根在佳木斯这片黑土地。爷爷中专毕业后被分配到当地国营玻璃厂，奶奶则接了太爷爷的班，成为国营机械企业的一名工人。在那个年代，中专毕业已经是比较高的学历了，因此爷爷在工作中很快就脱颖而出，成为厂里的拔尖人物，后来更是一跃成为厂里分管安全的领导。奶奶接过太爷爷的班以后，更是踏实工作、任劳任怨，始终将奉献国家放在第一位，一直坚守工作岗位，几次有升职的机会她都婉言谢绝，直到退休。

时代的变迁和国家的进步

我的父母靠着自己的努力考上大学，毕业后分配到嘉兴这座城市。到

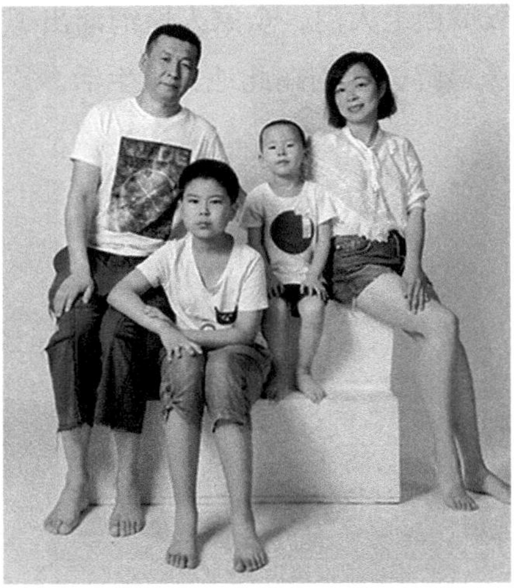

全家福：爸爸、我、弟弟、妈妈

陌生的城市工作，是一次充满挑战的经历，一切都不是想象中那般美好。到了新环境，孤独避免不了，没有家人和朋友的陪伴，会让人感到孤独和失落。尤其是在周末或假期，看着他人与家人团聚或是有朋友相伴，这种心情难以言喻。语言和文化的隔阂也是一座大山，有时候可能会导致误解和隔阂。学习嘉兴的语言和习俗固然重要，但融入新的文化需要更多的时间和耐心。尽管如此，面对这些问题，在父母看来，这样的挑战从来都被看作是一种机遇。在陌生的环境里，我们需要更加努力地适应和学习，这会让我们的成长更快。

当时，来到嘉兴的另一大障碍就是没有一个稳定的住所。刚刚参加工作，那点微薄的工资除开租房费用，仅仅能够勉强维持生活。好在他们通过不懈努力，奋斗三年后，终于站稳脚跟，安家落户。直到现在，每当回忆起以前的艰难时，母亲还总是将那段连续三年每晚加班到十点的日子拿出来念叨。我家的这段经历，与《闯关东》中主人公的经历有点相似，其动力都在于一个“闯”字：对生活的闯，对未来的闯，和对自己的闯。而我们的经历，也只是茫茫人海中的小水珠。由小见大，和我们一样有类似经历或类似追求的人，有很多很多。大山里那些用功读书的孩子，不就是为了将来有一天能闯出大山，实现自己更大的价值吗？人们对美好生活的不懈追求，也代表了他们积极向上的生活态度和良好的精神风貌。

到了我这一代，回顾家史进行对比，不得不说我和弟弟是家里经济条件最好、受到的教育水平最高的一代。而今随着国力不断地发展壮大，我见证了国家科学技术的更新换代。于我而言，至少我的成长从不缺乏物质食粮，家里的伙食一向荤素搭配、健康合理、不愁吃喝，每年节假日还可以跟着父母全国各地欣赏祖国的大好河山。不得不说，我们这一代是非常幸福的了。所以，我们有什么理由不努力？我们应当思索，作为中国新时代的新青年，我们当立何志向，有何理想。我认为，作为一名中学生要勇于拼搏，敢于创新，善于发现，为新中国补一块砖，添一片瓦。

欣逢盛世，当不负盛世，我们沐浴在新时代的春风里，要向着红旗指引的方向，以实干笃定前行，以奋斗开启光辉未来。

（指导教师：柯海虹）

熟悉的陌生人

北京师范大学实验华夏女子中学·于佳弘

每每谈起家族过往，大家都会说往事如烟。然而，对于我的家族长辈们而言，往事并不如烟，虽不能经常提起，却从不会忘记。那些我不太熟知的往事，其实能够追溯到的也就二百年的历史，但它造就了我的父辈们，也深刻地影响着我、感动着我。恍惚间我才了解到这些熟悉的人又是那么陌生，让我的思绪泛起了涟漪。它使我想把从父辈们了解到的点滴记忆、沧桑巨变，以及我们家族几代人的传承与积淀都倾诉出来，把这些记忆的碎片捡拾起来，让它成为我人生路上前进的点点星光。

起

我的家族起源于何时？太爷爷说，他退休后，曾去辽宁省图书馆、北方图书城查阅姓氏来源。据称：于姓源于三千多年前的西周建国初期，当时，周武王姬发、周公姬旦皆属姬姓。之后，他们的后人分成若干支，后来有了于姓。当年，周武王的次子被封到商朝的邘旧址，建立了邘国，史称邘叔，其子孙便以国为姓（古代邘、于通用），随后演化为于姓。邘国都城设在今天河南省沁阳市西万镇邘台村，于姓久居黄河流域。西汉时，不少于姓到山东一带发展。

二百年前，我的祖先从山东烟台地区一个叫大水坡的村子，漂洋过海迁移到东北，在奉天（今辽宁省沈阳市）一个叫小尚义的村落扎根安家。

“树茂千枝思本固，水流一派想根源”及“慎终追远”，是我太爷爷年少时家中堂龛上的对联和横批。

太爷爷的曾祖父年轻时曾当过狱警。后因日俄战争，日本占据了沈阳，他不愿意为日本人做事，于是返家务农。太爷爷刚懂事时，于家是个拥有 36 口之家的大家庭。当时小尚义村东西一条街有 24 户，于家在最东头。于家看似家大业大，实则人多、劳力多、车马多。而自家土地少，每年种 200 亩左右的地，其中自家的只有四五十亩，其余全是租的。下面是家中老物件：

风箱

药碾子

水缸

碾子

机井

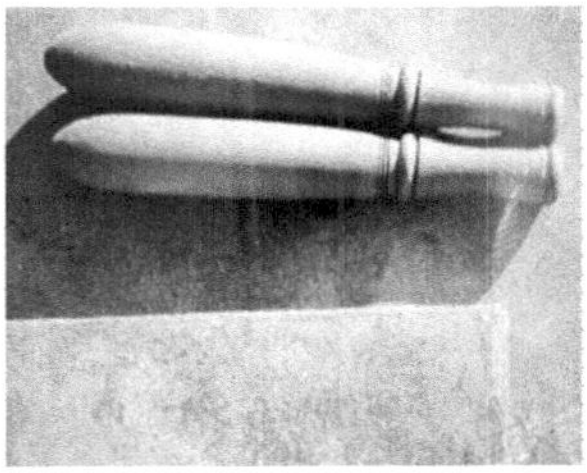

捶被的棒槌

于家人多户大，彼此都很和气，血缘关系三代以内的人，相处像亲兄弟一样，都亲密无间，互相帮助。太爷爷说，至今回忆当时的情景，仍感到是一场幸福的天伦之乐和美好的精神享受。自 1939 年前后分家，以及随着人口繁衍再分家，至今于家大户发展到多少人了？2013 年前，太爷爷对其祖父直系子孙做过统计，算到第五代（含外嫁女生的后裔）共 120 余人，其中属于于姓的 62 人。估计于家大户（含女方外嫁繁衍数）至今已接近 400 人，其中属于于姓的接近 200 人。[①]

① 摘自本文作者太爷爷于长春先生 2013.11 著作《晚年情趣（之十三）》（未公开发表）。

兴

尽管于氏家族祖祖辈辈都是农民，但是特别注重对孩子的文化教育。在小尚义村，村民们集资建了一个庙，庙里设了一个学堂，于家就把孩子们都送到这个学堂去学习，不让孩子们把时间花在干农活上。在中华人民共和国成立初期，允许农村的孩子报考城市的中学，靠着从小被家族培养的学识，太爷爷考到了沈阳市里的中学，又考上了沈阳市第一师范学校。太爷爷这个分支自此从农村走进城市。

太爷爷的毕业证书

我的爷爷是太爷爷的长子，出生在沈阳。虽然得到父母最多的宠爱，但他在三四岁时经历过三年困难时期，因此对粮食非常爱惜。直到现在，爷爷非常节俭，决不会浪费任何食物。爷爷从小就是好学生，一路当班长、团支书、党支部书记。1975 年上山下乡后，爷爷以贫下中农为榜样，在农村干活儿不怕累，深深打动了当地农民，得到他们的认可。爷爷总说，农民是非常朴实的，他喜欢跟农民交流，扎扎实实干活儿，实实在在跟农民打成一片，跟他们交朋友。这也为爷爷多年后做好基层工作奠定了深厚的情感基础。到了 1977 年，爷爷听说国家要恢复高考，在考试前六天请假回家复习了几天数学。最后，爷爷靠着平时的积累，以较高的语文和政治分数被第一志愿学校录取，在1978年的除夕收到了大学录取通知书。正是因为爷爷在早年的时候有这么一番经历，所以他一生都极为勤奋，哪怕是在退休之后他也一刻都闲不下来。节俭、勤劳、仁慈、心怀大爱，爷爷深受那个时代的影响，早已将这些美好的品德深深刻在了骨子里。

在大学里，爷爷遇到了奶奶。他们是同班同学，一个是学生会主席，一个是文艺委员，互相被对方才华吸引而走到一起。说到这里也要提一下我奶奶的家族。她家是世代书香门第，老家在长春二道河子。她的太爷爷是当地有名的医生，一生致力于救死扶伤、做慈善，经常免费帮人看病。奶奶说，她的太爷爷生活很简朴，赚来的钱都用来做慈善、做教育，家族中以当教师和医生为荣。奶奶的爷爷杨辰先生年轻时公派到英国剑桥大学留学，被张作霖聘请至东北办学。与他一同被聘请来的还有章士钊，章士钊被聘至东北大学，奶奶的爷爷被聘请至东北陆军讲武堂任教，后又被派到乾安，创办乾安农业学校，并担任第一任校长。

1932年，奶奶的爷爷到吉林省立第二师范学校（简称吉林二师）任教。1934年秋季开学后，吉林二师与吉林省立第一师范学校（简称吉林一师）合并迁到吉林市，地址在东局子。当时吉林一师是吉林省地下党活动的中心，学生中间爱国反日思潮很浓。卢沟桥事变爆发后，日伪在吉林一师、吉林一中等几所学校进行大搜捕，吉林一师三年级学生夏伯康（后为新四军三师八旅政治部主任，新中国成立后曾任吉林农业大学校长，“文化大革命”中去世）就是躲藏在奶奶的爷爷家里，换了衣服在夜晚乘吉海铁路的火车南下去关内投奔革命的。

奶奶的叔叔是清华大学毕业的中科院院士，一辈子工作、生活在大西北，被国家秘密保护着做原子弹测控系统和卫星通信领域的研究，是很多国防科技建设重要项目的带头人。在20世纪原子弹爆炸后，他为了取测控数据跑出掩体，遭受辐射，导致一生无子女。直到去年他因新冠病毒性肺炎过世，家人们才对他的研究以及对国家的贡献略知一二。

奶奶的父亲是中华人民共和国成立前党重点培养的大学生，一辈子从事教育工作，当了一辈子的中学校长。1964年，奶奶的父亲参加全国政治理论课工作会议时受到毛主席接见。被党和国家领导人接见，在当时是一件大事儿，是他职业生涯的顶峰。所以奶奶说，父亲带给她以及家庭的影响是深远的。“做教育是最光荣的”“要像蜡烛一样燃烧自己，照亮别人”“遇到一个好老师胜读十年书”等等，这些思想在奶奶家族里是根深蒂固的。因此奶奶从小爱读书，上山下乡的时候也没耽误学习。在其他人休息娱乐时，奶奶就喜欢学习、喜欢做题，她说解出一道数学题带来的快乐是无与伦比的。1977 年高考时，奶奶以全县第二名被第一志愿学校录取。

堂外曾祖父的纪念章

爷爷的父母、奶奶的父母都是教育工作者，一生致力于教书育人。爷爷和奶奶在 1977 年从 570 万考生中脱颖而出，成为恢复高考后第一批大学生。太爷爷的妹妹在 1959 年被保送到中国人民解放军哈尔滨军事工程学院导弹工程系。爷爷的弟弟因数学竞赛成绩优异，在 1978 年被保送到北京大学数学系。我的妈妈因生物竞赛成绩优异，在 2002 年被保送到中山大学生物科学专业。于家每一代都有一个代表人物被保送到高等学府，奶奶的家族更是为慈善、教育和国家发展奉献了一切。

家族的兴旺，源于族人对教育的重视，家族享受到了知识改变命运带来的红利，也为国家和社会做出了贡献。

合

每次想起爷爷奶奶，记忆里更多的是他们退休后慈爱的笑容，无限宠爱的怀抱，以及各种美食。但同时他们也曾是各自领域的人生强者。改革开放后，爷爷一直在政府部门工作。我儿时记忆里的爷爷，不是在加班，就是急匆匆要赶去单位。上山下乡的那段经历让爷爷把农民当亲兄弟一样，他一生为老百姓做了很多好事、实事，为振兴东北奉献了一切，被评为省优秀共产党员，立过一等功，获得五一劳动奖章，还登上了央视《新闻联播》。奶奶毕业后进了工厂，但她爱学习、爱读书的习惯，促使她一直在进步。她从最基层干起，设计过电扇，做过水泥、钢材的外贸。她在 20 世纪 90 年代自学考了注册会计师，后来应聘为会计事务所所长，因工作出色被国资委招聘至一家国企，一路升职到集团副总经理，直到退休。

爷爷获得各项荣誉

爷爷奶奶大学学的是机械设计，与他们后来的工作内容差异很大，但他们最后都变成了各自行业的专家。他们说，干一行爱一行，就能干好这一行。大学学习让他们最受益的不仅是学到了知识，更收获了学习的方法，要想干好，就去学习。他们说工作中发现问题，要抓住问题核心；知道如何自学，如何找解决问题的方法，这才是大学最主要的收获。大学教会他们的这些思想方法，让他们受益终身。

我的妈妈出生在实行独生子女政策的初期，带着爷爷奶奶无尽的期待，享受着全家的独宠，更享受着国家改革开放后扶摇直上的生活水平。妈妈的人生很顺利，保送名校，毕业进央企，当部门领导后工作更加忙碌。妈妈总说，她努力的动力是想让国家更好，想让我过更幸福的生活，想跟我一起成长，一起追求更好的自己。有趣的是，爸爸妈妈在他们结婚很久之后才发现，妈妈的外公和爸爸的外公 1946 年在佳木斯东北大学是同期校友，这可真是奇妙的缘分。妈妈说，她能明显感受到从小到大国家的飞速变化和生活水平的提升。爷爷奶奶和妈妈都因为好好学习而搭上了时代的顺风车，成为被时代潮流选中的那批人。

泽

曾经，我以为像我家这样的寻常百姓只是平常地生活着，历史变迁的影响对我们是遥不可及的事情。访谈过长辈后，对他们的了解日渐深入，他们终于不再是我熟悉的陌生人，我也在学会理解他们、尊重他们。我发现国与家的命运总是紧紧地联系在一起，历史书上那些曾以为很遥远的事情，原来跟我的家人是有关系的。抗日战争、土地改革、新中国成立、大

于氏家谱封面（修订于 2017—2018 年）

炼钢铁、“文化大革命”、改革开放……国史的每一步，我的家族也身在其中，长辈们就是历史的亲历者、见证者。

《孟子》里有句话“君子之泽，五世而斩”，反映了家族文化传承的艰辛与不易。而我已经是于氏家谱上的第七代子孙，于家勤俭、善良、好学的良好品格依然深深浸润着我。在回顾家族的历史时，我隐隐见证了家族无数次的起落沉浮，体验了祖先们的智慧和勇气，也感受到了家族成员间的深厚情感。这些经历塑造了家族的独特性格，也为我提供了宝贵的精神财富，我终于知道自己从哪里来，要到哪里去。我的成长其实是靠家族的能量来助力的。家族的历史是一部厚重的书，每一页都记载着我们的过去，我也将继续传承家族之泽，书写于家的新篇章。

破晓之约

北京师范大学实验华夏女子中学 · 陈思廷

文之穷尽，言之终结，也无法说尽祖辈的过往。——题记

一、太太：战火纷扰的求学路

1938 年，徐州会战，日本扩大侵略，进犯江苏。我的太太，也就是我奶奶的母亲丁庆霞一家逃亡至甘肃西峰。路途坎坷，她开始分担起这个贫苦家庭的劳动。一年夏天，天气炎热，她和二妹经常下地拔麦蒿。她自幼多病，营养不良，而妹妹才八九岁，两人抬一捆柴草，常常一头抬离地面，另一头仍重重地坠在地上。这样拖着拉着，两姐妹累了就停下来休息，热了就在湖边淋水，连续数月劳作，院子里晒满了柴草。

太太大学时期照片。1946 年摄于兰州大学。

在如此艰苦的环境下，太太依然不懈求学，而且是跟着满怀国仇家恨的“流亡知识分子”学习知识。

1943 年，她接受了许多进步思想，救亡歌曲中的一字一句，对她都像是一声声召唤。那歌声与旋律，不时在耳边轰鸣，极大地激起了她的民族意识。正

如她离校前唱的《毕业歌》:“同学们，同学们，快拿出力量，担负起天下的兴亡。”她树立了远大理想。

1946年，太太被兰州大学中文系录取为首届本科学生。在校学习期间，她以笔为刃，撰写杂文揭露国民党黑暗统治，积极参加学生运动，后成为中共地下党员，分配至市妇联参加革命工作。正当她带领全县投入火热的革命，站在领奖台上高举锦旗，认为前途一片光明时，她的丈夫张炜炽在1955年的肃反运动中受迫害含冤致死。次年，她又被定为“右派分子”，被开除党籍，撤销职务，行政降级，下放农场劳动改造。

她带着五个孩子又过上了拮据的生活，她却以此改善自己的习惯，弥补自身存在的不足，在劳动中也不觉得辛苦劳累。1959年，中央号召干部下放。她前往一座土山劳动锻炼，一天就挖了二十九方土，以致浑身酸痛，手上起了血泡。身旁的一座座“小山”，是她用无私劳动证明着自己对党的忠诚。

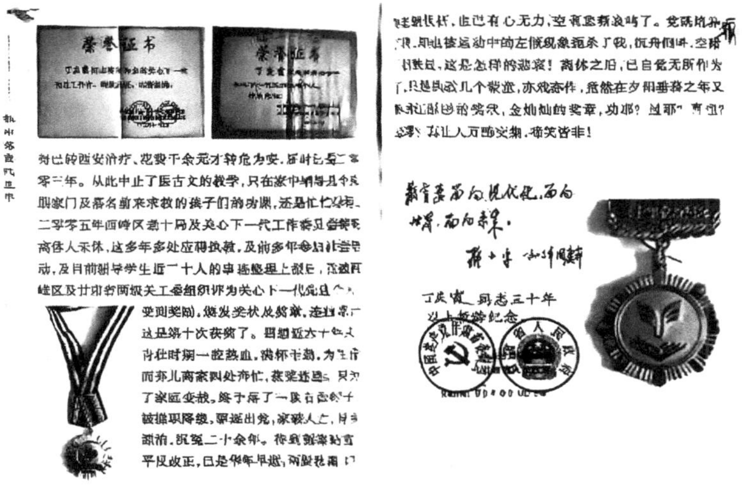

太太从事教育工作获得的荣誉。摘自丁庆霞自传。

1962年，她终于得以回到自己的家。但由于特殊的政治条件，只能转入教育系统工作。从那时直到1995年，太太一直从事教育工作，在中小学任教三十余年，获奖七次，被评为省市两级关心下一代先进个人。

太太秉持“绝不改变初衷，为报效祖国，为全民利益，绝不计较个人恩怨，一定尽职尽责，任劳任怨，鞠躬尽瘁，死而后已，做到无愧此生”的观念，深深影响着每一个晚辈。

二、致太爷爷：无畏的勇者

太爷爷学士照。1946 年摄于武功县。

张炜炽，就是我奶奶的父亲，是我的太爷爷。他 1942 年考入武功西北农学院农艺系，为陇东家乡引进、栽培西红柿等优良果蔬品种。《华池县志》中记载的陇番 3 号（西红柿）等，就是张炜炽等人耗费半生心血引进甘肃的。

太太说他是个“农夫”，他却欣然答道：“农夫有什么不好？民以食为天，食非农不行。将来当一个机械化的科学‘农夫’，享一世田园之乐，为人们种下吃不完的粮食和经济作物，不也是利国利民利天下的好事吗？”“利国利民利天下”，是他一生的理想。

他是普通的农夫，甘肃省农业种植的引领者，亦是称职的革命者。

张炜炽在兰州秘密参加中共地下党，致力于革命活动。1949 年 7 月，在兰州即将解放的前夜，反动当局特务组织伙同马家军对中共兰州地下党进行大肆搜捕、血腥屠杀，更加疯狂地将城市笼罩于黑暗之中。面对敌人的残害，张炜炽在组织和亲友的帮助下，隐蔽于城郊草林地窝之中，与敌人周旋十数日。其间，他展现出极勇敢顽强的品格，无惧无畏的精神，最终迎得兰州解放。

在 1955 年的“肃反”运动中，因中共兰州地下党曾遭破坏问题，以及受运动“左倾”扩大化影响，张炜炽遭无端诬陷，失去人身自由，含冤离世。当时，这个消息如晴天霹雳，降落于这个家庭。

他的妻子丁庆霞更是悲哀，于自传中写道："我看到宝塔后乱草丛里的那座土丘，这就是他的归宿。这会是他吗？怎么可能呢？是那个曾秘密介绍我阅读《大众哲学》《共产党宣言》等红书的人吗？他用他的唯物主义辩证法，来战胜我的'天地一元，一以贯之'的谬论，打开我思想上的另一扇门。"他是在兰州战役中坐在黄河畔上盼着解放，热烈欢迎大军进兰州的革命战友，更是丈夫。说不尽的滋味齐聚她心头，在百感交集中她写下："武功明月，雁滩流水，多少往事折磨，夜夜徒入三更梦；知否我两肩沉重，撇抛五个儿女，无限日后艰辛，天天枉登望夫山。"直至1978年，组织经多方查证，张炜炽冤案得以昭雪，还其中共党员身份、中干县级政治待遇，并恢复名誉。

张炜炽因混乱的时代失去了生命；但他对党忠诚、始终跟党走的精神并没有消失，而成为家族后辈代代延续的精神之钙。

他多年坚守，为的是天下安好——利国、利民、利天下。

三、奶奶：苦难中成长

一身英武气概，如破晓星辰——奉献，传承。

我的奶奶张晓星出生于1952年正月初一。她自小说话利落，办事快捷，从不拖拉。在家徒四壁、囊中空空的岁月里，仅十岁的她成了家中的顶梁柱。

1965年，张晓星升入初中。天没亮的时候，她就开始忙碌，骑上破旧但擦得锃亮的"二六"飞鸽车，熟练地穿梭于仅能通过一人的陡崖，在上学路上采摘桑树叶，放学回家时再铺撒在蚕盘上。这些在如今看来艰辛危险的动作，是年仅14岁的她每日必须完成的任务，更不提还有弟弟妹妹在家等着她照顾。好在沉浸在学习中的她忘却了一切阻碍，专心而又细致地平衡着学业与家务。

"文革"期间，张晓星成绩优秀，但当时正值学校停招、停课，她失去了

奶奶舞台照，1973年摄于华池县。

继续求学的机会。毕业时学校发了一套《毛泽东选集》，给予她精神上极大的支持。15岁的张晓星，积极响应党的号召，回乡插队锻炼五年之久。她凭着出色的表现，进入毛泽东思想宣传队，巡回各大队演出。她记忆最深的便是样板戏《红灯记》中的李铁梅：容光焕发，“红灯高举闪闪亮，打不尽豺狼决不下战场”。后因她被定为“黑五类”，求学无门，无法参加工作。好在全面落实政策后，父亲的冤案平反，她才能抬起头，挺起腰，进入了生活的正轨。1972年进入华池县百货公司，成为一名营业员，销售五金建材。

艰辛的童年经历与怀才不遇但努力追求进步的青年时期，铸就了她坚毅认真的品性。从稚嫩青年到长大成人，她用自己的音符谱出了新时代的华丽乐章。她后来调至庆阳地区五金公司，从一名普通的营业员、仓库保管员成长为部门经理、办公室主任，并且连续多年被单位评为先进个人。她的一生都以极大的决心和热情，投入建设新中国的伟大事业中，为国家的经济发展做出了贡献。

如她的生辰一般，生在时间轮转的开端，春生，夏荣，秋望，冬宁。如她的名字一般，迷雾散尽迎接破晓，夜晚不再浓黑，闪闪星辰照耀。

后记

回顾家史，我辈将不忘根，不忘本，牢记前辈们曲折的革命道路，让家族之荣光随时代永远延续下去。

家与国

北京师范大学南湖附属学校 · 王徐嘉

一、前言

浩浩的历史长河中多少英雄舍生取义，多少家庭支离破碎……古老而深厚的中华大地，见证了空前繁荣的盛世，也目睹了血腥罪恶的杀戮。一个个朝代兴起又衰落，一位位君主或仁义或凶残。在历史这本书里，我看到了战国时的混乱纷争，看到了唐朝的繁华昌盛，看到了清朝的迂腐封建，看到了抗日战争时的刀光火影。我曾以为这些事情只是历史，全是过去的事情，已被尘封在神州大地之下。但实际上，历史离我并不遥远，我在我家族的故事中切身地感受到了历史的力量。

二、屈辱的过往

清朝后期的中国积贫积弱，饱受外国侵略，战乱频发，百姓生活艰难困苦。

（一）战乱年代

我的曾外祖母，1935 年出生于浙江绍兴一个小农村。她原本像一个普通的农家女孩一样跟着父母早出晚归，在田间耕作。然而那时社会动荡，内战激烈，各地爆发革命。农民的生活非常艰苦。曾外祖母说自己当时吃了上顿没下顿，吃到米都是奢望，她还是家中的大女儿，得紧着弟弟们吃。

1937 年 7 月 7 日，日本挑起卢沟桥事变，发动全面侵华战争。中国军民奋起抵抗，抗日民族统一战线正式形成，中国掀起了全民族抗战的高潮。1941 年日本军队侵入绍兴，绍兴人民英勇反抗。日本侵略者无恶不作。当时有几个日本人闯入他们家中，掠走本就少得可怜的粮食，还从曾外祖母的母亲怀里抢走了尚在襁褓中的婴儿。

（二）背井离乡

那段时间，绍兴地区恰逢台风，曾外祖母一家的茅草屋被大风吹倒，一家人流离失所。在这种情况下，他们无可奈何，连夜逃往相对和平一点的嘉兴，从此在那里定居。

（三）嫁为人妇

即使换了个地方，一家人仍旧贫穷困苦。曾外祖母的父母见日子实在过不下去，就把曾外祖母卖给当地一户有钱的人家当童养媳。一个有着三寸金莲，年仅十几岁的女孩就这样在陌生的家庭里，尝着生活的艰辛，望着四角的蓝天，期盼着有一天自己能有不一样的未来。

三、解放与改革

中华人民共和国的成立，开启了中国历史的新纪元。人民努力生产，一切都在蒸蒸日上。

（一）初见光明

1950 年，颁布第一部《中华人民共和国婚姻法》。此时，正式禁止童养媳制度。曾外祖母摆脱了那个困扰了她整个青春的身份。她与曾外祖父相爱，婚后孕育了五个孩子。在相互扶持、节俭、勤勉中，他们过着男耕女织的生活。

（二）得到土地

1950 年，颁布《中华人民共和国土地改革法》，开始实行土地改革。从此在中国存在两千多年的封建土地制度被摧毁，消除了地主阶级，农民获得真正的解放，生产积极性大大提高。土地改革巩固了新生政权，大大解放了农村生产力，为国家工业化建设准备了条件。我的奶奶作为曾经地主家的小姐，一直过着锦衣玉食的生活。然而在土改后却难以维持生计，只能靠变卖自己的珠宝首饰来过日子。

1956 年，曾外祖母生下了第二个孩子——我的外婆。外婆是个聪明能干的人，从小就能帮忙照顾弟弟妹妹。每天放学后都泡在田里，帮着父母干农活。她经人介绍认识了我的外公，两人结为夫妻后建了自己的房子。那时正好开始实行家庭联产承包责任制，这对外公外婆来说无疑是件大喜事。他们可以靠努力去追求幸福的生活了，于是他们一直在土地上勤勤恳恳地劳作，一直很敬畏这片来之不易的土地，从不让其荒废。

（三）勤劳致富

随着时代的发展，新中国的经济水平日益上升。外公和外婆自然也不愿仅仅局限于靠干农活赚钱。再三思量，他们开了一家豆制品手工作坊，出售豆腐、豆浆、豆皮等。他们两个人趁着年轻力壮，白天在田里和普通家庭一样干活，晚上只睡一两个小时，在天空刚出现一抹鱼肚白时就开始推石磨做豆腐。待到天亮时，外公和外婆就开始挨家挨户地送豆腐。这样昼夜不眠的日子他们一过就是几十年。他们在村里也是第一个建了多层楼房的人。我问过外婆累不累，干吗一定要这么拼呢？她告诉我，这些苦跟以前比起来什么都不算，有机会能过上更好的日子，我们怎么能放过呢？

四、新时代的发展变迁

随着国家日新月异的变化，我国的综合国力日渐增强，2001 年我国加入世界贸易组织，在多方面开始跟国际接轨，人民生活也日新月异。

（一）学子追梦

我的父亲，1980 年出生在浙江台州临海的一个小渔村。他从小就聪明伶俐，再加上勤学苦读，成绩一直很优异，经常是全校第一名。还在上学时他就跟着爷爷奶奶来到了嘉兴。中考那年，他以优异的成绩考上了嘉兴一中。但因为家庭原因他不得不放弃更高的学府，选择去湖州读书。后来遇到了也在湖州读书的妈妈，两人相爱，并一起回到嘉兴工作。

（二）艰苦创业

通常，许多人多会选择一份安稳的工作，不愿意去冒险。可是在这个充满机遇和可能的时代，人们才更应该去冒险，到外面的世界去闯一闯。

我的小姨，原先考上了师范学校，在镇上的中学教英语。但自小就不甘于平凡生活的她选择在五年后放弃教师工作，与另一位合伙人创业，开了一家外贸公司，做服装出口贸易。她的创业之路并不容易，因为家里没有人从事相关工作，她只能靠自己一点点摸索。受当时亚洲金融危机的影响，小姨一度陷入低谷。

小姨和外国客户交谈

但上天不负有心人，坚持和创新是有回报的，小姨的生意随着中国经济的不断发展越做越大。当我看着她穿着自己公司生产的衣服，用流利的英语向外国合作商做介绍时，我深刻地认识到了新时代带给我们的力量。

五、尾声

回顾过往，我家族的历史是顺应着国家历史轨道发展的。家族的四代人中，从每一位家族成员的身上，我都能看到历史的影子。或许这就是“家国”两个字的含义。我们每个人的家族与国家都是不可分割的，家史就是国史，家风就是国风。家与国，是我们每个人心中最深的念想与牵挂。

探究家史家风，共筑美好明天

北京师范大学附属中学 · 雷天然

“蝴蝶双双入菜花，日长无客到田家。”在微风轻拂下，油菜花卷起层层金色的波浪，与蓝天白云相互映衬，构成一幅如诗如画的田园画卷。

小时候，我曾在爷爷奶奶的带领下回到故乡。放眼望去，家乡远处生机勃勃的油菜花一望无际，周围小区住宅楼高楼林立，我不禁想起过去的日子。

步入初中，当我看到初一全体学生名单时，发现只有我一个姓“雷”的同学，我为之一振，十分好奇自己的姓氏和名字的由来。因此，我询问了爷爷。听着爷爷的讲述，那些雷氏先辈们的光辉事迹、家训家风的传承，无数过往扑面而来……

一、祖德源流远　宗枝庆泽长

雷氏始祖可追溯到远古时代，距今有 4000 多年的历史。雷氏始祖最早居住在山西省的夏县境内，这是雷氏的发源地。雷氏拥有自己的图腾，家族图腾由雷雨组成，是自然图腾的典型。

听爷爷讲，我们这一雷姓支系的历史可以追溯到公元前 156 年。当时，雷家的祖先建造了名为“冯翊堂”的祠堂，并应用至今。雷姓支系创始人雷震，生育子女多人，而后兄弟几人分家。在公元 220 年雷震的长子雷焕，带领全家迁至福建省上杭县，并由雷焕长子雷肇春于公元 234 年从上杭县又迁到广东省西雄市始兴县的乌泥圹，他就是大余县、崇义县等地的开山祖。当时属于三国时期，茶业迅速发展，南方各地都出现了种茶的人家，雷家也在其中。

雷肇春的次子雷德时及其家人居住于广东省惠州府和平县的青草州。后来他的四个儿子风清公、风永公、风诚公以及风壮公一行人再由和平县的青草州迁至江西省崇义县横水镇塔下村立业，其后裔现居在塔下村和罗卜巷村，并在雷家大树下一直繁衍生息至今。这里便是我爷爷和我父亲的家乡所在地。

江西省赣州市崇义县的雷家支系，共分为五大房，爷爷家属于第三房。据爷爷回忆，雷家的辈分排列由雷家祖先雷肇春编写而成：“肇德勋犹远，传家读与耕。和丰诒美利，诗礼著清名。祖训钦承永，天伦秩序明。千秋宋谊笃，亲睦颂斗平。桂兰同孝友，福寿生贤英。盛世钟灵秀，万载祝隆兴。”共60代，即一个周期。崇义支系目前传承到了第26代，即天字辈，我就是天字辈的。辈分，顾名思义就是一个人在家族中的位置，体现了儒家思想中的“礼”。这在大家眼里看似简单的辈分，对于我们雷氏家族来说却是一个家族传承下去的标志。在几百年前，雷氏祖先就编写出了这五字一句的辈分表，这不仅隐含着祖先对我们的期望，也有希望祖国繁荣昌盛、人民安居乐业的含义。

现今，雷家后代遍布世界各地，但是人们依然按照家族的辈分起名，顽强地生活下去。随着大家的生活越过越好，雷氏家族也已从原先那个战火纷飞的时代，走到了繁荣富强的新时代了。

雷氏宗祠

二、确认民族归属　兄弟民族情交融

雷姓是畲族的四大姓氏之一。据爷爷说，在20世纪80年代，为了证明雷家人是畲族，老一辈的雷家人多次翻阅之前的族谱和相关史实材料，召开会议讨论，并几次向县政府的相关部门提交报告论述。县政府相关部门非常重视此事，专门安排人员负责和研究该问题，体现了“民族问题无小事”。最终，在他们的努力下，我们江西省赣州市崇义县的雷家人重新被列进了畲族人名单。我们雷家种植水稻外，还普遍种植茶叶、甘蔗、苎麻等经济作物。

政府工作人员帮助确认雷家人民族归属

“日头上山朗来光，南湖红船来起航。宗旨为民初心定，中国革命有方向。　日头上山照山林，马列主义入人心。历经艰辛侬万苦，革命成功得翻身。　日头上山照畲乡，畲乡人民跟党上。畲乡人民战天地，建设祖国奔小康。”据爷爷讲述，新中国成立前畲族山歌是人们茶余饭后的日常活动，这不仅表达了对美好的追求，还表达出对压迫者的憎恨。新中国成立后，雷家人也用畲族山歌来歌颂中国共产党的领导，反映人们新的思想风貌。

三、愿默默无闻，永为家为国

我的家族中大部分的长辈都积极向上、一心向党。

我的太姥姥今年 86 岁了，在当地是知名的接生婆。在早期地方医疗不发达时，她顺利接生了超过五百名孩子，深受当地人的尊敬。她在党超过 50 年，获得过县优秀党员称号。

我的太姥爷也是老党员，他从县民政局退休，一辈子辛勤工作，为人民服务。

我的爷爷于 1969 年 4 月参军，服役于江西省九江市星子县中队，当了四年兵。爷爷在 1971 年被任命为部队的卫生员，1972 年 7 月光荣入党。从军队退伍后，他自学技术，在镇政府工作 40 年，担任了 24 年的镇水电管理站站长，在工作上兢兢业业，获得了高级技师的职称。他作为工程技术负责人，组织建设了密溪电站、碧坑电站、塔下电站、朱坑口电站以及鱼梁电站，为地方送去了光明。在 2006 年，他经上级党委任命，担任了朱坑口村党支部书记，解决老百姓关心的问题并带领群众发家致富。在 2022 年，我的爷爷光荣地获得了“在党 50 年”奖章以及荣誉证书。

爷爷荣获“光荣在党 50 年”奖章

我的奶奶虽然只是小学毕业，但是她为人热情、做事主动。她在 1976 年担任了武装基干女兵班班长，后来担任了 18 年的村妇女主任。她既是两届县党代会代表，也是镇人大代表。她积极为老百姓贡献自己微薄的力量，也因此获得了“优秀党员”的称号。

我的爷爷奶奶虽然家在农村，但对于教育很重视。在当时的条件下，他们把我的父亲和我的叔叔都培养成了大学生，在当地成为美谈，还因此接受了县电视台的采访。我父亲从小受到我爷爷奶奶的熏陶，一直积极努力，在大学时期就光荣入党。

可以说，我们是一个平凡的家庭，但家庭教育一直都是积极向上的，家庭成员都在积极向党靠拢，为党、为老百姓贡献自己微薄的力量。

四、树德承鸿业　传经裕燕贻

一个普通家族的变迁，反映出社会的生活状态。哪一个家族没有经历过类似的变迁呢？经过无数次的时代变迁，雷家也发生了天翻地覆的变化。住所从原先农田旁简陋的小木屋，到小区中的住宅楼。身份从原先农田中辛苦耕作的农民，到成为高校知识分子。不管发生多大的变迁，雷家人爱党、爱国、爱人民的初心始终没变，愿意为国家献身的意志没变。

那朴实无华的家族历史，是无数前辈在历史长流中摸爬滚打出来的，是为了顺应时代的变革而奋斗出来的。正是因为普通人家的家史不为人知晓，因此才需要我们将其记录下来，并将家训家风传承下去，让它发扬光大。